"十三五"国家重点出版物出版规划项目

转型时代的中国财经战略论丛

农民专业合作社信用互助模式的内在机制及其优化研究

—— 以 山 东 为 例

李德荃　著

中国财经出版传媒集团

经济科学出版社
Economic Science Press

图书在版编目（CIP）数据

农民专业合作社信用互助模式的内在机制及其优化研究：
以山东为例/李德荃著．—北京：经济科学出版社，2020.9
（转型时代的中国财经战略论丛）
ISBN 978 - 7 - 5218 - 1948 - 9

Ⅰ.①农… Ⅱ.①李… Ⅲ.①农业合作社 - 专业合作社 -
金融机制 - 研究 - 中国 Ⅳ.①F321.42

中国版本图书馆 CIP 数据核字（2020）第 192871 号

责任编辑：李一心
责任校对：王肖楠
责任印制：李　鹏　范　艳

农民专业合作社信用互助模式的内在机制及其优化研究
——以山东为例
李德荃　著
经济科学出版社出版、发行　新华书店经销
社址：北京市海淀区阜成路甲 28 号　邮编：100142
总编部电话：010 - 88191217　发行部电话：010 - 88191522
网址：www. esp. com. cn
电子邮箱：esp@ esp. com. cn
天猫网店：经济科学出版社旗舰店
网址：http：//jjkxcbs. tmall. com
北京季蜂印刷有限公司印装
710×1000　16 开　18 印张　280000 字
2020 年 12 月第 1 版　2020 年 12 月第 1 次印刷
ISBN 978 - 7 - 5218 - 1948 - 9　定价：78.00 元
（图书出现印装问题，本社负责调换。电话：010 - 88191510）
（版权所有　侵权必究　打击盗版　举报热线：010 - 88191661
QQ：2242791300　营销中心电话：010 - 88191537
电子邮箱：dbts@ esp. com. cn）

总　序

　　山东财经大学《转型时代的中国财经战略论丛》（以下简称《论丛》）系列学术专著是"'十三五'国家重点出版物出版规划项目"，是山东财经大学与经济科学出版社合作推出的系列学术专著。

　　山东财经大学是一所办学历史悠久、办学规模较大、办学特色鲜明，以经济学科和管理学科为主，兼有文学、法学、理学、工学、教育学、艺术学八大学科门类，在国内外具有较高声誉和知名度的财经类大学。学校于 2011 年 7 月 4 日由原山东经济学院和原山东财政学院合并组建而成，2012 年 6 月 9 日正式揭牌。2012 年 8 月 23 日，财政部、教育部、山东省人民政府在济南签署了共同建设山东财经大学的协议。2013 年 7 月，经国务院学位委员会批准，学校获得博士学位授予权。2013 年 12 月，学校入选山东省"省部共建人才培养特色名校立项建设单位"。

　　党的十九大以来，学校科研整体水平得到较大跃升，教师从事科学研究的能动性显著增强，科研体制机制改革更加深入。近三年来，全校共获批国家级项目 103 项，教育部及其他省部级课题 311 项。学校参与了国家级协同创新平台中国财政发展 2011 协同创新中心、中国会计发展 2011 协同创新中心，承担建设各类省部级以上平台 29 个。学校高度重视服务地方经济社会发展，立足山东、面向全国，主动对接"一带一路"、新旧动能转换、乡村振兴等国家及区域重大发展战略，建立和完善科研科技创新体系，通过政产学研用的创新合作，以政府、企业和区域经济发展需求为导向，采取多种形式，充分发挥专业学科和人才优势为政府和地方经济社会建设服务，每年签订横向委托项目 100 余项。学校的发展为教师从事科学研究提供了广阔的平台，创造了良好的学术生态。

　　习近平总书记在全国教育大会上的重要讲话，从党和国家事业发展全局的战略高度，对新时代教育工作进行了全面、系统、深入的阐述和部署，为我们的科研工作提供了根本遵循和行动指南。习近平总书记在庆祝改革开放 40 周年大会上的重要讲话，发出了新时代改革开放再出发的宣言书和动员令，更是对高校的发展提出了新的目标要求。在此背景下，《论丛》集中反映了我校学术前沿水平、体现相关领域高水准的创新成果，《论丛》的出版能够更好地服务我校一流学科建设，展现我校"特色名校工程"建设成效和进展。同时，《论丛》的出版也有助于鼓励我校广大教师潜心治学，扎实研究，充分发挥优秀成果和优秀人才的示范引领作用，推进学科体系、学术观点、科研方法创新，推动我校科学研究事业进一步繁荣发展。

　　伴随着中国经济改革和发展的进程，我们期待着山东财经大学有更多更好的学术成果问世。

　　作为山东省金融学会 2020 年度立项重点研究课题"山东省农民专业合作社信用互助模式优化研究"的阶段性成果，本书的相关研究得到山东省金融学会的大力支持。在此谨表谢意！

山东财经大学校长
2018 年 12 月 28 日

摘　要

　　纵观 40 多年来我国农村合作金融事业的改革创新与发展，主要存在三个问题：一是农村合作金融组织的"使命漂移"问题；二是农村合作金融组织的经营效率不高问题；三是农村合作金融组织的资金来源不足问题。

　　早在 2006 年，习近平同志就提出构建农民专业合作、供销合作、信用合作"三位一体"新型农村合作体系的构想。2014 年的中央一号文件不仅一如既往地继续鼓励培育发展农村合作金融，积极推动社区性农村资金互助组织发展，而且首次提出尝试依托农民专业合作社建立新型农村金融合作组织的构想。2017 年的中央一号文件则正式提出构建"三位一体"综合合作的思路。

　　农民专业合作社信用互助模式便是将农民专业合作、供销合作与信用合作"三位一体"的一种尝试。2015 年 2 月，山东省获批开展新型农村合作金融试点工作。根据国务院的要求，山东省承担了探索创新农村合作金融组织与机制的重大责任，并规划到 2017 年底之前基本建成"与山东农村经济相适应、运行规范、监管有力、成效明显的新型农村合作金融框架"。但从截至 2019 年底的实际情况来看，试点效果并不令人满意。因此尝试深入研究农民专业合作社信用互助模式的内在机制，找出山东省农民专业合作社信用互助试点工作中存在的主要问题，进而提出优化农民专业合作社信用互助模式的具体思路或政策建议，显然具有一定的理论研究价值与政策指导意义。

　　本书包含以下六部分内容。

　　在第一部分（第 2 章），本书给出农村金融内生化的定义，论证得出农村金融体系与机制改革创新发展的三个重点突破方向：发展合作金融；培育乡土地方金融机构，完善乡土地方金融市场体系与机制；创新增信机制。以此作为农民专业合作社信用互助模式相关研究的理论基础。

在第二部分（第3章），本书深入分析了银行业存款类金融机构信贷供给机制的局限性，指出银行业存款类金融机构不仅不可能满足整个社会的资金需求，甚至也不可能满足整个社会的信贷需求。这就为合作金融等金融模式或金融组织的创新与发展提供了广阔的空间。并指出从根本上扭转农村地区资金大量外流的局面，实质上就是要达成"农村资金归农村使用"的效果。其中隐含着"三农"弱势群体间信用互助的合作金融思想，因此信用互助组织与模式是农村信贷供给体系与机制的核心，而银行业存款类金融机构及其涉农信贷供给机制则是农村信贷供给体系与机制的基础。

在第三部分（第4章），本书深入分析了农民专业合作社信用互助模式的内在逻辑和机制。论证得出社会资本是农民专业合作社信用互助模式赖以存在和发展的基础，而信任则是农民专业合作社成员间信用互助的直接促成因素。并且指出相较于传统的民间金融，在农民专业合作社信用互助模式中社员可借助的社会资本不仅包含该社员的个人社会资本，而且还包含了合作社集体社会资本，甚至还可以包含村落集体社会资本。

进一步地，本书认为集体社会资本又可划分成内部集体社会资本和外部集体社会资本两个组成部分。其中集体内部集体社会资本是该集体赖以生成与持续的基础；而集体外部集体社会资本则是该集体得以发展的重要条件。

由此可见，农民专业合作社信用互助模式赖以存在和发展的社会资本基础较为雄厚，自然有生命力，从而有助于信贷供给的增加。

在第四部分（第5章），本书深入分析了山东省农民专业合作社信用互助现行模式的基本特点和内在机制，指出其四个核心属性：合作金融性、非独立金融机构法人性、无风险性、服务实体经济性。并详细介绍了山东省农民专业合作社信用互助业务试点工作的发展历程及其现状。

在第五部分（第6章），本书从宏观和微观两个层面全面评价了山东省农民专业合作社信用互助业务试点工作的绩效，指出其中主要存在两个问题：一是互助资金供给不足问题；二是模式活力不足问题。这就为优化现有模式思路的切入和展开提供了实证逻辑基础。

　　在第六部分（第7章），本书针对山东省农民专业合作社信用互助业务试点工作存在的上述两个主要问题提出了优化现行模式的基本思路：一是将存款类金融机构的涉农信贷业务与合作社信用互助业务联结起来，以缓解互助资金供给不足的问题；二是将农村集体经济组织嵌入合作社信用互助模式，并且建议尽可能地强化农村集体经济组织的地位，以夯实农民专业合作社信用互助模式的社会资本基础。

　　综上所述，本书主要有如下四点创新。

　　一是首次提出现有的以股份企业性金融机构为主体的农村金融体系与机制不可能内生化，不可能从根本上扭转农村地区资金外流的局面，不可能满足农村居民的有效融资需求。

　　作为农村地区经济弱势群体间互惠互助性资金融通模式，合作金融有助于构造农村地区资金流动的闭循环，有助于达成普惠金融的目标，有助于避免业务经营出现"使命漂移"的问题，从而有效缓解农户融资难的问题，因此是农村内生金融较为理想的运行模式与组织方式，合作金融体系与机制应成为农村金融体系与机制的核心构成要素。

　　二是首次指出农民专业合作社信用互助模式赖以生存和发展的社会资本基础不仅包含该社员的个人社会资本，而且还包含合作社集体社会资本和村落集体社会资本。其中，集体内部集体社会资本是该集体赖以生成与持续的基础；而集体外部集体社会资本则是该集体发展的重要条件。

　　三是本书首次提出建立拟内生化农村金融体系的建议：现有存款类金融机构承担在农村地区的吸储任务，并有义务在授信额度内依照以需定支的原则向合作金融体系提供资金；具体的信贷业务交由合作金融机制完成；与此同时，建立健全农村保险体系、担保体系和农村社会征信体系，以直接降低合作金融的违约风险；适度发展涉农期货或期权市场，为农村地区的生产经营者提供套期保值服务，以间接降低合作金融的违约风险。

　　应立法要求进入农村地区的全国性（非本地）金融机构经营本地化。亦即其所吸收的本地资金必须应用于本地，并鼓励其调动外来资金投资于该分支机构所在地项目，从而把农村地区现有的存款类金融机构定位成农村地区的"资金蓄水池"以及农村地区的清算中心和现金出纳中心。

3

应立法要求地方金融机构做大做强的目的不是意图跨出本地乡土，走向全国，而是要更好地扎根本土，动员本土资金，吸引外来资金，投资于本土。

四是首次指出农村集体经济组织（村委会）在农村合作金融机制中的作用不可或缺；认为将农村集体经济组织（村委会）嵌入合作社信用互助模式可有效增强信用互助机制所赖以生存和发展的社会资本基础。

目　录

第1章 导 论

1.1 本书研究的背景与意义

自 20 世纪 70 年代末改革开放以来，农村地区的资金外流、农村地区居民的融资难以及农村金融机构的经营效率低下始终都是困扰我国农村金融体系与机制改革和发展的三个重大问题。纵观我国政府 40 多年来的相关政策或措施，其基本思路可归纳成两个要点：

一是积极推动农村信用合作社体制改革，以求能提高其经营效率，激发其经营活力。在 20 世纪 80 年代和 90 年代，农信社改革的基本思路是将其与农行脱钩，并强化其合作金融属性；但自 2003 年起，农信社改革的基本思路发生重大调整。各地区符合条件的农信社纷纷摆脱合作金融属性，被改制成商业银行。

二是鼓励乃至强制要求各银行业存款类金融机构积极开拓涉农信贷业务。例如要求各大型商业银行设立三农金融事业部和普惠金融事业部，并实行专门的综合服务、专门的资源配置、专门的风险管理、专门的统计核算、专门的考核评价"五专机制"。再如中国人民银行、财政部、银保监会经常对服务三农绩效达标的金融机构定向给予特惠货币政策或财政政策支持以及监管便利等。

但迄今为止上述三个问题仍未得到根本性缓解。40 多年来农村金融体系与机制的改革实践表明，以股份企业型金融机构为核心的现有农村金融机构体系难以扭转农村地区信贷资金供给不足的局面。因此我国政府重新将关注的焦点转向农村合作金融的创新发展上。具体表现在自 2004 年以来 16 个年度的"中央一号"文件中总计有 10 个年度提及农村合作金融的创新发展问题。2006 年 12 月中国银监会发布《关于调整放宽农村地区银行业金融机构准入政策更好支持社会主义新农村建设的若干意见》，允许设立小额贷款公司、农村资金互助社、资金物流调剂中心等新型农村金融机构。

而纵观 40 多年来我国农村合作金融事业的改革创新与发展，也主要存在三个问题：一是农村合作金融组织的"使命漂移"问题；二是农村合作金融组织的经营效率普遍不高问题；三是农村合作金融组织的资金来源普遍不足问题。不过，迄今为止政府重点关注的仍是其中的第一个问题。相应的政策思路有两个要点：一是积极培育社区性合作金融组织，鼓励合作金融的组织创新与机制创新；二是尽可能地将金融供给与农业经营紧密衔接起来。

早在 2006 年，习近平同志就提出构建农民专业合作、供销合作、信用合作"三位一体"新型农村合作体系的构想。2008 年党的十七届三中全会首次提出允许有条件的农民专业合作社开展信用合作。2014年的"中央一号"文件不仅一如既往地继续鼓励培育发展农村合作金融，积极推动社区性农村资金互助组织发展，而且首次提出尝试依托农民专业合作社建立新型农村金融合作组织的构想。2015 年的"中央一号"文件更是首次明确提出依托农民专业合作社探索资金互助这一农村合作金融新模式的思路。2017 年的"中央一号"文件又正式提出构建"三位一体"综合合作的思路。2019 年 1 月中国人民银行会同银保监会、证监会、财政部和农业农村部联合发布《关于金融服务乡村振兴的指导意见》，明确要求探索新型农村合作金融发展的有效途径，稳妥开展农民合作社内部信用合作试点。

农民专业合作社信用互助模式便是农民专业合作、供销合作与信用合作"三位一体"的创新性尝试。2015 年 2 月，山东省获批开展新型农村合作金融试点工作。这也是迄今为止唯一获批尝试依托农民专业合作社建立新型农村合作金融组织与机制的省级试点单位。根据国务院的要求，山东省承担了探索创新农村合作金融组织与机制的重大责任，并规划到 2017 年底之前基本建成"与山东农村经济相适应、运行规范、监管有力、成效明显的新型农村合作金融框架"。但从截至 2019 年底的实际情况来看"试点效果并不令人满意"（刘晓，2019）。

至于造成这种局面的原因，则是众说纷纭，莫衷一是。考虑到发展合作金融是建立健全农村金融体系与机制不可或缺的关键环节，而且山东省又肩负着国务院赋予的探索农村合作金融新模式与新机制的重大责任，因此尝试深入研究农民专业合作社信用互助模式的内在机制，找出山东省农民专业合作社信用互助试点工作中存在的主要问题，进而提出优化农民专业合作社信用互助模式的具体思路或政策建议，显然具有一定的理论研究价值与政策指导意义。

1.2 国内外相关研究述评

1.2.1 国外关于合作金融问题的相关研究综述

1. 关于合作金融的内涵与本质属性

信用合作理念发源于 19 世纪中叶的德国，赖夫艾森（Raiffeisen，1849）建立世界首家农村合作金融组织（章裕峰，2011）。关于合作金融的内涵及其本质属性，主流观点认为关键在于资金的互助共享（Sonnichsen，1920；Strick Land，1982；Barton，2011）；相互间的信任是信用互助得以顺利开展的前提或基础（Luhmann，2008）；普遍认为合作金融组织作为一个社员间的资金互助组织，应以非营利性为原则，实行盈余均分的分配政策（Sen，1980；Senburg，1995）；认为农村合作金融有助于缓解农村地区资金外流问题（Guiso，2004），因此应重点在农村地区（尤其是贫困地区）发展合作金融事业（Hakenes，2015）。其中主要面向低收入农户的小额信贷市场实际上具有很大的盈利空间（Valneuzela，2001）。

2. 关于合作金融发展的主要影响因素

关于合作金融发展的影响因素，主流观点认为信用互助机制不能延续传统银行的经营模式（Angelina，1998；Fischer，2002）。例如，由于信用互助的资金主要来源于合作社成员的储蓄积累（Porter et al.，1987），因此互助资金准备率与资金需求之间的匹配至关重要（Rogaly，

1998；Barton，2011)。菲奥德莱西和麦尔（Fiordelisi and Mare，2014）基于1998～2009年欧洲合作银行的相关资料发现，合作银行同质性的增强会显著提高其稳健性。格拉斯等（Glass et al.，2014）深入分析了1998～2009年日本合作银行的经营状况，认为不良贷款监管压力的下降对合作银行的业绩产生了消极影响。戈米纳和尤巴（Gomina and Ayuba，2015）实证调研了尼日利亚信用合作社的发展状况，发现性别、职业、收入等因素显著影响农民参与信用合作社的意愿。

3. 关于合作金融的效率

关于合作金融的效率，杰克森（Jackon，2006）通过分析对比信用社与银行存贷款产品的价格策略，认为信用社的定价策略确实不以营利为目的。其效率自然低于商业银行（O'Hvra，1981）。不过也有不同观点，例如图拉蒂（Turati，2004）认为意大利合作制银行的效率要比股份制银行更高些。汉克尼斯和施纳贝尔（Hankenes and Schnabel，2006）则认为合作银行的吸储能力高于商业银行。此外，贝凯迪（Becchetti et al.，2016）研究发现合作银行的净贷款/总资产比率高于商业银行，衍生品在总资产中的占比较低，盈利的稳定性也要高于商业银行。

4. 关于合作金融的风险管控

信用互助风险的管控攸关合作金融的顺利发展。一般认为资金互助组织的治理、互助业务的风险控制及其金融效率是影响信用互助合作风险的基本因素（Baydas，1997；Valenzuela，2001；Baliga，2004；Bunger，2009）。此外，社员的资金需求与准备金比例的协调性也会影响资金互助组织的运行效率，并产生信用风险和流动性风险（David Barton，2010）。因此政府应积极规范资金互助业务，督促资金互助组织提高风险管控能力（Yaron，1998；Beroff，2000）。不过，目前世界各国对合作金融体系的监管能力差异极大。发达国家已能定量分析管控合作金融体系的风险（Esho，2001），而发展中国家的风险管控则要粗糙得多，定性分析和实地调查仍是其基本的管理手段（Oluyombo，2010；Gomina，Ayuba，2015）。

1.2.2 国内关于农村合作金融发展的相关研究综述

本书以中国知网（CNKI）期刊总库为检索数据库，使用知网高级检索功能，以"新型农村金融机构组织""农村信用合作""农民专业合作社信用互助""农村合作金融"为主题检索 2008 年 1 月 1 日~2019 年 11 月 25 日的 CSSCI 相关文献，总共获取相关论文 565 篇。

选取样本书中的关键词，使用 Bicomb2.0 共词分析软件和 SPSS22.0 统计分析软件实施关键词共词分析，以获取农民专业合作社信用互助业务相关研究的热点分布。并将关键词共现矩阵导入 UCINET - NetDraw，生成高频关键词社会网络图谱，如图 1-1 所示。

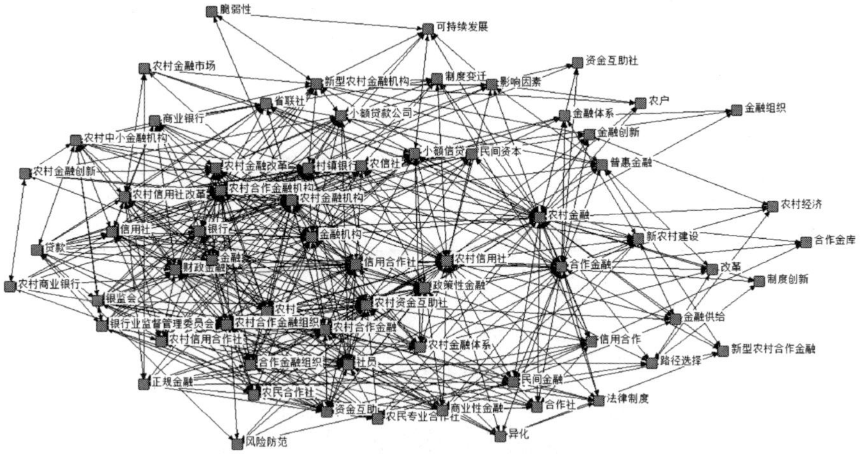

图 1-1 高频关键词的社会网络

可以看出我国近 12 年来农村金融研究的向心度和密度都很高，相关研究始终围绕着合作金融的改革和发展这个重心展开。但就合作金融的改革与发展这个问题来说，研究的向心度和密度则较为凌乱易变，缺乏明显的研究重心点。

1. 关于信用互助模式存在的主要问题

自 2004 年"中央一号"文鼓励农村金融创新以来，我国各省（区市）陆续展开了农村合作金融模式的探索和创新。尽管 15 年来成效显著，但也发现了诸多问题。

经由知网检索"农村合作金融""信用互助""资金互助"等关键词，筛选出约 80 篇包含农村信用互助金融模式问题分析的文献，如图 1-2 所示。其中 62% 为期刊论文，35% 为硕士论文，3% 为博士论文。这些论文集中发表于 2016~2019 年，与山东省实施农民专业合作社信用互助业务试点的时间吻合。

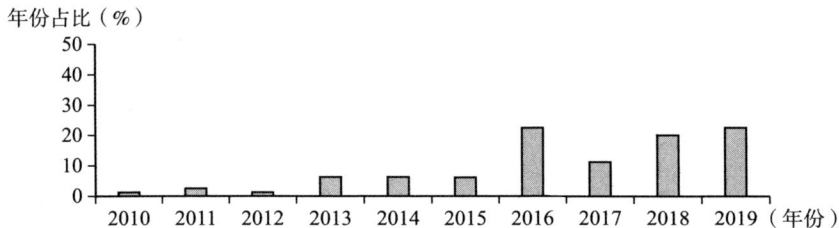

（a）论文发表的年度分布

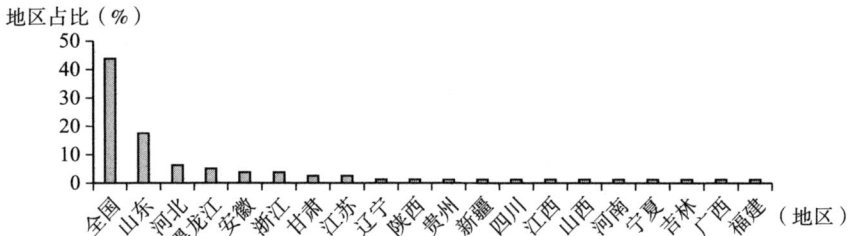

（b）论文研究对象的地区分布占比

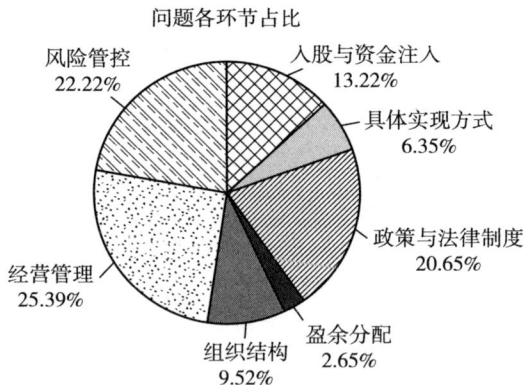

问题各环节占比

（c）论文所提及问题的侧重点分布

图 1-2　与农村信用互助模式问题分析相关的论文发表情况

　　在这些论文中，近半数采取鸟瞰全国的视角，分析我国各省（区市）农村信用互助模式普遍存在的问题；其余略微超过一半的论文则以各省（区市）地方为研究对象，总共涉及 19 个省份，但以山东省为研究对象的比例最高。这应与山东省是国务院唯一授权试点农村信用互助模式的省份有关。

　　归纳现有相关文献，多数研究把我国农村信用互助模式存在的问题聚焦于社员参与意愿不高、风险管控机制不完善以及相关政策与法规等配套制度不健全三个方面。

　　（1）社员参与意愿不高的成因分析。

　　关于社员参与意愿不高的成因，主流观点归咎于新型农村合作金融组织的分红率太低（李久维，2016；田雅卉等，2014；王月玲，2015；赵美娟，2018；庄春瑞，2018）。此外，也有观点归咎于农户对新型合作金融模式普遍不了解，从而不够信任（李燕等，2019；胡敏，2016；杨群义，2014）。

　　（2）风险管控机制不完善的成因分析。

　　关于风险管控机制不完善的成因，主流观点归咎于新型农村合作金融模式的内部风险管控机制虚化，风险管控业务流程和岗位设置流于形式（杜文静，2014；聂左玲，2017）。此外，一些新型农村金融组织还存在合作社章程或者内部规章制度不规范或不健全的问题（张博宁，2017；刘娜等，2010）。有观点甚至认为一些新型农村金融组织的决策权、监督权与经营管理权三权分立式内部治理模式失效，社员大会和监事会形同虚设，合作社事务由管理层实际控制，从而损害了合作社内部风险管控机制的有效运行（王俊凤等，2017；杜文静，2014；钟琴，2019）。类似地，有观点认为新型农村合作金融组织未能有效约束大股东和管理层，大股东和管理层攫取了控制权利益，自然损害了普通社员的权益（吴晶，2013；孙环保，2011）。

　　另有一些文献的研究视角更为精细些。例如，有观点将风险管控低效的责任归咎于新型农村金融组织成员的素质不高，认为农村合作金融组织的管理人员普遍文化程度较低，并且大部分缺乏专业经验（庄春瑞，2018；任朝彬，2018；张文律，2015）。此外，财务制度不健全，财务管理人员专业素养不高，也是一个不可忽略的影响因素。

　　社会资本通常被理解为新型农村金融组织拥有相对比较优势的资

源，且具有隐性担保的功效，从而有利于降低信用互助的违约风险。不过有观点指出社会资本也存在消极影响。具体地，在新型农村金融组织办理完毕信用互助业务之后，由于借出互助金的社员以及合作社相关工作人员对借入互助金的社员都很熟悉，再加上碍于情面，因此容易疏忽对贷出资金的追踪和监控，从而造成违约损失（范鹏辉，2019；田杰等，2019；罗宾，2013）。

（3）相关政策与法规配套制度不健全的消极影响。

相关政策与法规配套制度不健全对新型农村合作金融模式发展的消极影响主要体现在两个方面：一是新型农村合作金融组织法律地位不明确及其相关法规不健全会损害农户的信任；二是由于相关政策与法规配套制度不健全，监管不到位，因此新型农村合作金融组织的经营容易走向灰色地带，偏好打法律的"擦边球"。这两个方面的问题都对新型农村合作金融组织的运营产生消极影响，从而损害普通农户的利益（曾紫芸，2019；李燕，2019；张博宁，2017）。

2. 关于完善农村信用互助模式的主流观点

在知网中搜索"农村合作金融""信用互助""资金互助"等关键词，筛选出论及如何完善农村信用互助模式的文献80余篇。其中期刊文献约62%，硕士论文约35%，博士论文约3%。如图1-3所示。这些文献的发表年份多数集中在2016～2019年，正是山东省实施农民专业合作社信用互助业务试点的时期。这些文献的研究对象涉及19个省区市。不过，以全国总体情况为研究对象的接近42%，以山东省为研究对象的接近18%，以其他省区市为研究对象的文献数量很少。研究山东农村信用互助模式的文献之所以会相对较多，应与山东省是国务院唯一指定的试点省份有关。

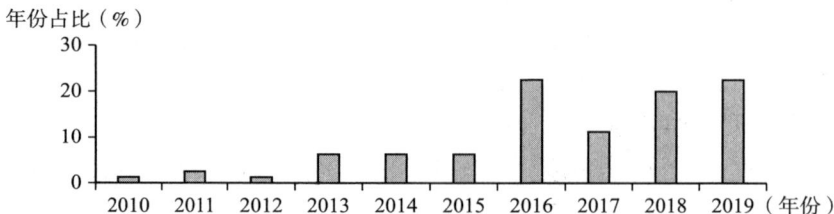

（a）文献发表的年代分布

地区占比（%）

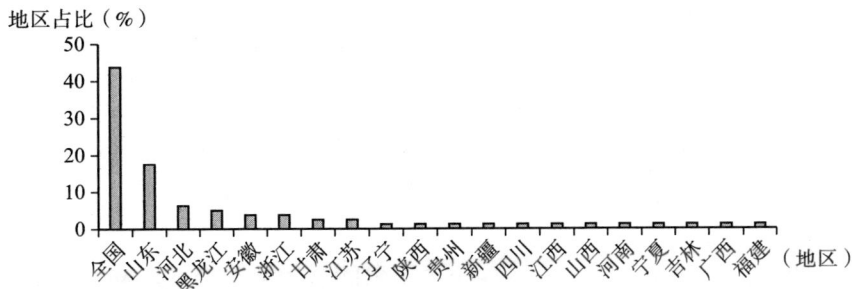

（b）文献研究对象的地区分布

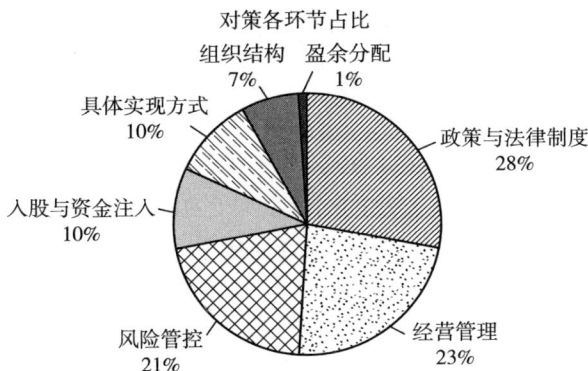

对策各环节占比

组织结构 7%　盈余分配 1%

具体实现方式 10%

政策与法律制度 28%

入股与资金注入 10%

经营管理 23%

风险管控 21%

（c）政策建议内容归纳

图 1-3　相关文献分析

　　总的来说，就如何完善现有农村信用互助模式这个问题，多数文献聚焦于两个环节：一是健全农村合作金融相关政策与法规制度；约有28%的文献论及这一点。二是健全合作社治理结构与机制，完善信用互助模式的业务流程，并强化风险管理与监督；从不同侧面论及这几个要点的文献高达72%左右。

　　具体地，在上层法规制度的建立与健全方面，一些文献认为我国尚未就农村金融制定专门的法律和规章，相关法律规范散乱、宽泛，针对性不明显，因此应借鉴诸如日本等国家和地区的经验，建立健全农村金融法制体系，强化农村合作性金融与政策性金融的核心地位，建立健全多层次农村金融市场（冯永利，2016；胡敏，2016）。此外，在进一步健全农村信贷抵押担保体系与机制，并加强农村征信体系与机制建设（李小萃，2017；符鹤，2018）的同时，还应针对三农保险事业制定专门法规，充分发挥保险的效能，有效降低农业经营风险，为第一产业的发展提供更为有力的保障（崔馨悦，2015；李燕，2019 等），以刺激涉农信贷供给。

为缓解农村合作金融资金供给不足的问题，一些文献认为诸如中国农业银行和邮政储蓄银行等大型银行业存款类金融机构应主动承担起资金供给者角色，与农村合作金融组织建立稳固的资金供求渠道，以缓解后者的资金紧张问题（罗斌，2013）。

此外，还有文献建议农村信用互助模式应重视采用互联网技术。例如可创建统一的农村金融信息服务系统，整合相关信息，以节省人工操作成本。但与此同时应加快农村互联网金融相关法规建设，以防控互联网金融风险（胡敏，2016）。

在财政政策方面，一些文献认为政府应扶助资金（信用）互助合作社的发展。例如，政府给予免征政府基金的优惠，或者向合作社投入公益股，或者给予合作社一定的财政补贴，或者免征社员红利分配的个人所得税，或者允许合作社获得的捐赠资金抵扣所得税（孙环保，2011；王树林，2012；黄迈，2019），等等。此外，也有文献建议政府借鉴国际经验，诸如孟加拉国的 PKSF 基金等，创办农村金融专项基金，以扶助农村金融事业的发展（朱鹏霖，2019；穆争社，穆博，2019）。

在完善农村信用互助模式微观运行机制方面，一些文献认为应健全合作社内部机构与机制，例如健全社员大会、理事会、监事会、管理层和信用互助资信评议小组等机构与机制，落实好社员的参与权和监督权，真正实现合作社的民主管理。同时，还要健全合作社外部监管机制。例如，为充分发挥金融监管部门、农业部门、工商行政管理部门、合作托管银行的协同作用，可以建立联席工作会议制度，具体指导和监督合作社的运行（李芒环，2016；孟存鸽，2018）。此外，也有文献建议提高合作社信用互助从业者的素质，优化信用互助业务流程和操作规范，强化信用互助业务的事前、事中和事后监管，完善相关奖惩机制（符鹤，2018；李娟娟，2019）；并建议从互助资金使用费或盈余中提取风险准备金；甚或考虑在资金互助组织的上下游产业链中嵌入风险共担机制（杨楠，2019；于美琳，2019）。

现行《农民专业合作社法》要求合作社采取惠顾返还的盈余分配方式，即"按成员与本社的交易量（额）比例返还，且返还总额不得低于可分配盈余的百分之六十"，但一些文献认为目前资金互助社的分配方式仍以按股分红为主，股份大户得益较多，因此应规范分红机制，保障社员的二次盈余分配权（王菲，2017）。

1.2.3 本书研究的引出

尽管近二十年来针对农村信用合作社与新型农村合作金融组织的相关研究可谓汗牛充栋，但社会各界以及政府相关部门对合作金融在农村金融体系与机制当中的战略定位其实都很低，实际上都在合作金融与低效率金融机制之间画上了等号。表现在农村信用合作社改革这个问题上，自2003年以来总的政策思路就是去合作金融化，要把所有"符合条件"的农村信用合作社都改制成农村商业银行。目前各地所剩不多的农村信用合作社实际上都被视作尚不具备条件参与农信社改制者。

然而就在农信社纷纷被改制成为农商行的同时，自2004年以来政府又着手推动创新农村合作金融组织，2015年山东省更是被赋予探索创新依托农民专业合作社建立新型农村金融合作组织与机制的重大任务。这说明政府又把合作金融视作农村金融体系与机制当中不可或缺的一个组成部分。但迄今为止的创新或试点效果都不理想。具体表现在新型农村合作金融组织普遍出现"使命漂移"问题，而山东省的新型农村合作金融试点工作也已显露出疲态。

由此可见，无论是在农村金融的理论研究中，还是在农村金融改革与发展的实践中，社会各界以及政府相关部门尚未探清合作金融的内在机制，尚未找到合作金融的有效组织方式与运行机制，尚未明确合作金融组织与传统银行业（存款类）金融机构之间的关系，尚未找到合作金融机制与传统银行业（存款类）金融机构涉农信贷业务之间有效联结的方式。鉴于此，本书尝试以山东省农民专业合作社信用互助业务试点为研究的切入点，深入研究合作金融的内在逻辑，以探寻优化现有合作金融模式的具体思路。

第2章 相关理论基础

2.1 农村金融内生发展理论

创新农民专业合作社信用互助模式的根本目的就是实现农村金融的内生发展，进而达成农村金融发展与农村实体经济可持续增长之间相辅相成、相互促进的局面。因此深刻理解农村金融内生发展问题，是从事农民专业合作社信用互助业务相关研究的重要理论基础。

2.1.1 内生金融的本质属性

"农村金融内生发展"这一词汇借用了数学中"内生变量"（endogenous variables）概念。所谓某个经济模型中的内生变量，指的就是那些内在属性完全由该模型（或系统）所决定的变量。由此，所谓农村金融内生发展，意指农村金融作为农村经济系统不可或缺的内生变量之一，其生成与发展既是农村经济可持续增长的前提条件，同时也是农村经济可持续增长的结果。换句话说，作为农村经济系统的一个有机组成部分，农村金融不仅基于农村经济系统良性发展的需要而产生，其均衡状态的达成及其动态演进的路径也将完全取决于整个农村经济系统内在诸变量间互动关系的稳定与变化。

目前我国金融学术界普遍仅把农村地区的民间金融（非正规金融）视作农村经济系统的内生金融；而把农村地区的正规金融，亦即主要由政府设立且拥有银行业务牌照的金融机构所从事的资金融通活动，具体地就是农业银行、邮政储蓄银行、农村信用合作社、农村信用合作银行、农村商业银行、农业发展银行、工商银行、建设银行、中国银行、交通银行等金融机构农村分支机构所从事的资金融通活动，视作农村经济系统的外生金融（叶万全、全志成、黄远辉，2018）。但其实内生金融与外生金融的本质区别并不在于其出身的不同，亦即并不在于其是否自发于民间，抑或是否由政府行政设置，而在于其是否能与农村经济系统有机地融合成一体，进而是否能与农村经济与社会的可持续发展构成相互促进、良性互动的关系。直观地判断，内生金融应能促成并且维持农村经济系统的内在闭循环资金流动，从而有效推动农村经济增长与社会进步；而外生金融则破坏了农村经济系统的内在闭资金循环，导致农村地区资金大量外流到城镇，最终造成农村经济系统严重失血，农村经济萎靡不振，农村社会衰败没落。

基于上述逻辑，现阶段我国农村金融的外生性主要表现在两个方面：一是农村地区资金严重外流，以至于危及农村经济可持续增长（王伟、朱一鸣，2018）；二是农村金融机构普遍难以依靠涉农业务生存与发展，从而成为农村地区资金外流的主渠道（张梦、施同兵，2019）。于是即便一个典型的农村地区民间金融机构，只要其习惯于将所筹集的大部分资金转移输送到城镇，投资于非农经济，则它也是农村金融外生化的具体表现。近年来已引起越来越多关注的所谓农村非正规金融的"使命漂移"现象便是典型的案例（胡卫东，2013）。

在迄今为止可检索到的文献中，胡卫东（2011）的观点与本书相近。他将内生金融定义为由经济体系内部因素所诱发的资金融通活动，并认为内生金融是该经济体系的有机组成部分。反之，但凡不是由经济系统内部因素所决定和衍生的资金融通活动，都属于外生金融的范畴。可见，其区分内生金融与外生金融的标准有两个：一则要观察资金融通活动是否由经济系统的内部因素所诱发；二则要观察金融活动是否构成该经济系统的有机组成部分。但与之不同，本书并不认为内生金融只能由经济系统的内部因素所诱发，而是认为内生金融必须具备三个特点：一是金融机构的组织方式和运营机制适应农村社会环境与经济状况，具有顽强的生命力，从而构成农村经济系统的有机组成部分；二是该金融生态系统有助于增进农村经济系统内在资金流动的闭循环；三是该金融生态系统的持续发展有利于促成农村经济的可持续增长。

因此基于本书的逻辑，当下我国农村地区正规金融的外生性并非其必然属性。只要改革措施得当，最终使得农村地区正规金融的经营有益于农村资金流动的闭循环，则我国农村地区的正规金融也将内生化。实质上，农村正规金融的内生发展正是现阶段我国农村金融体制改革的主要目标之一。

2.1.2 农村金融内生发展促进农村经济增长的机理

农村金融的内生发展是农村经济可持续增长的必要前提。正如奥地利经济学家约瑟夫·熊彼特（1912）的观点，新兴产业的融资需求问题能否得到有效的化解，攸关经济增长；资金供给者的偏好决定产业的兴衰。而依照美国经济学家约翰·G. 格利和爱德华·S. 肖（1960）的观点，金融机构的核心功能就是将储蓄转化为投资，凭以促进经济增长。目前国内学者也普遍认可农村金融内生发展对农村经济增长的积极意义，例如普遍认为资金供给的规模和效率是决定农村经济集约化和可持续发展的重要因素（赵天荣，2015）。

关于国民经济可持续增长的达成，首先是一个需求侧的问题。亦即整个国民经济系统的总供求必须相匹配，需求的拉动必须持久且强劲，产能不能长期过剩。这是国民经济得以持续增长最为基本的前提。

其次，假若需求不成问题，则国民经济的可持续增长就是一个供给侧的问题。这时国民经济可持续增长的达成必须具备一定的软环境和硬条件。其中的软环境主要包括人民相对勤劳、社会相对稳定、司法相对公正、政府（产业、财税、劳资、货币、汇率、教育等）政策相对得当、创业环境相对优越、土地等大宗固定资产的所有制度相对优越、政治相对清明七个方面内容；而硬条件则主要有三个方面内容，即投资的持续增加、科学技术的持续进步、劳动人口的持续增长。也可以将硬条件进一步地凝练成两个，即科技进步、人均资本设备的持续增加。

将上述逻辑具体落实到如何才能促成农村经济可持续增长这个命题上，设若用 Y 表示农村地区的国民收入，用 K 表示农村地区的资本存量，用 L 表示农村地区的劳动投入数量，用 A 表示农村地区的技术水平，再假设农村经济系统是一个闭循环系统，则可将该农村经济系统的投入产出函数写为 $Y = Af(K, L)$。进而有：

$$\frac{dY}{Y} = \frac{\partial f/\partial L}{Y}\frac{L}{L}dL + \frac{\partial f/\partial K}{Y}\frac{K}{K}dK + \frac{dA}{A} \qquad (2-1)$$

　　由此可见，农村地区人均增加值的变动率 = 农村地区人均资本占有量的变动率 × 利润占增加值的比例 + 农村地区的科学技术进步率。

　　人均资本设备的持续增加显然离不开投资的持续增加，但其实科技进步与劳动人口素质的提高又何尝能离得开投资。因此农村地区投资的持续增加是拉动农村经济增长的关键。而吸纳整个社会的闲置资金并高效地将其转化成投资正是金融市场体系的天职，因此完善高效的农村金融市场体系是促成农村经济可持续增长的必要条件。

　　为简便后续分析起见，姑且忽略技术水平 A 这个因素，从而将农村经济系统的生产函数写为：

$$Y_t = Y(K_t,\ L_t) \qquad\qquad (2-2)$$

其中的角标 t 意指时期。进一步地假设该生产函数具有一次齐次性，于是有：

$$\frac{Y_t}{L_t} = Y\left(\frac{K_t}{L_t},\ \frac{L_t}{L_t}\right) \Rightarrow y_t = y(k_t) \qquad (2-3)$$

其中的 y_t 为农村地区第 t 期人均国民收入；k_t 为农村地区第 t 期人均资本存量，且满足 $\frac{dy}{dk} > 0$，$\frac{d^2y}{dk^2} < 0$。

　　再假设农村地区的资本折旧率为 0；农村地区第 t 期投资额为 I_t；i_t 为农村地区第 t 期人均投资，则有 $k_t' = \frac{dk}{dt} = i_t$。

　　当农村经济系统内在所有市场（子系统）的信息都完全且对称时，设若农村地区的投融资活动不存在交易成本，则资金供求双方可直接达成交易。于是该农村经济系统不可能内生金融机构。这时农村地区金融市场的均衡条件为：

$$Y_t - C_t = I_t \Rightarrow y_t - c_t = i_t$$

其中的 C_t 为农村地区第 t 期消费量；c_t 为农村地区第 t 期人均消费量。

　　不过，当农村地区的资金供求信息不对称或者投融资活动存在交易成本时，设若不存在政府行政干预等外在因素的阻碍，则农村地区将自发内生金融机构。这时农村地区金融市场的均衡条件为：

$$(1-\theta)(Y_t - C_t) = I_t \Rightarrow (1-\theta)(y_t - c_t) = i_t \Rightarrow c_t = y_t - \frac{i_t}{1-\theta}$$

其中的 $1-\theta$ 为农村金融机构将农村地区社会储蓄 $Y_t - C_t$ 转化成投资的比例，体现了农村金融机构的效率（或存在价值）。

一般地，农村地区金融机构所提供的金融产品与服务越丰富多彩，农村金融市场的自由竞争程度越高，θ 的取值就越小，从而农村储蓄成功转换成投资的比率就越高。因此 θ 的取值越小，表示农村金融市场的效率越高。显然有：

$$\frac{\partial c_t}{\partial k_t} = \frac{\partial y_t}{\partial k_t}, \quad \frac{dc_t}{dk'} = -\frac{1}{1-\theta}$$

需要指出的是，上述推导隐含地假设农村金融市场的存在不会能动地影响农村地区居民的消费量。亦即农村金融市场的作用仅限于将农村地区居民的储蓄转化成投资。这一假设基本符合现实。现在假设农村地区社会福利泛函为：

$$U = \int_0^\infty e^{-\beta t} u(c_t) dt = \int_0^\infty e^{-\beta t} u\left(y_t - \frac{i_t}{1-\theta}\right) dt \qquad (2-4)$$

其中的 β 为农村地区社会福利评价折现因子，$0 < \beta < 1$；$u(c_t)$ 为农村地区居民的效用函数，且当 $c_t < c_B$ 时，$\frac{du(c_t)}{dc_t} > 0$；当 $c_t > c_B$ 时，$\frac{du(c_t)}{dc_t} < 0$。这说明存在一个消费饱和点 c_B，且 $\frac{d^2 u(c_t)}{dc_t^2} < 0$，从而 $u(c_t)$ 有界。进而该广义积分收敛。于是可建立如下形式的农村地区跨期社会福利最大化模型：

$$\max. \int_0^\infty e^{-\beta t} u\left[y_t(k_t) - \frac{k_t'}{1-\theta}\right] dt$$

$$s.t. \ k_t \big|_{t=0} = k_0 \qquad (2-5)$$

其中的 k_0 为 k 的给定初始值。再记该广义积分当中的被积函数为 F，亦即

$$F = e^{-\beta t} u\left[y_t(k_t) - \frac{k_t'}{1-\theta}\right]$$

并记 $\frac{du}{dc_t} = u'(c_t) = \mu$，$\frac{\partial y_t}{\partial k_t} = y_k$，$\frac{\partial F}{\partial k} = F_k$，$\frac{\partial F}{\partial k'} = F_{k'}$，$\frac{\partial \mu}{\partial t} = \mu'$。于是有：

$$F_k = e^{-\beta t}\frac{\partial u_t}{\partial c_t}\frac{dy_t}{dk_t} = e^{-\beta t}\mu y_k, \quad F_{kk} = e^{-\beta t}\mu y_{kk}$$

$$F_{k'} = e^{-\beta t}\frac{\partial u_t}{\partial c_t}\frac{dc_t}{dk'} = -\frac{e^{-\beta t}\mu}{1-\theta}, \quad F_{k'k'} = \frac{e^{-\beta t}}{(1-\theta)^2}\frac{d\mu}{dc}$$

$$F_{k'k} = 0, \quad F_{k't} = -\frac{1}{1-\theta}\left(e^{-\beta t}\frac{d\mu}{dt} - \beta e^{-\beta t}\mu\right)$$

进而该模型的欧拉方程为：

$$\frac{1}{1-\theta}\mu' + \left(y_k - \frac{\beta}{1-\theta}\right)\mu = 0, \quad \forall\, t \in [0,\ \infty)$$

这是一个变量 μ 的一阶微分方程。其规范形式为：

$$\mu' + [(1-\theta)y_k - \beta]\mu = 0 \longrightarrow \frac{\mu'}{\mu} = \beta - (1-\theta)y_k, \text{ 对所有的 } t \geqslant 0。$$

其中的 y_k 含有变量 k。它的通解为：

$$\mu_t = \mu_0 \exp[\beta - (1-\theta)y_k] \qquad (2-6)$$

其中的 μ_0 为参数。

现在考虑下面这个式子的性质：

$$F - k'F_{k'} = e^{-\beta t}\left\{ u\left[y_t(k_t) - \frac{k'_t}{1-\theta}\right] + \frac{\mu}{1-\theta}k'_t \right\}$$

显然当 $t \to \infty$ 时，$e^{-\beta t} \to 0$；并且由于存在饱和消费点，因此 $u\left[y_t(k_t) - \dfrac{k'_t}{1-\theta}\right]$ 有界；而 $\mu \to 0$。这说明 $u\left[y_t(k_t) - \dfrac{k'_t}{1-\theta}\right] + \dfrac{\mu}{1-\theta}k'_t$ 有限。由此可见，上述通解满足无限水平横截条件：

$$\lim_{t\to\infty}\left\{ e^{-\beta t}u\left[y_t(k_t) - \frac{k'_t}{1-\theta}\right] + \frac{e^{-\beta t}\mu}{1-\theta}k'_t \right\} = 0$$

类似地，不难得出：

$$F_{k'} = -\frac{e^{-\beta t}\mu}{1-\theta} \to 0$$

因此上述通解也满足自由终结状态的横截条件。

考虑到在消费尚未达到饱和点之前消费的边际效用函数是单调递减函数，因此其反函数存在，并且也是单调递减函数。亦即 $\dfrac{d\mu}{dc} < 0$。再结合此前所得到的结论，我们有：

$$|D_1| = F_{k'k'} = \frac{e^{-\beta t}}{(1-\theta)^2}\frac{d\mu}{dc} < 0$$

$$|D_2| = \begin{vmatrix} F_{k'k'}, & F_{k'k} \\ F_{kk'}, & F_{kk} \end{vmatrix} = \frac{e^{-2\beta t}\mu y_{kk}}{(1-\theta)^2}\frac{d\mu}{dc} > 0$$

可见，被积函数 F 为凹函数。因而上述通解确是 μ 的最优路径的解析式。

不过，我们更感兴趣的是农村地区资本存量以及投资的最优路径。由于被积函数中不包含显性自变量 t，因此其欧拉方程可写作：

$$F - k'F_{k'} = B \rightarrow e^{-\beta t}\left\{u\left[y_t(k_t) - \frac{k_t'}{1-\theta}\right] + \frac{\mu}{1-\theta}k_t'\right\} = B,\ \text{对所有的}\ t \geq 0;$$

其中的 B 是某个常数。

考虑到当 t→∞ 时，$F - k'F_{k'} \rightarrow 0$，因此 B 等于零。于是有：

$$e^{-\beta t}\left\{u(c) + \frac{\mu}{1-\theta}k_t'\right\} = 0 \rightarrow k_t' = \frac{u(c)(1-\theta)}{\mu},\ \text{对所有的}\ t \geq 0。$$

为更清晰地演示农村地区经济增长的最优路径以及农村地区金融业在其中所发挥的作用，构造方程组：

$$\mu' = [\beta - (1-\theta)y_k]\mu$$
$$k_t' = (1-\theta)(y_t - c_t) \qquad\qquad (2-7)$$

在这个方程组中，由于 c_t 是边际效用 μ 的函数，亦即边际效用函数 $\mu(c)$ 的反函数，于是取 $\mu' = 0$，有：

$$[\beta - (1-\theta)y_k]\mu = 0 \rightarrow \mu = 0$$

再取 $k_t' = 0$，有：

$$(1-\theta)(y_t - c_t) = 0 \Rightarrow y_t - c_t = 0$$

$k_t' = 0$ 的几何形态如图 2-1 所示。其中在设定农村地区居民消费轴与农村地区国民收入轴之间的对应关系时简单地假设储蓄为零，因而 $y_t = c_t$。于是在一个以 k 为横轴，以 μ 为纵轴的直角坐标系中，分界线 $k_t' = 0$ 是一个减函数。

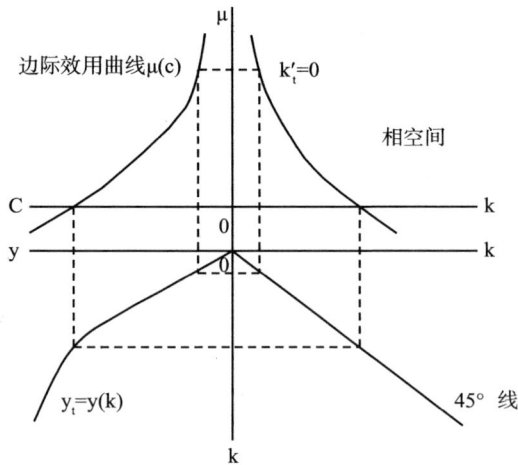

图 2-1　$k_t' = 0$ 的几何形态

°分界线 $k'_t = 0$ 的减函数属性也可经由解析的方式推得。具体地，对 $y_t - c_t = 0$ 求全微分，有：

$$y_k dk - c_\mu d\mu = 0 \rightarrow \frac{d\mu}{dk} = \frac{y_k}{c_\mu} < 0$$

在 $\mu - k$ 直角坐标系中，分界线 $\mu' = 0$ 与横轴 k 重合。于是 $k'_t = 0$ 和 $\mu' = 0$ 这两条分界线的对应关系如图 2－2 所示。

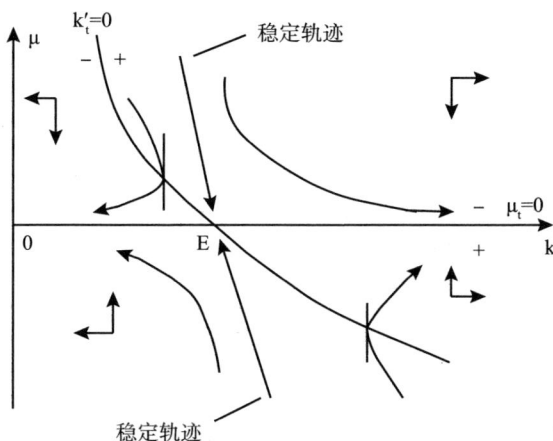

图 2－2　农村地区经济增长与金融内生发展的最优路径相图

又由于

$$\frac{d\mu'}{d\mu} = \beta - (1 - \theta) y_k < 0, \quad \frac{dk'}{dk} = (1 - \theta) \frac{dy_t}{dk} > 0$$

因此应在 $k'_t = 0$ 的左侧标注" － "，在 $k'_t = 0$ 的右侧标注" ＋ "；在 $\mu'_t = 0$ 的左侧标注" － "，在 $k'_t = 0$ 的右侧标注" ＋ "。

在 $k'_t = 0$ 的左侧，由于 $k'_t < 0$，因此这一区域里的点有水平左移的倾向。为此在 $k'_t = 0$ 的左侧被横轴分割出来的两个区域中，分别画一条水平向左的箭头。在 $k'_t = 0$ 的右侧，由于 $k'_t > 0$，因此这一区域里的点有水平右移的倾向。为此在 $k'_t = 0$ 的右侧被横轴分割出来的两个区域中，分别画一条水平向右的箭头。

在 $\mu'_t = 0$ 的上侧，由于 $\mu'_t < 0$，因此这一区域里的点有垂直向下移动的倾向。为此在 $\mu'_t = 0$ 的上方被 $k'_t = 0$ 所分割出来的两个区域中，分别画一条垂直向下的箭头。在 $\mu'_t = 0$ 的下侧，由于 $\mu'_t > 0$，因此这一区域里的点有垂直向上移动的倾向。为此在 $\mu'_t = 0$ 的下方被 $k'_t = 0$ 所分割出来的两个区域中，分别画一条垂直向上的箭头。

于是每给定一个初始点，我们都可以基于上述运动规则确定出农村地区资本存量与农村地区居民边际效用的移动轨迹。不难看出，只有自左上方往右下方向以及自右下方往左上方的一些路径才可稳定达到鞍点均衡点 E。从而可推得农村地区人均国民收入的极值路径 y_t 为：

$$y_k = \frac{1}{1-\theta}\Big[\beta - \ln\frac{\mu_t}{\mu_0}\Big]$$

$$y_t = \int \frac{1}{1-\theta}\Big[\beta - \ln\frac{\mu_t}{\mu_0}\Big]dk = \frac{1}{1-\theta}\Big[\beta - \ln\frac{\mu_t}{\mu_0}\Big]k$$

从这个结果可以看出，农村金融的内生发展及其效率对于农村地区人均国民收入的极值路径有着重大影响；农村金融的内生高效发展是促成农村经济可持续增长的必要前提。

2.1.3 农村金融内生发展的途径

1. 金融抑制理论与金融深化理论的适用性

麦金农（Mckinnon，1973）和肖（Shaw，1973）首次提出金融抑制与金融深化的概念。所谓金融抑制，意指由于政府对金融业实行严苛的管制（例如利率管制），抑制了金融体系的发育，从而阻碍了经济的发展，最终使得国民经济陷入金融与实体经济双停滞的恶性循环状态。所谓金融深化，意指由于政府取消对金融活动的过多干预，实行金融自由化，从而使得实际利率能充分发挥其价格调控的功能，进而促使整个国民经济的资金供求自动达成均衡，最终实现金融与经济发展的良性循环。由此可见，依照麦金农和肖的观点，金融自由化是解决金融抑制，从而促成金融深化的基本途径。

不过，金融管制并非必然造成实体经济衰退；金融自由化也并非必然促成经济增长。这是由于无论金融管制对实体经济增长的抑制作用，抑或金融自由化对实体经济增长的促进作用，其效果的达成都要求实体经济自身满足一定的客观条件。

金融体系的基本功能有两个：一是融通资金；二是管理风险。其中融通资金的功能类似于向人体输血。作为攸关生命能否存续的医疗手段之一，输血当然很重要。但从逻辑上讲，更重要的应该是"病人是否需要输血"这个问题，而不是输血本身。就经济增长而言，最重要的是实体经济必须先行产生投资需求，进而产生融资需求，然后再配套以金融系统强有力的金融服务支持，最终才能达成经济增长的目标。也就是说，完备高效的金融服务与支持当然是促成经济增长的必要条件，但只是一个相对间接的必要条件。实体经济本身具有投资需求才是促成经济增长最关键且最直接的前提条件。

具体地，若令 m_t 为农村经济系统在第 t 期的资本边际产出率，并为简便起见，假设它为常数 m。于是可将涉农产出与资本存量之间的关系近似表示为 $Y_t = mK_t$。再令 $I_t = K_{t+1} - (1-\delta)K_t$ 为农村经济系统在第 t 期的投资，其中的 δ 为农村经济系统的资本折损率（假定为常数）；g_t 为农村经济系统在第 t 期的产出增长率。于是有：

$$g_{t+1} = \frac{Y_{t+1} - Y_t}{Y_t} = \frac{m(K_{t+1} - K_t)}{Y_t} = \frac{mI_t - \delta mK_t}{Y_t} = \frac{mI_t - \delta Y_t}{Y_t}$$

最后令 S_t 为农村经济系统在第 t 期的储蓄；ϖ 为农村经济系统储蓄转化为投资的比率，亦即 $I_t = \varpi S_t$；并令 $s_t = \dfrac{S_t}{Y_t}$ 为农村经济系统在第 t 期的储蓄率。于是有：

$$g_{t+1} = \frac{m\varpi S_t - \delta Y_t}{Y_t} = m\varpi s_t - \delta$$

这就是所谓的帕加诺（Pagano，1993）模型。基于这个模型不难看出，农村经济是否增长以及增长率的高低主要取决于四个因素：农村地区的储蓄率、储蓄—投资转化率、资本边际产出率以及资本设备损耗率。其中农村地区金融机构以及金融市场的效率对储蓄—投资转化率有着很大的影响。但储蓄转化为投资的高比率绝非金融机构独力所能达成。在实践中通常都是由实体经济中的企业或个人首先生成投资意向，并向金融机构提出融资需求，然后才谈得到金融机构提供融资服务的问题。这时我们才会说金融发展可以高效地满足实体经济的融资需求，从而可以促进经济增长。反过来，也只有在金融市场体系不能有效满足实体经济融资需求这个意义上，我们才可以说金融阻碍了实体经济的发展。

金融机构的主要任务就是将整个社会的储蓄资金尽可能地吸纳汇聚起来，然后以获取最高的资本边际产出率为目标，将所吸纳汇聚起来的储蓄资金尽可能地转化为投资资金。在这个过程中如果金融机构无法充分地吸纳储蓄、不能富有效率地投资甚或惜贷，则实体经济的投资资金来源就会匮乏，或者投资效率低下，经济终将衰退。从这个意义上说，金融发展对实体经济增长具有重要的促进作用。但如果实体经济本身的投资意愿低迷，则即便金融机构拥有再多的可贷资金，它也贷不出去，从而不能将储蓄资金转化成投资资金，经济照样会衰退。这时就不能说金融抑制了实体经济增长。因此从直接因果逻辑链条上看，决定实体经济能否增长最为关键且直接的因素是实体经济的投资需求是否旺盛，而不是金融自由化。

在实体经济投资意愿低迷或者实体经济领域投资收益率相对偏低的情况下，金融自由化很可能会造成虚拟经济独大的局面，资金将在金融市场体系内部闭循环，以钱生钱，从而窒息实体经济。

因此所谓经由金融自由化来解决实体经济停滞问题的论述是有前提条件的，那就是实体经济已经存在强烈的投资意愿。这时金融机构会因摆脱政策束缚而焕发主观能动性，积极迎合实体经济的融资需求，主动提供越来越丰富多彩的金融产品与服务。于是实体经济才会像久旱逢甘霖似地享受金融自由化以及金融市场体系与机制充分发育的好处。

2. 农村金融极易外生化

我国金融学界多将我国农村金融的外生性理解为我国农村经济的特有现象，并将其归咎于新中国的二元经济体制、政府宏观经济政策的重工抑农，以及政府对农村金融发展的行政干预与束缚过多等因素，普遍机械套用西方金融抑制理论与金融深化理论来解释我国农村金融的外生化问题，并基于这两种理论提出我国农村金融改革的具体措施与建议。但其实我国农村金融的外生性并非新中国所独有。例如早在民国时期我国农村金融的外生化就很严重，当时乡村地区"金融枯竭，欲重利借贷，亦不可得"（王维骃，1933；韩丽娟，2012）。而都市地区的金融则呈现"现金集中、游资充斥、投资活跃、奢侈成性"等状况（吴申淇，1933；韩丽娟，2012）。由此可见，二元经济体制、政府宏观经济政策以及政府对农村金融发展的行政干预与束缚之类新中国所独有的因素并不是造成我国农村金融外生化的根本原因。我国农村金融的外生化实质上是由农村经济系统的特有属性引发而来的。

　　由于存在国际边界、居民身份认定、关税或非关税壁垒等要素自由流动的阻碍因素，因此任何国家的经济都是一个相对封闭的自循环系统。这时其金融子系统不可能是外生的。换句话说，一个独立国家或经济体的金融必定具有内生性。但作为整个国民经济系统的一个子系统，农村经济系统则呈完全开放的状态，其与城镇经济子系统之间并无天然的门户区隔，这就使农村地区的资金流动不能自然生成闭循环。于是农村地区的储蓄资金易于持续大量流向城镇，农村经济严重失血，从而造成农村金融外生化的局面。

　　相较于城镇经济与社会，农村经济与社会的发展有其特殊之处。首先，存在农村被城镇吸纳融合一体化的趋势。伴随着城镇化的历史进程，一部分农村社会终将转型成为城镇社会，其中的一部分农民终将转换身份成为市民。不过历史地观察和研判，农村经济与社会又不可能整体消亡。而且即便在那些已经完成城镇化的农村地区，其原有的农村社会与农村经济的属性和形态仍将长期存在。其次，相较于第二、第三产业所提供的产品或服务，第一产业难以摆脱靠天吃饭的劣势，难以生成规模经济，因此农村地区农业经济的投资效率通常都相对低下。

　　长期以来，我国农村经济发展相对迟缓，整个国民经济呈现极不均衡的二元经济结构。主流论述把农村经济的相对衰落归咎于政府的工业化政策。但其实全球所有的发达经济体在完成其工业化的进程中都无一例外地出现农村经济与社会的衰落。因此用政策失误来解释这一现象颇显苍白无力。实质上由于农业经济投入的边际生产率大大低于第二、第三产业，又由于农产品需求的收入弹性与价格弹性都较低，农产品价格长期低迷，再加上农业生产经营的风险较高（灾害年份因产量锐减而歉收，风调雨顺年份又因产量大增谷贱伤农而歉收），因此投资者对涉农投资项目的兴趣相对偏低。资本天然具有逐利性，第二、第三产业与第一产业之间在投资收益率上的巨大差距势必促使资金从农村地区流向城镇，进而造成农村地区实体经济增长乏力与农村金融市场窒息恶性循环的局面。由此可见，与城镇金融天然具有内生性不同，农村金融极易外生化。

3. 农村资金外流的主要途径

　　在农业经济增长乏力的地区普遍存在资金外流的情况。归纳现阶段我国农村地区资金外流的渠道，主要包括财政、金融、价格（农工产品价格剪刀差）、城镇化（农民工进城工作与消费以及农村人口在城镇购房置业）等渠道（曹俊勇，2015；房付洋，2016）。

其中农村资金流出的金融渠道主要表现为农村信用社、农业银行、邮政储蓄、保险公司等金融机构以存贷差、转存拆借、保证金上缴、保费上缴等方式将资金转往非农产业部门和城镇（崔鹤川，2014）。例如目前工商银行、建设银行、中国银行、交通银行的经营战略聚焦于大中城市，其在县及县级以下的营业网点形同上级行的储蓄所，在许多农村地区更是只存不贷。中国农业银行发放农业贷款的占比尽管相对较高，但拓展城市信贷业务仍是其经营的重心所在，致使其从农村地区所吸纳的资金也大量外流到城镇。农村信用合作社名义上主要服务于合作社内部成员，但早已名不副实，其所吸收的农村存款并未全部用于支持"三农"，实际上也经由各种方式（例如农村信用社将资金上存人民银行或者上存县联社，各基层社之间自主拆借，流入债券市场等）流向城镇。2006 年以前邮政储蓄的转存利率很高，因而从农村转移了大量资金。2006 年组建中国邮政储蓄银行之后农村资金从邮储渠道流出的状况也只是有所缓解。此外，保险公司农村基层机构所吸纳的保险资金几乎都投资于非农领域，这也是我国目前农村资金外流的重要渠道。

近年来，为优化农村金融服务，支持农村经济发展，政府鼓励金融机构开拓农村金融市场。农村金融机构以及大型金融机构在农村地区的营业网点显著增加。根据中国人民银行及银保监会公布的数据，截至 2017 年末我国农村商业银行从 2006 年的 13 家发展到 1262 家；农村地区的银行网点数量达到 12.61 万个，农村金融机构基本实现了农村全覆盖；农户贷款余额达 8.1 万亿元，同比增速 14%，农村贷款余额达 30.95 万亿元，增速超过 9%；农业保险实现保费收入 479.06 亿元，同比增长 14.69%。目前我国农村地区基本实现了金融服务全覆盖。截至 2018 年末全国银行业金融机构涉农贷款余额已达 2007 年的 5.4 倍（程郁，2019）。据此有观点认为农村金融抑制的问题已有极大的缓解（张晶、杨颖、崔小妹，2018）。

不过，关于农村金融机构的增加对农村经济增长的效应究竟如何这个问题颇有争议。例如谭燕芝、刘旋和赵迪（2018）的实证研究认为农村地区金融网点或金融机构的增加是造成资金外流的重要渠道，并且指出在样本地区每新增一个金融网点将使得人均资金外流增加 4.8 ~ 6.2 元，次年再增加 5.2 ~ 9.0 元，而且越是涉农程度较高的地区资金外流就越严重。但东、中、西部三个地区资金外流的差异非常明显。具体地，东部地区新增金融机构的资金外流并不显著，而中、西部的新增金融机构则显著造成资金外流。此外，赵洪丹和朱显平（2015）也认为农村金融规模对资金外流有显著正向影响，并与农村经济增长互为因果关系。程郁（2019）则认为尽管中国农业银行和邮政储蓄银行在推行三农事业部改革之后涉农贷款投放有所增加，但仍未逆转农村资金流出最主渠道的局面。基于存贷差方法的测算，我国 2013 ~ 2017 年县域存款资源年均净流出 14349.17 亿元。

　　这些文献的实证结论之所以相互矛盾，都是由于忽略了本书所论证的结论：农村实体经济自身的投资需求才是促成农村经济增长的最关键且最直接的因素。因此如果农业经济缺乏投资意愿，则农村金融机构就会成为农村资金外流的渠道。并且农村金融机构及其营业网点越多，农村资金外流的程度将会越严重。反之，如果农业经济投资意愿旺盛，则农村金融机构的优良服务便会成为支撑农村经济增长的重要条件。并且农村金融机构及其营业网点越多，越有助于面向农村实体经济提供便捷高效的金融服务，对农业经济增长与农民收入水平的提高越有利。这时农村地区的资金存量不仅不会外流，农村金融机构甚至有可能成为吸纳城镇资金流入的主渠道。

4. 农村金融内生化的途径

　　（1）激活农村地区实体经济是促成农村金融内生化的前提条件。

　　资本追逐的只是利润，它对农村或城镇既无地域偏好，也无产业偏好。只要农业经济可以获得超额利润，资金就会自动汇聚到农业，任何人都挡不住。反过来，只要农业经济的利润相对于其他产业微薄，则资金外流到城镇便是理性的选择，任何人也拦截不住。因此设法激活农村地区实体经济的投资意愿，提高农业投资收益率，是有效缓解农村地区资金外流的基本途径。

　　（2）培育农村乡土金融机构是促成农村金融内生化的关键措施。

　　至少在可预见的未来，涉农投资的收益率很难总体提高到足以逆转农村资金外流的水平。这就意味着不能指望市场机制自然促成农村金融的内生发展。于是政府强制隔离农村金融与城镇金融，人工培育农村资金闭循环系统，将是促成农村金融内生化的关键措施。

由此，为有效阻滞农村资金外流，乡土金融机构必须成为农村金融市场的主导力量。这是由于金融机构本土化至少有两个独到的好处：一是助益农村经济系统的资金供求形成闭环路，凭以缓解农村资金严重外流的问题；二是有助于充分掌握本地社会人情网络和信息网络，凭以缓解农村金融市场的信息不对称性问题，并可从中获取隐性担保。

因此必须立法要求乡土金融机构做大做强的目的不是意图跨出本地乡土，走向全国，而是要更好地扎根本土，动员本土资金，吸引外来资金，投资于本土。

农村合作金融组织与机制是天然的乡土金融机构，因此理当成为农村金融体系与机制的重要构成要素。

（3）全国性金融机构农村分支机构经营的本地化。

必须立法要求进入农村地区的全国性（非本地）金融机构经营本地化。亦即其所吸收的本地资金必须应用于本地，并鼓励其调动外来资金投资于该分支机构所在地项目。简单地理解，就是要把农村地区现有的存款类金融机构定位成农村地区的"资金蓄水池"以及农村地区的清算中心和现金出纳中心。

2.2 社会网络与社会资本理论

社会资本理论由社会网络理论演化而来。在信贷供给机制中，社会资本的功能主要在于增信，可发挥类似于担保品的作用，因而是合作金融赖以生存与发展的基础。

2.2.1 社会网络理论

所谓社会网络，指的就是个人或组织（统称社会成员，social actor）相互间某种社会关系（例如亲戚关系、相邻关系、同事关系、商业伙伴关系等）的集合（Wasserman and Faust，1994）。

社会网络理论把一个社会视作由某种社会关系把众多成员网络结构

而成的系统。该社会网络系统中的成员具有互惠交换、相互信任、价值内化、团结对外等特点。其中前两个特性源于社会成员的理性选择；而后两个特性则是习俗文化规范的结果。社会网络理论认为每一位社会成员都不是孤立的存在，而是作为社会网络系统的结点，由社会关系相互联结，分处于复杂社会网络系统的不同部位。于是整个社会形成一个多结点相互连接、相互影响、相互依存的网络结构。一般地说，社会成员在这个网络结构中的位置及其与其他节点间关联的特性决定了其所拥有的资源数量和行动能力。

美国心理学家斯坦利·米尔格拉姆（Stanley Milgram，1967）提出六度分割理论。基于该理论，在社会网络中联结任意两个结点的结点数量不会超过六个，因此现实世界中任意两个社会成员之间的关系通常都比想象的更紧密。人类社会如此之小，乃至于任何两个素不相识的人都可以经由五六个中间人的搭桥建立起联系。由此六度分割理论又被称作小世界（small word）理论。其中 WS（Watts Strogatz，1998）和 NW（Newman Watts，1999）是两个经典的小世界网络模型。

在推理人类社会经济行为的时候，传统经济学总是假设人具有理性，因而经济人的行为完全是其权衡利弊理性决策的结果。然而社会网络理论认为传统经济学的这种逻辑忽略了社会环境与社会关系对个人或组织行为的影响。正如美国社会学家马克·格兰诺维特（Mark Granovetter，1973）的观点，既不能把人视作孤立于社会的"原子"，也不能把人视作附属于社会的"奴隶"。而应把人视作"镶嵌"在社会关系系统中且有目标的行动个体。格兰诺维特使用"认识时间的长短""亲密程度""互动频率"和"互惠性服务的内容"四个维度来测定各结点间联结的强度，定义结点间关系的强弱，从而把社会网络中的关系划分成弱关系和强关系两种类型，并提出弱联结优势理论（the strength of weak ties）。他认为强社会关系具有感情较深、关系较亲密、互动较频繁、互惠交换较多等特点；而弱社会关系在这四个方面的特征则要淡化得多。在强关系中个体间在血缘、地缘、业缘、年龄、教育等方面的相似度较高；而在弱关系中个体间在这几个方面的异质性较为明显。一般地说，社会网络的各子群间都是通过分属于不同子群的某些个体之间的个人关系联结起来的。这种联结显然属于弱关系。因此从整个社会网络结构来观察，弱关系的分布范围要比强关系大得多。

由于两个社会子群的成员所拥有的异质性信息较多，因此这两个社会子群间的弱关系就成为信息供求双方接触的纽带，从而有助于信息寻求者扩大视野，获得更为丰富的信息。由此可见，相较于强关系，弱关系是社会子群体间联结的桥梁，是社会子群体间交换信息和资源的通道。这就是弱关系相较于强关系的优势所在。弱关系的这种作用又被称为弱关系的力量。正是由于弱关系沟通了个人和集体（强关系），因此个人的决策不再局限于其个人的理性，也不再局限于其所处在的社会结构，而且还会受到其与特定集体之间的关联方式与关联度的影响。

例如，在劳动力市场上很多人之所以能找到工作，其实主要依赖的是弱关系而非强关系。这主要是由于求职者通过弱关系可以获得更多的信息。而被强关系所笼罩的个体由于均处于同一个社会子群体之内，相互间信息高度透明共享，因而陈旧无用。

除了弱关系理论之外，格兰诺维特（1978）还在其论文《门槛模型与集体行为》中提出门槛模型。他认为集体的内部结构影响集体行为，而集体的内部结构则与该集体成员的构成、收入水平、教育程度等因素有关。如果一个集体中的大部分成员容易被煽动，从而对做某件事情的阻碍较小（门槛较低），则只需少数成员行动，其他成员便会附和，从而产生群体性（集体）行为。

类似于社会子群的概念，法国社会学家布尔迪厄（Pierre Bourdieu，1973）提出"场域"的概念。所谓场域，指的就是一部分社会成员结成的关系网络（社会空间）。这一网络为社会成员所熟知且具有相对独立性。场域由一部分社会成员按照特定逻辑共同建设而成，是这些成员参与社会活动的主要场所。布尔迪厄认为一个社会网络空间中含有各种各样的场域。这种场域的多样化是社会分化的结果。

美国社会学家罗纳德·伯特（Ronald Burt，1992）提出结构洞理论。他认为社会成员在社会网络中的关系可被划分为直接联系和间接联系两种类型。但在有些成员间甚至不存在任何联系。这就好像社会网络结构中出现了空洞，称之为结构洞。伯特认为在两个稠密网络中间地带的断裂处容易产生具有竞争优势的结点位置。这些结点拥有联结不同社会子群体的路径或通道。尤其处在结构洞区域中的结点（称之为第三方）将比社会网络中的其他结点拥有更多的信息或资源优势，从而拥有更为雄厚的社会资本。实际上，弱关系之所以有优势，就是由于相关结点经常身处不同社会子群体之间的结构洞，并且能联通具有优势地位的关系人。

不过，尽管弱关系具有优势，但强关系的价值也不可忽视。这是因为相较于弱联结，强联结具有可靠性较高的优点。强关系意味着个体间的互惠交换较多，关系亲密，情感较深，因此通过强关系联结而成的社会网络具有认知模式相似、同质性强、信任度高的特点，有助于信息的传播和接受，社会成员的决策更为可预期。

在我国，社会学家费孝通于 20 世纪 40 年代提出差序格局理论。他认为我国传统农村社会以宗亲关系为联结纽带形成差序格局。其中每一个农户都被嵌定在特定圈层结构内，整个农村地区形成以血缘为基本依据的亲疏等级序列关联社会。与格兰诺维特强调弱关系的影响不同，差序结构强调的是强关系。也就是说，依照费孝通的观点我国传统农村社会被强关系所支配。强关系对农户的行为有着决定性的影响。

尽管伴随着市场经济的发展以及现代社会制度的成熟，目前传统血缘关系和乡缘关系对我国农村社会农户的黏合力逐渐弱化，基于商业契约或默契的业缘关系以及公民意识、法制意识对农户行为的影响越来越大。但相较于城镇地区，血亲意识和乡亲意识仍是农村地区居民集体意识的基本生成基础。血亲关系和乡亲关系对农户行为仍然具有决定性的影响。

2.2.2　社会资本理论

尽管早在 19 世纪末诸如马克思以及奥地利学派代表人物巴维克等学者都曾使用过"社会资本"一词，但这些学者均将其作为与"私人资本"相对立的概念来使用，用以表示由整个社会所掌控的资本，从而区别于仅由社会中某些个人或阶层所拥有的私人资本（庄渝霞，2019）。

本书这里所谓的社会资本首先由法国社会学家布尔迪厄（Pierre Bourdieu）于 20 世纪 80 年代提出。依照布迪厄的观点，"社会资本是某些实际或潜在资源的集合体；这些资源的获得与对某种持久性社会关系网络的占有密切相关。该网络由体制化关系构成，并为会员制团体集体所拥有。该网络服务于其所有会员，为其中的每一位会员提供赢得声望等资源的'凭证'……"（P. Bourdieu，1997）。简洁地理解，布迪厄语境中的社会资本就是嵌套在社会关系网络结构中的资源（林南，2005），它拥有为其所有者创造财富或提高效用的能力。

根据美国社会学家科尔曼（James S. Coleman，1999）的观点，每个人都拥有三种类型可以相互转换的资本：一是人力资本；二是诸如土地、货币等物质资本；三是依托于社会关系网络的社会资本。因此本书的社会资本仍属于私人资本范畴。

还有一些学者也给出了社会资本的定义。这些定义与布迪厄的定义在表述上差异较大。但这些差异其实主要源于研究目的和视角的不同，相互间并无本质性区别。综合比较这些学者关于社会资本的界定，有助于我们从不同的侧面加深理解社会资本的内涵。

例如，美国政治学家帕特南（Putnam，1995，2000）认为社会资本指的就是诸如信任、规范以及社会关系网络等社会组织的某些特征或因素，这些特征或因素能经由促进合作的方式提高成员行动效率。具体地，帕特南认为社会资本有三个要点：一是意指某一社会共同体内部的个人或组织在长期互动交往过程中形成的共同价值观念、决策思维逻辑方式、行为规则规范与惯例、荣誉和信任等；二是它附着于特定的社会关系网络结构中；三是它能够促成社会关系网络内各成员间协调行动，降低交易费用，提高成员行为的可预期性，从而增进社会共同体的运行效率和价值，最终为所有成员带来明显超过其自身原有能力可及的效用或利益。

而依照美国社会学家林南（2005）的观点，社会资本是嵌入社会关系网络中的诸如权力、声望、信任、行为规则、道德规范之类只能在与他人交往过程中体现并发挥效能的资源。

类似地，科尔曼也认为最基本的社会系统由"行动者"和"资源"构成；而社会资本正是通过对这些资源所实施的掌控和运用等行动来实现的。作为实际的或潜在的资源集合体，社会资本与对某种关系网络（场域）的持续占有密不可分。亦即社会资本产生并附着于人际关系网络结构中，并借助人际关系网而实现其价值。它既不依附于独立的个人，也不存在于物质生产过程中。

伯特（Burt，1982）则把社会资本定义为一种能够带来资源和控制资源的社会网络结构。他认为社会资本产生于社会关系。个人凭借其成员资格在社会关系网络结构中获取资源，因此获取资源的能力在很大程度上并非个人所固有，而是一种蕴含在其与他人之间关系中的资产。一个特定个体所拥有的社会资本与其在该社会关系网络中的位置（地位）有关。地位不同则权力有异，而权力则体现在其拥有者对资源的控制力上。与之类似，崔巍（2017）也把社会资本定义为与信任、行为准则和社会生活网络等密切相关的社会结构特征。并且认为社会资本也是一个影响经济可持续发展的因素。

关于社会资本与社会网络这两个概念之间的关系，总起来说，社会关系网络是潜在的社会资本；只有当社会成员通过与其他成员之间的互动，动用了所在的社会关系网络，从而蕴含其中的资源被利用，于是这个社会网络才成为社会资本。因此社会资本实际上就是起着作用的社会网络。

2.2.3　农户的社会资本与农村金融

把上述社会网络与社会资本理论的基本思想与逻辑思维方式具体应用到对农村金融的研究上，则所谓农户的社会资本，指的就是农户基于血缘、乡缘、业缘、人缘而形成的诸如声誉、（被）信任、权威、互惠性行为规则与惯例、社会道德规范等附着于社会关系网络中的资源以及调动这些资源的能力。这些资源及其调动能力可以像物质资本或人力资本那样为农户带来收益或效用（Putnam，2000；崔晓芳，2017）。

我国的农村社会是一个典型的人情社会。农户间基于血缘、乡缘长期地交往互动，彼此熟悉，都能自觉地遵循伦理习常，日常决策因而条件反射化，从而在农户间形成较强的人际信任关系。此外，农村地区相对封闭，社会关系网络清晰且紧密，呈强关系。这就使农户间易于相互制约，易于生成信任。

相较于城镇地区的市民社会，农户的决策尤为顾忌其在乡里社会关系网络中的地位和声誉。因此农户对社会资本的相对重视有助于其淡化自我理性，强化集体意识，从而摆脱囚徒困境，为在农户间达成合作共赢创造条件。

万·巴斯特雷尔（Van Bastelaer，1999）首次讨论了社会关系网络对农村贫困人口获取信贷的影响。一般地理解，借款农户的违约行为会损害其在农村社会网络中的声誉，其他农户对该农户的信任度将随之降低，该农户的社会资本因而贬损。如果该农户认定其违约行为所造成的社会资本损失大于违约行为本身所带来的经济利益，那么该农户就不会采取违约的行动。反之，该农户就有可能违约。

我国农村地区大量存在亲戚朋友间以及村落邻里间的借贷，这也是我国农村地区非正规金融（民间借贷）的重要形式。这些民间借贷有两个特点：一是多数无担保；二是多数利率低于正规金融，并且无息借贷也很常见。社会资本在其中发挥着基础性的作用。具体表现在：一方面，由于社会资本损失可以有效吓阻借款农户的违约行为，因此社会资本具有增信功能，可以在一定程度上发挥替代担保的作用；另一方面，正是由于低息甚或无息贷出资金的行为可以显著增加资金供给者的社会资本，因此民间借贷的利率才有可能低于正规金融。反过来理解，设若某种形式的民间借贷利率远高于正规金融（例如高利贷），则说明其中的资金需求方不仅无足够的担保或收入，甚至也无社会资本可动用。

血缘、地缘关系以及农户对社会资本的重视可有效冲销信息不对称的后果，降低交易费用（黄钰涵，2012；张洪振，2019），并发挥隐性信用担保功能，从而增加农村地区的信贷供给（马光荣，2011；徐隆，2014；王超恩，2015；李庆海，2016；南永清，2018；米运生，2019）。如图 2 - 3 所示。关于社会资本促进农村信贷供给的机制，可从三个方面来理解。首先，借款农户通过着意经营自己的社会关系网络，强化相关投入，会产生两个效果：一是强化了自己与其他农户之间的关系；二是拓展了社会关系网络的覆盖范围。前者将提高资金供给者贷出资金的意愿；后者将增加潜在资金供给者的数量。其次，社会资本可以在一定程度上替代担保。最后，农户的声誉具有信号传递作用。

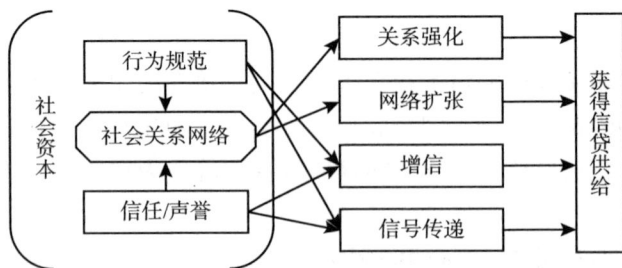

图 2 - 3　社会资本影响对农户信贷供给的主要路径

此外，社会资本可以促成合作。不过，社会资本并非促成合作的充分条件。一般认为，农户的集体（合作）行动源于共同利益、权威和社会资本三个因素的交互作用（黄翠萍，2016）。其中所谓的权威，依照林南的观点，就是对资源或机会的控制能力。农村社会中的权威主要源于宗亲关系或者政府的行政任命（例如家族长辈、村主任或村支部书记等），也有一部分权威来自当地收入较高、见多识广、好施乐善、慷慨的相助者。权威的拥有者积累了更多的社会资本，也就拥有了更高的声誉以及更为广大有力的社会交际网络，因而享有更高的被信任。其权威性主要体现在登高一呼的号召力，或者遵循社会规范、勇于牺牲自我的表率作用。

社会资本刺激合作的效能也可以应用于增加农村信贷供给。例如，保证贷款、联保联贷、信用互助等信贷模式就是"社会资本→刺激合作→促进农村信贷供给"的典型案例。

2.3　合作金融理论

2.3.1　合作与竞争

合作是一个与竞争相对称的概念，指的就是人们以自愿为前提、以共赢为目标的互惠互助行为；而竞争指的则是人们各自追求自身利益最大化的行为。这种自利行为之所以被称作竞争行为，就是由于受到诸如资源有限、市场价格调节机制等客观因素的制约，人们的自利行为不仅不存在互惠互助性，而且实质上相互间都把对方的自利行为视作不利因素。由此，竞争必须合法、守规则，并且大家都必须站在同一条起跑线上。这就是所谓的公平竞争。

关于市场经济与合作经济这两个概念，19 世纪末以来曾有过尖锐的争论（牛若峰，2000）。一种观点认为二者赖以存在的生产资料所有制度不同。具体地说，就是市场竞争以私有制度为前提，而合作经济则以非私有制度为基础（列宁，1923）。另有观点认为二者的目标不同。亦即市场竞争的目的是追求个体利益的最大化，而合作经济的目的则是追求集体（公共）利益的最大化。此外，还有观点认为市场价格机制"就像一只看不见的手"，是市场经济调控资源配置或财富分配的基本手段；而修正乃至于否定市场价格机制则是合作经济的基本要求。

不过，尽管市场经济与合作经济有着本质的不同，但在某些特定环境下个人利益的最大化也要求竞争各方采取合作的态度。因此公平竞争与互惠合作并非绝对地相互排斥。经济合作机制也可以在市场经济的大框架下与公平竞争局部地相容并存。换句话说，合作也可以是追求个人利益最大化的理性要求。

合作既可以在强者间生成，也可以在弱者间生成。但强强合作通常都会强化市场机制的弊端，造成垄断，进一步加剧社会资源或财富分配的两极分化，所以目前世界各国普遍制定反垄断法规，抑制强强联合的过度发展。与强强合作的效应正相反，弱者间的联合则可以强化合作联盟整体的竞争力，保护弱者，缓解市场竞争弱肉强食的消极影响，从而增进社会公平与正义，所以世界各国普遍鼓励弱者间合作机制的建立。

这里所谓的合作金融，指的就是信贷需求弱者间的资金互通有无合作；又称作信用互助或资金互助。

2.3.2 合作的基本原则

合作社是用以践行合作理念、达成合作意图的专门组织。依照马克思的观点，合作社的本质属性就是改变劳动附属于资本的既有社会生产关系，亦即"用自由平等的生产者联合的造福人民的共和制度取代资本主义经济关系"，"用带着兴奋愉快心情自愿进行的联合劳动取代雇佣劳动"（国鲁来，2008）。

合作原则是合作宗旨、理念与本质属性的具体化；是对合作机制与行为的具体规范和要求，因此也可称作合作社的基本准则。迄今为止，国际公认的合作原则主要有两个，分别为罗虚代尔（Rochdale）原则和国际合作社联盟（international cooprative alliance，ICA）原则。此外，陆续还出现一些颇具特色的合作原则，例如蒙德拉贡（Mondragon）原则等（段春晖、尤庆国，2006）。在这些原则中，罗虚代尔原则最具基础性，其他原则实质上都是在罗虚代尔原则基础上修正或演化而成的。例如，现行的 ICA 原则就是在 1921 年和 1937 年罗虚代尔原则的基础上经过至少 1966 年（国际合作运动指南）和 1995 年（曼彻斯特原则）两次较大幅度修订的结果（谭智心，2016）。

基于合作社的宗旨、理念与本质属性，从其经济行为的组织方式上看，合作社与其他经济组织的根本区别就在于其社员的投资者身份、控制者身份与惠顾者身份的同一性上。亦即合作社成员既是合作社的所有者（投资者）和实际控制者，同时又是合作社的惠顾者（使用者）（刘西川、徐建奎，2017）。在合作原则这一层面来看，合作社成员这种投资者与惠顾者身份的同一性主要体现在合作社利润分配的"按惠顾额分配盈余"原则和"资本报酬有限"原则上。在这两个原则的基础上，再引入合作社成员民主管理的原则，也就基本上确立了"用带着兴奋愉快的心情自愿进行的联合劳动取代雇佣劳动"这一合作社的本质属性。

由此可见，自愿加入、互惠互助、一人一票民主管理、资本报酬有限、按惠顾额分配盈余（亦即合作社盈余应按社员与合作社之间的交易额比例返还给社员）是合作社的核心原则（徐旭初，2003）。而在维持合作社核心属性的基础上，如何提高合作社的运作效率，则是造成不同合作原则之间差异的主要原因。

具体地，基于罗虚代尔原则，合作社的运作应满足如下几个基本规则：社员自愿入社和退社；合作社可通过募股方式筹集资金，且入股股数不限，但股东不参与分红，股息不高于银行利息，且股息的支付原则上计入成本费用；合作社实行成员一人一票民主管理；社员与合作社间享有优先交易权，并且所交易的商品或服务应保质保量；合作社的盈余应优先按照社员与合作社间的交易额占比来分配；合作社应重视社员的素质教育等。

在罗虚代尔原则的基础上，蒙德拉贡原则和国际合作社联盟的原则又分别做出了自己的修正或发展。其中，蒙德拉贡原则的修正主要体现在更为强调劳动联合与资本联合的结合，凭以提高合作社运营的效率；而国际合作社联盟原则在兼容并蓄罗虚代尔原则和蒙德拉贡原则的基础上强调合作原则的可变通性。例如，国际合作社联盟原则只要求基层合作社实行一人一票民主管理原则，但认为较高层级合作社的运作可借鉴现代股份制公司的委托代理制度，凭以提高效率。此外，国际合作社联盟在其 1995 年最新修订的合作社七项原则中新增了"关心社区原则"。依据该原则，合作社负有促进所在地区经济、社会、文化发展以及保护社区环境的社会责任，并重申合作社要始终恪守"自助、民主、平等、公平和团结"等准则，要求合作社社员信奉"诚实、公平、社会责任和关心他人"等合作道德价值观念（谭智心，2016）。

2.3.3 合作金融与农村金融

目前我国存在商业金融、合作金融、开发性金融与政策性金融四种金融模式。其中，作为经济弱势群体间互惠互助性资金融通模式，农村合作金融指的就是以农民为主体的农村地区经济弱势群体间以互惠互利为主要目的、以资金互助为基本实现方式的信贷资金融通模式。由于经济弱势群体难以获得商业金融服务，而开发性金融与政策性金融的规模有限，因此农村合作金融就成为农村普惠金融体系不可或缺的组成部分（白澄宇，2019）。当然，依照本书2.1中的观点，农村合作金融组织更是农村金融机构本土化，凭以扭转农村地区资金外流的重要途径。

涉农信贷项目普遍具有如下三个特点：一是拟贷款项目的投资收益率较低，市场风险较高；二是信贷业务零碎且地域分散，相关沉没成本和发生费用较高，利润率很低；三是担保不足，信贷风险较高。因此现有金融机构开展农村信贷业务的兴趣普遍不高，从而造成农村地区的资金严重外流。由此，农村金融市场体系、金融机构体系以及资金融通模式等诸多方面金融改革的总目标就是要构造农村地区资金流动的闭循环系统，凭以扭转资金外流的局面，最终实现农村金融的内生发展。

构造农村地区资金流动的闭循环，换个角度来理解，就是要达成"农村资金农村使用"的局面。其中就隐含着农村地区居民间资金融通互助合作的思想，恰好与合作金融及弱者间资金的互惠互助之要义契合。

金融组织的本土化是达成农村金融内生发展的必要条件。其理由有二：一是金融机构或金融组织的本土化可以构造起有效缓解农村资金外流的组织机制；二是本土化的金融机构或金融组织更容易融入农村社会，从而有可能编制更加缜密可靠的社会网络，获取更多的社会资本，进而有效缓解涉农信贷担保不足的问题。与此同时，更加缜密可靠的社会网络以及更加雄厚的社会资本有效克服信息不对称的消极影响，从而有效缓解逆向选择问题与道德风险问题。

至于本土化金融组织的组织结构与运行机制，则既可以采取股份制企业模式，也可以采取合作社模式。不过，股份制企业模式相对强调入股资本的主导作用，并且相对重视企业经营效率；而合作社模式则相对重视成员间的互惠互助与民主管理，相对强调合作组织的非营利性。由此可见，合作金融模式的理念及其所遵循的原则不仅与普惠金融的理念和要求更为契合，而且其业务经营发生"使命漂移"的可能性微乎其微，因此是农村本土金融机构较为理想的组织方式，应该成为农村金融的核心属性。

2.3.4　关于"资金互助""信用互助""合作金融"三个概念的界定

在现有相关文献的语境中，信用互助，又称作资金互助，与合作金融同义，指的都是经济实力相对弱者间的资金融通互助合作机制。在本书的通篇论述中也将混用这三个概念。

不过，严格说来任何专业都不宜出现含义相同但表述各异的概念或术语，因此笔者倾向于细分这三个概念，亦即令"资金互助"这个概念包含于"信用互助"概念；再令"信用互助"这个概念包含于"合作金融"概念。具体地，就是在将"资金互助"这个概念严格限定于"资金互通有无"这一含义的基础上，再将诸如"经济实力相对弱势的群体在向银行业金融机构申请贷款的过程中相互提供担保（具体包括抵押、质押、保证等）之类相互承诺承担连带责任"这个金融元素（例如联保联贷等）引入"信用互助"的概念中；最后再将"其他金融元素"（例如银保合作）引入"合作金融"的概念中。

这样一来，从参与者的角度来看，"资金互助"的参与者将仅限于经济实力相对弱势的资金供求者；"信用互助"则引入了银行业金融机构；而"合作金融"则进一步地将诸如保险公司、担保公司之类的非银行业金融机构引入了合作金融的范畴。

2.4　本章小结

农村金融内生发展是农村经济可持续增长的必要条件。

农村金融的内生化必须具备三个特点：一是金融机构的组织方式和运营机制适应农村社会环境与经济状况，具有顽强的生命力，从而构成农村经济系统的有机组成部分；二是该金融生态系统有助于增进农村经济系统内在资金流动的闭循环；三是该金融生态系统的持续发展有利于促成农村经济的可持续增长。

由于农业经济投入的边际生产率大大低于第二、第三产业，又由于农产品需求的收入弹性与价格弹性都较低，农产品价格长期低迷，再加上农业生产经营的风险较高，因此投资者对涉农投资项目的兴趣相对偏低。资本天然具有逐利性，第二、第三产业与第一产业之间在投资收益率上的巨大差距势必促使资金从农村地区流向城镇，进而造成农村地区实体经济增长乏力与农村金融市场窒息恶性循环的局面。由此可见，与城镇金融天然具有内生性不同，农村金融的外生化实质上是由农村经济系统的特有属性引发而来的，并非我国农村经济的特有现象。

至少在可预见的未来，涉农投资的收益率很难总体提高到足以逆转农村资金外流的水平，因此不能指望市场机制自然促成农村金融的内生发展。于是和金融抑制与深化理论所主张的金融自由化观点正相反，政府强制隔离农村金融与城镇金融，人工培育农村资金闭循环系统，将是促成农村金融内生化的关键措施。

为有效阻滞农村资金外流，乡土金融机构必须成为农村金融市场的主导力量。因此应立法要求乡土金融机构做大做强的目的不是意图跨出本地乡土，走向全国，而是要更好地扎根本土，动员本土资金，吸引外来资金，投资于本乡土。与此同时，应立法要求进入农村地区的全国性（非本地）金融机构经营本地化。亦即其所吸收的本地资金必须应用于本地，并鼓励其调动外来资金投资于该分支机构所在地项目，从而把农村地区现有的存款类金融机构定位成农村地区的"资金蓄水池"以及农村地区的清算中心和现金出纳中心。

规范经营的合作金融组织与机制天然具有乡土性，因此是农村内生金融体系与机制不可或缺的构成要素。

所谓农户的社会资本，指的就是农户基于血缘、乡缘、业缘、人缘而形成的诸如声誉、（被）信任、权威、互惠性行为规则与惯例、社会道德规范等附着于社会关系网络中的资源以及调动这些资源的能力。这些资源及其调动能力可以像物质资本或人力资本那样为农户带来收益或效用。

社会资本可有效冲销信息不对称的后果，发挥隐性信用担保功能，并促成信用互助合作，从而增加农村地区的信贷供给。

农村合作金融指的就是以农民为主体的农村地区经济弱势群体间以互惠互利为主要目的、以资金互助为基本实现方式的信贷资金融通模式。

由于经济弱势群体难以获得商业金融服务，而开发性金融与政策性金融的规模有限，因此农村合作金融就成为农村普惠金融体系不可或缺的组成部分。

社会资本是合作金融赖以生存与发展的基础。

构造农村地区资金流动的闭循环，换个角度来理解，就是要达成"农村资金农村使用"的局面。其中就隐含着农村地区居民间资金融通互助合作的思想。

股份制企业模式相对强调入股资本的主导作用，并且相对重视企业经营效率；而合作社模式则相对重视成员间的互惠互助与民主管理，相对强调合作组织的非营利性。由此可见，合作金融模式的理念及其所遵循的原则不仅与普惠金融的理念和要求更为契合，而且其业务经营发生"使命漂移"的可能性微乎其微。

由于作为农村地区经济弱势群体间互惠互助性资金融通模式，合作金融有助于构造农村地区资金流动的闭循环，有助于达成普惠金融的目标，有助于避免业务经营出现"使命漂移"的问题，从而有效缓解农户融资难的问题，因此是农村内生金融较为理想的运行模式与组织方式，合作金融体系与机制应成为农村金融体系与机制的核心构成要素。

金融自由化不可能解决农村金融供给不足的问题；金融自由化与政府的有效监管和积极引导并不矛盾。政府有必要以实体经济与金融经济的自由创新发展与有序竞争为目标，承担起促成农村实体经济和金融经济可持续发展的首要责任。

第3章 信用互助模式在农村信贷供求体系与机制中的定位

正如本书第 2.1 节所述，农村金融体系与机制改革的核心目的就是要达成农村地区资金流动的闭循环，从根本上扭转农村地区资金严重外流的局面，从而有效缓解农村地区信贷资金供给不足的问题。这是准确理解信用互助与银行信贷在农村地区信贷资金供求体系与机制中合理定位的基准。

3.1 农村信贷供给不足的成因分析

准确把握农村信贷供给不足的成因，有助于理解信用互助与银行信贷在农村地区信贷资金供求体系与机制中的地位和作用。不过，目前我国相关理论研究滥用信用配给理论解释我国信贷供给不足的成因问题。正如本节即将深入阐述的，信用配给理论基于利率调节机制来研究农村信贷供给不足的问题，显然与我国银行业存款类金融机构信贷供给的现实机制不符。

3.1.1 主流经济学对农村信贷供给不足的解释：利率调整机制失效

1. 古典经济理论对信贷供给不足成因的解释

主流经济理论将利率视作可贷资金的使用价格。古典经济（信贷）理论顺着商品供求均衡价格理论的逻辑思维惯性引申开来，认为在完全信息和交易费用为零的前提下，可以自由调整的利率价格机制必定能使信贷市场出清。因此逆向思考，信贷供给不足一定是信贷市场交易费用过高或者非完全竞争（例如存在利率价格刚性或垄断）的结果。

2. 新凯恩斯主义信贷配给理论对信贷供给不足成因的解释

作为新凯恩斯主义经济理论的一个重要组成部分，信贷配给理论对古典信贷理论进行了一定程度的扬弃。根据巴尔腾斯珀格（Baltensperger，1978）的定义，信贷配给意指这样一种现象：即便信贷需求者愿意接受信贷供给者提出的所有条件（价格条件和非价格条件），其信贷需求仍得不到满足。按照《新帕尔格雷夫经济学大辞典》的定义（P.778），信贷配给指的是依照信贷契约条件贷出方愿意提供的资金少于借入方需求的现象。

作为对信贷配给理论的重要发展，施蒂格利茨和韦斯（Stiglitz and Weiss，1981）引入信息不对称（及其衍生的逆向选择或道德风险等）概念，认为信贷配给是金融机构在信息不对称的背景下为避免遭受逆向选择或道德风险，不愿意通过提高利率的方式出清信贷市场，进而造成借款客户的贷款需求不能在现有的利率水平上得到满足的现象。也就是说，金融机构提高贷款利率的决策将产生逆向选择和道德风险（逆向激励效应）等问题，那些风险较低的优质贷款申请人将伴随着利率的提高陆续退出市场，真正获得贷款的多为风险较高的贷款申请人，从而造成金融机构信贷资产的风险提高、质量下降。正是基于这种顾虑，当贷款需求增多时，金融机构倾向于采取既不提高利率，也不增加信贷供给的对策。而不是像古典信贷理论所期望的那样，经由提高利率的方式来减少贷款需求，增加信贷供给，从而促成信贷供求的平衡。

由此可见，与古典经济学一致，新凯恩斯主义也认为利率机制在信贷供求博弈中发挥着主导性作用。信贷配给理论给人的印象是商业银行总是先把利率牌价高高挂起，然后坐等信贷需求者依利率要价申请贷款；一旦信贷需求超过供给，则商业银行的反应将首先是提高利率；但又顾忌利率太高会产生逆向选择，因此在把利率提高到一定水平之后，商业银行不再提高利率，转而实施信贷配给。这一思路显然沿袭了经典商品供求理论的逻辑。其唯一的创新就是引入信息不对称，从而提出了逆向选择效应和逆向激励效应两个概念，而在诸如西瓜之类普通商品的价格波动与供求互动过程中，即便存在信息不对称，也不可能发生逆向选择与道德风险的问题。

依照信贷配给理论的观点，所谓逆向选择效应，指的就是商业银行提高利率的行为会迫使优质客户退出信贷市场，而商业银行所不乐见的高风险客户则会选择滞留或涌入信贷市场；所谓逆向激励效应，意指商业银行提高利率的行为会诱导借款客户将其借入资金挪用转投入更高风险的投资项目。信贷配给理论认为商业银行会预期到这两种可能性，所以其贷款的预期利润与利率之间的函数关系在其最优利率水平附近会发生质变：当贷款利率低于这个最优利率时，随着利率水平的提高，商业银行的预期利润增加，因此商业银行愿意提供贷款，从而贷款供给成为利率的增函数；而当贷款利率高于这个最优利率时，随着利率水平的进一步提高，由于风险剧增，商业银行的预期利润不增反减，便不再愿意提供贷款，从而贷款供给又成为利率的减函数。由此，当市场利率高于商业银行的最优利率时，由于信贷供给不增反减，从而造成信贷配给现象。

3.1.2　信贷配给理论的局限性

1. 信贷配给理论未区分"融资愿望"与"有效融资需求"两个概念

目前关于融资难问题的讨论以及信贷配给理论的研究普遍忽视了合理或理性融资需求与不合理或不理性融资需求之间的区别。信贷资金的供求缺口应该等于有效信贷资金需求与信贷资金供给之间的差额，而不应该等于信贷融资期望与信贷资金供给之间的差额。与此同时，还应该区分信贷资金供给不足和资金供给不足这两个概念之间的区别。

顺着这一思路，本书认为目前社会各界很可能夸大了融资难的程度，其中信贷配给被夸大的程度很可能要更严重些。这是因为关于信贷供给不足这一部分的夸大不仅包括信贷融资愿望超过有效信贷资金需求的部分，而且还包括一部分本质上应由直接融资方式（例如股权融资或债券融资）满足的有效融资需求。因此除非在满足理性融资需求的意义上讨论，融资难的问题将永远无解。

（1）投资者关于融资难的心理感受永远都不可能消除。

每一位投资者或企业经营者都雄心勃勃。他们都希望大展宏图，都自觉有很多事情可以做并且应该做，于是资金不足成为他们很自然的心理感受。

2017 年末，笔者曾参加山东省济南市某大学生创业园区主办的一场入住园区创业者座谈会。参与专场座谈会的大学生近 50 位，均距自己的毕业季不足 3 年。笔者强烈感受到参会的每一位年轻创业者都迫切需要资金，都感叹筹资难是其当下最为头痛的问题。简单地说，就是人人都怀揣着必定能成功的伟大创业计划，且都自觉已万事俱备，唯一欠缺的就是资金供给的东风。

周雷等人（2018）也有类似的调研结果。根据他们在江苏省苏州市的调研，87.04% 的科技创新企业有融资需求；75.93% 的企业认为融资难和融资贵是当前企业最头痛的事情。类似地，根据仝爱华等（2018）在江苏省宿迁市的调研，高达 63.68% 的创业农户有融资需求。其中正处于创业初期阶段的农户融资需求最高，达 76.81%；处于创业成长期的农户融资需求则明显下降，为 60.97%；处于创业成熟期的农户融资需求最低，仅为 46.15%。然而这些创业农户的正规金融获得率却正好相反，创业初期农户的正规金融获得率仅为 62.76%；创业成长期农户的正规金融获得率则显著提高到 72%；创业成熟期农户的正规金融获得率更是高达 83.33%。仔细分析这些融资需求案例，不难发现一个有趣现象：风险越高（投资前景越不明确）的投资者越感到资金匮乏，其融资需求越强烈；但金融机构提供资金的意愿却恰好随着投资者风险的增大而加速降低。本书认为投资者与金融机构间在资金供求上的这种不同表现并不奇怪，在很大程度上均为理性决策的结果。

实际上，极端地说就像韩信用兵之多多益善，即便把天下所有的资金都送给任何一位投资者或企业家独享，他终究仍会抱怨资金不够调度。当然了，在经济繁荣时期他的抱怨或许多少有点矫情；但在经济衰退时期他的抱怨应该确属发自内心的痛苦。所以不难发现，伴随着经济荣枯的周期性波动更迭，融资难的声量也呈现出有规律增减的态势，且从来就未曾消停过。因此笔者坚信，作为投资者在其投资过程中再经常不过的一种心理感受，融资难的问题只能有效缓解，但永远都不可能彻底解决。

（2）经典经济理论中的供给与需求。

经典经济理论中的供给与需求指的均为有效供给与有效需求。其中的有效需求必须同时满足两个条件：一是消费者有足够支付能力的需求；二是消费者效用能达成最大化时的需求。有效供给也必须同时满足两个条件：一是厂商有足够生产能力或条件作为支撑的产销计划量，或者商品销售者有足够存货或进货能力作为支撑的销售计划量；二是生产厂商或商品销售者能达成利润最大化时的供给量。于是经典经济理论中的供给函数与需求函数分别指的就是这种有效供给量或有效需求量关于价格的函数。

与有效需求（demand）相对应的是需求的期望、愿望甚或欲望，意指其现实购买力或收入水平根本无法支撑的需求。换句话说，它只是一种非理性的主观心理感受或愿望（want），并不具备实现的客观条件。类似地，非有效供给意指自己的生产能力或条件、库存或进货能力根本无法支撑的产销计划量或出售计划量。

具体到经典信贷理论，其所谓的信贷供求指的也都是有效信贷供求。其中，有效信贷需求指的是需求方有足够的还本付息能力，且能使得自身利润或效用达成极大化的资金需求量；有效信贷供给指的是供给方有充沛的资金来源作保证，且能使得自身利润或效用达成极大化的资金供给量。在此基础上，经典信贷理论把信贷供给函数与信贷需求函数分别定义为有效信贷供给量或有效信贷需求量关于利率的函数。

（3）信贷配给理论忽略了有效需求的概念。

信贷配给理论偏离了经典经济理论的上述逻辑，实质上并未始终恪守有效供求概念。因为归纳辨析近几十年来国内外学者关于信贷配给的定义，很容易看出其已超出有效融资供求定义可接受的范围。例如基于施蒂格利茨和韦斯（1981）的定义，所谓信贷配给，意指信贷需求者即便愿意按照当前银行贷款利率或更高的利率支付利息也无法获得贷款的现象。在这里，"愿意"似乎是一个纯粹心理学的概念。信贷配给这个概念似乎并不要求贷款申请人必须基于投资效用极大化的原则以及还本付息的能力来确定自己的借贷融资需求量。

就理性投资者而言，所有投资项目都必须经历严谨科学的可行性研究（项目评估）。其中既包括技术可行性评估、生产可行性评估、环保评估，还包括市场评估、财务评估、社会评估（国民经济评估）以及风险敏感性评估等。对于那些可行性研究评估结果为不合格的投资项目，既然不宜投资，自然也就不应该产生融资需求，从而也就谈不上融资难或信贷配给的问题了。只有那些可行性研究评估过关的投资项目，才有可能基于最优融资计划产生有效借贷需求。这个时候才有必要探讨为什么会出现信贷供给不足的问题。

　　显然，迄今为止的信贷配给理论并未如此思考资金供求问题。在信贷配给理论看来，只要信贷资金需求者愿意按照资金供给者所要求的条件签署借贷合同，但却被后者拒绝了，或者其信贷需求量未能全部获得满足，便是信贷配给问题，而勿论其信贷融资需求是否源自理性决策的结果。

　　（4）关于信贷配给的正确理解。

　　对于那些风险较高的投资项目来说，不能指望由风险承受能力较低的资金供给者提供资金。因此不同风险程度的资金需求者应该吸引风险偏好相近的资金供给者，从而建立起风险供求相匹配的资金融通市场。只有在这样一个风险相匹配的资金供求市场上，当理性资金供给不能满足理性资金需求时，才可称之为该资金供求市场存在融资难的问题。

　　与不同等级的风险程度相对应，资金供求市场可划分成诸多类型。例如信贷市场、债券市场、股权市场、基金市场等。其中的每一个市场都可能存在资金供给不足的问题。设若资金供求市场缺乏足够的层次性，例如假设整个社会只存在借贷市场，其他诸如股权市场等资金供求市场缺如，则风险水平超过存款类金融机构容忍度的融资需求不可能得到满足，相应的资金供给缺口也就不应该被归并入信贷配给的范畴之内。

　　对于存款类金融机构来说，基于其资金来源的性质，本着追求企业价值最大化的经营目标，其对风险存在一个可接受的范围。在这个可接受的风险范围之内，受限于资金来源的规模、结构以及构造最优资产组合的需要，理性存款类金融机构会确定出一个最佳的信贷资产配置计划，其具体内容包括信贷资产的总额、期限结构、行业结构、区域结构、所有制结构等。由此生成有效信贷供给。

　　类似地，理性资金需求者本着追求企业价值最大化的目标，基于可行性研究合格项目的具体情况，制订出一个最佳的对外融资计划。其具体内容包括对外融资规模、融资方式、融资期限、融资条件等内容。如果该融资计划中包括信贷融资的内容，则形成其对信贷资金的有效需求；如果其中包含股权融资的内容，则形成资本市场的有效股权融资需求；如果其中包含债券融资的内容，则形成债券市场的有效债务融资需求。而有效信贷融资需求、有效股权融资需求、有效债务融资需求等诸多有效融资需求之和，便是所谓的有效资金需求。

理性存款类金融机构与风险相匹配的理性信贷资金需求者构成信贷市场的两个交易对手，从而产生信贷资金供给不足或过剩的问题。其中信贷资金供给不足所表现出来的就是所谓信贷配给现象。

设若资金需求者的风险水平高于存款类金融机构可接受的程度，则其对信贷资金的需求不能得到满足的现象就不属于信贷配给的范畴，除非存款类金融机构的资金来源性质发生了重大变化。例如由于采取增加次级长期债务等措施，其资金来源中存款负债的占比显著下降，最终使得存款类金融机构的可接受风险水平显著提高，从而涵盖这些风险较高的资金需求者。这时关于这些风险较高投资者对信贷资金的需求不能得到满足的现象就属于信贷配给的范畴了。

基于上述逻辑，直接融资需求不能得到满足的现象显然不属于信贷配给的范畴，但属于资金（金融）供给不足的范畴。由此可见，信贷配给与资金供给不足是两个不同的概念；前者包含于后者。此外，非理性的资金需求既不能归并于信贷配给的统计，也不能归并于资金供给不足的统计。

在信贷配给理论中，设置抵押担保要求被视作信贷配给的一种子类型；并且抵押担保被理解为信息甄别机制。但其实抵押担保属于增信行为。设若风险不高于存款类金融机构容忍度的资金需求者被强制要求提供担保，则确属不合理不公平。在这种情景下，由于抵押担保不达标而被拒绝提供信贷，则应被归纳进信贷配给的范畴。但设若风险高于存款类金融机构容忍度的资金需求者被强制要求提供担保，则是公平合理的增信要求。在这种情景下，由于抵押担保不达标而被拒绝提供信贷，则不应被归纳进信贷配给的范畴。

也有一些论文将信贷配给划分成银行信贷配给和自我信贷配给（或者供给型信贷配与需求型信贷配给）两种类型。例如王睿（2016）认为农户之所以选择民间借贷，而不是农村正规金融，既可能是由于农村正规金融机构拒绝放贷的结果，也可能是由于农户理性选择自主决策的结果。前者被定义为金融机构信贷配给，后者被定义为农户自我信贷配给。而梁虎和罗剑朝（2019）认为需求型信贷配给意指农户因对贷款拒绝率过高、社会资本缺乏并担心抵押物流失等原因而主动放弃申请贷款,这是一种主动选择行为;供给型信贷配给意指农户受到金融机构层面的外部性约束导致仅获得申请贷款的部分或申请贷款被拒绝,这是一种被动接受行为。

本书认为自我信贷配给(或者需求型信贷配给)的逻辑太牵强。信贷配给一定是在资金供求双方都已经发出资金供求邀约之后才可能发生的现象。它刻画的是尽管贷款申请人满足金融机构的信贷投放标准且已提出贷款申请却仍无法获得贷款的现象。如前所述,理性资金需求者基于客观条件和主观愿望来综合考虑是否融资以及如何融资等问题。设若资金需求者最终的理性决策结果为不申请信贷,则又何来自我信贷配给(或者需求型信贷配给)的问题呢?

2. 信贷配给理论的基本逻辑与我国金融机构的信贷决策实践不相符

相较于经典信贷理论,尽管信贷配给理论引入了信息不对称以及风险因素,但仍未摆脱经典经济学的逻辑思维惯性,亦即仍把信贷供给视作利率的确定性函数,仅把其他影响信贷供给的因素(例如风险)视作对该函数的扰动因素。正是基于这一逻辑,信贷配给理论才演绎出所谓"向后折弯的"信贷供给曲线(Jaffee and Modigliani,1969)。亦即当风险增加到一定程度时,利率的继续提高不仅不再能刺激信贷供给增加,反而使信贷供给减少。

本书认为信贷配给理论的上述逻辑与我国存款类金融机构所践行的信贷决策思维方式并不相符,从而极大地损害了它的应用价值。

(1)我国存款类金融机构的现行信贷决策思维方式与业务规程。

依据我国各商业银行的现行信贷投放业务规程,"贷款项目评估"是其信贷投放业务规程的核心环节。例如仔细阅读分析《中国建设银行股份有限公司信贷业务手册》(内部刊发),我们不难发现其最为重视的项目评估指标是净现值(NPV),然后才是诸如内部收益率(IRR)或投资收益率(利润率或利税率)之类的相对率指标。其道理不难理解:净现值评估准则与存款类金融机构追求企业价值最大化的总体经营目标完全契合。粗略地说,贷款项目的净现值就是该项目对企业价值的净贡献。而收益率指标的高低只是在某些特殊假设前提条件下才与增进企业价值的目标正相关。一个贷款利率较高的项目,其净现值不一定较高。而商业银行一定会选择净现值较高的贷款项目。这就不能排除贷款利率较低项目被选中的情况出现。

在商业银行的贷款项目评估实践中，商业银行重点评估的是贷款申请人拟投资项目本身的期初投资需求总量、项目产出的市场前景、项目寿命期内的现金流入、现金流出以及该项目本身的盈利水平、净现值与风险程度等内容。在项目评估过关的基础上，再结合贷款申请人自有资本的投入情况，拿出专门的章节细致评估这个项目的偿债能力。所有这些内容都是对贷款申请人拟投资项目客观性质的评估，与贷款申请人自身的状况并无直接关系。显然，偿债能力分析既可用于确定商业银行所能索取的贷款利率上限，同时又能判断未来该项目（并非贷款申请人）如期收回本息的可能性。这就为商业银行与客户间讨价还价协商确定贷款合同的具体要素（包括利率）提供了基本依据。例如只要商业银行认定拟投资项目本身的质量颇佳，从而贷款申请人能从中获取很高的收益率，商业银行便会斟酌贷款申请人对本行信贷资金的渴望程度，尽可能地抬高其贷款利率。

仔细研究各商业银行的信贷业务评估手册，其名称均为"贷款项目评估"，而不是贷款申请人评估。其实商业银行另有业务流程专门审核贷款申请人的资格，称之为"客户信用评价"。这里所谓的客户显然专指贷款申请人，而不是该贷款申请人拟投资的项目（项目法人）。

从逻辑上讲，贷款申请人评估只是贷款项目评估的辅助工作。道理很简单，设若没有拟贷款的项目，也就不会有贷款客户。商业银行对贷款申请人资产或财务状况的审查主要也是出于降低拟贷款项目风险的考虑，亦即增信是其主要目的。对此，现有监管法规以及金融机构内部管理规章的具体要求是：在项目评估合格的前提下，贷款申请人的资信等级必须达标，否则不予贷款；对于资信等级达标的贷款申请人，原则上必须要求提供担保；只有那些项目质量很好且贷款申请人的资信等级很高者，始可考虑发放信用贷款。

由此，以项目评估、客户信用评价、担保要求为核心内容的"受理""调查""审批""发放""贷后管理"等相关审核批准操作流程，共同构成商业银行信贷投放业务的完整规程。

（2）至少在实证研究中不宜将信贷供给设定为利率的确定性函数。

如前所述，在实践中商业银行都是重点审查评估贷款申请人拟投资项目本身的质量。对于评估不过关的项目，无论贷款申请人何许人也，商业银行都将拒绝提供信贷；对于评估过关的项目，贷款申请人的资信状况也必须达标，且原则上都会要求贷款申请人提供足够的担保或者寻求保证。因此对于那些项目评估过关、客户资信等级达标且能满足担保要求的贷款申请人，商业银行会原则上同意放款。剩下的工作就是与之谈判协商确定利率等合同要素，进而正式签署贷款协议了。

依照一般的逻辑，项目的质量越高（收益率较高且风险较低），商业银行所报出的利率要价就倾向于越高。但也不排除商业银行基于某种考虑（例如同行竞争的压力）愿意以较低利率向质量优良项目提供贷款的可能性。其实，最终的合同利率到底较高抑或较低，既是商业银行综合考虑各种因素做出决策的结果，也是借贷双方协商谈判讨价还价并最终达成妥协的结果。但有一点是肯定的：商业银行通常是在基本同意投放贷款之后才会与客户谈判确定贷款利率。换句话说，商业银行实质上是基于贷款项目本身的质量［亦即对商业银行企业价值的贡献（净现值）及其风险程度］来判断是否投放贷款，而不是基于利率。

需要特别指出的是，主流经济学与我国存款类金融机构对贷款利率这一指标的理解有着很大的不同。主流经济学将贷款利率视作借贷资金的使用价格；而我国存款类金融机构仅把贷款利率理解为信贷资金价格的主要组成部分。

以中国建设银行为例，在其《信贷业务手册》（内部版）中设有专门一章详细阐述"信贷业务定价"的原理与方法。从中可看出，除了贷款利率之外，信贷资金价格这个概念还囊括了三项内容：一是表外业务费率，例如办理银行承兑汇票时收取的表外业务风险敞口费等；二是贷款业务手续费；三是回存存款余额（按照贷款一定比例提取）等。与此同时，建行总行在其《信贷业务手册》中还为各分行规定了三种信贷业务定价的基本方法，亦即成本导向定价法、需求导向定价法和竞争导向定价法。其中成本导向定价法的基本思路就是要求各分行根据资金成本、风险成本、分摊的资本成本、各项费用等要素综合确定信贷业务的价格；需求导向定价法则要求基于客户对信贷业务的认知价值进行定价；竞争导向定价法要求参照市场同业的价格水平确定本行的信贷价格。在介绍完毕这三种信贷定价方法之后，建行总行又特别叮咛：成本导向是信贷业务定价的基础和底线，是其他定价方法的基准；基于需求导向所确定的价格则是信贷业务价格的上限；同业竞争影响本行与客户协商价格；总行鼓励各分行在风险不超标的前提下尽可能地将贷款利率向上浮动。

由此可见，存款类金融机构的信贷定价实际上综合考虑了成本、风险、贷款需求的迫切程度、市场竞争程度等诸多因素的影响，并且把贷款价格目标分解落实到贷款利率、表外业务费率、手续费、回存存款余额等诸多项目中。这时利率被降格为贷款价格的一个主要构成部分，并且二者之间并非必然呈正相关的关系。

从数学的角度来说，函数关系意指变量间的直接单向因果关系，并且其解释变量与被解释变量之间的变动必须呈一一对应关系。间接的因果关系应被归类为复合函数关系。而相互因果关系则是相关关系，并不属于函数关系的范畴。在经济学中，所有的函数都应用来描述变量间的直接单向因果关系，然后再凭以构造复合函数关系式。除非预设严格的假设，通常不允许在只存在间接因果关系的变量间构造函数关系式。因为只有这样做才有可能把变量间在逻辑关系上的单向因果衍化性和层次性清晰地展示出来。例如经典微观经济学之所以认为在完全竞争市场下存在产品供给曲线（供给函数），就是由于完全竞争厂商总是基于给定的市场价格来决定其最优的产品供给量，从而在价格与产量之间形成了直接、单向且一一对应的因果关系；而在非完全竞争市场下，由于垄断厂商可以同时操纵价格和供给量，亦即在价格与产量之间不再存在直接、单向且一一对应的因果关系，所以经典微观经济学认为非完全竞争市场不存在产品供给曲线（供给函数）。

由此可见，由于在利率与我国存款类金融机构的信贷供给之间不存在一一对应的直接单向因果关系，因此至少在实证研究中一般不宜将信贷供给设定为利率的确定性函数。既然如此，就不能套用信贷配给理论来解释我国的信贷供给不足问题。而必须另辟蹊径，基于我国信贷供求市场的实际，运用更为成熟的理论分析技巧，将我国信贷供给不足的真正原因找出来。如此才有可能提出切中要害且行之有效的解决方案。

3. 信贷市场逆向选择理论的适用性

实体经济领域的投资项目无非两种类型：新建项目或改扩建项目。在现实中存款性金融机构能否提供信贷资金，通常都是贷款申请人的拟投资项目能否落实或者顺利做下去的必要前提。信贷配给理论所谓一部分优质资金需求者将会因为利率提高而退出借贷市场的逻辑太令人费解：退出借贷市场，便意味着拟投资项目消失，亦即一个前景广阔的优质项目自此废止；而留下来继续向金融机构申请贷款的是那些质量相对低劣的客户。这就产生一个疑问：金融机构是怎样审查项目的？优质项目的拟投资者如何能甘心自己这么好的一个项目只因银行拒贷而寿终正寝？

如前所述，存款性金融机构最重视的是对项目的评估。金融机构实际上是基于拟投资项目的客观质量来决定是否提供贷款，而并非基于贷款利率的高低。在相关监管法规如此严格、金融机构的相关岗位设置与责任归属如此明确、相关业务规程如此细致且环环相扣的背景下，优质项目评估不过关的可能性极低。从实践经验来看，拟借款人也不会那么呆板。即便其贷款申请在某个金融机构被拒绝，该借款人也会转而与其他金融机构接洽，这就相当于又重新走一次申请程序，自然可以提高贷款成功的概率。因此至少可以这么说，现实中优质项目被金融机构否决只会是个案，绝对不会成为整个金融机构的系统性失误。

在完成项目评估工作之后，设若在后续的利率谈判过程中自己的利率要价太高，乃至于客户决意退出谈判，则理性的金融机构一定会降低利率要价，以免因谈判失败而丧失获得优质贷款资产的机会。

就贷款申请人来说，其说服金融机构的最佳方法是展示自己项目的优质，并承诺愿意基于双赢原则给予金融机构较高的利率。实际上与信贷配给理论所想定的情景恰好相反，设若贷款申请人所承诺的利率过高，超过了理性决策可接受的范围，则很容易被识破，便更无获得贷款的可能了。

现实中的金融机构也不可能闭着眼睛，置其他信贷评估方法或信息于不顾，只以调整利率的方式来调控信贷供求。普通的商品销售者可以单凭调整价格的方式来调控商品的供求，但商业银行绝对不可能这样做。这就是信贷配给理论将供求价格均衡论简单套用于信贷市场的关键性错误。

笔者认为信贷配给理论关于逆向选择的逻辑尤其不能解释存款性金融机构与工商企业法人或事业法人之间的信贷供求博弈关系（亦即对公信贷业务）。这是因为法人单位都负有持续经营的使命，因此拟投资项目前景广阔的企业绝对不会主动退出信贷市场。

不过，逆向选择理论有可能（但不必然）适用于金融机构与诸如农户这样自然人客户之间的信贷供求博弈关系（亦即个人信贷业务）。以农户为例，其经营与投资决策的回旋余地很大，诸如干什么、如何干这样的问题，农户个人自己就说了算。农户个人所想定的投融资计划也不一定非要落实不可。因此一旦利率太高，该农户真有可能选择退出信贷市场。而就金融机构来说，由于对农户经营项目评估的效费比太低，受某些客观因素制约甚至难以落实项目评估业务规程，于是利率政策和担保政策的制定就成为金融机构涉农信贷最核心的工作。这样一来，在农村信贷市场上确有可能出现系统性逆向选择的现象。

4. 信贷市场道德风险理论的适用性

信贷配给理论所描述的道德风险通常不适用于我国存款类金融机构的对公信贷业务。这是因为负债经营具有两面刃的性质：设若项目很成功，其投资收益率高于借贷利率，则负债经营可提高自有资本的投资收益率。贷款申请人所期望达成的就是这种结果。但设若项目的投资收益率不高于借贷利率，则自有资本投资的净现值很可能会小于零，负债经营就得不偿失。贷款申请人绝不希望出现这种局面。因此一个理性的贷款申请人怎么会漠不关心贷款的使用效率呢？

况且金融机构都建立了严谨的贷后监督审查机制。法人贷款客户通常也都拥有完备的财务管理制度以及贷款使用台账制度。随意更改贷款用途不仅违约，而且在理性存款类金融机构的健全监督机制下更是几无得逞的可能。

不过，设若存款性金融机构将款项贷放给诸如农户等个人借款客户，则有可能（但不必然）存在道德风险。这是由于涉农信贷的利率很低、相关业务的成本费用相对偏高，因此金融机构很有可能疏于贷后监管。况且绝大多数农户既没有健全的财务制度，也没有日常经营台账制度，金融机构客观上也难以达成有效监管。在这种情况下，由于农户既是生产者，也是消费者，且其生产经营的持续性很低，因此真不能排除一些农户将贷款挪作他用。

3.1.3 农村信贷供给不足的主要促成因素

可以把农村地区信贷供给不足的主要促成因素划分为客观促成因素

和主观促成因素两种类型。

1. 造成农村地区信贷供给不足的客观原因

（1）农业投资收益率相对低下。

正如本书第 2.1 节的论述，相较于第二、第三产业所提供的产品或服务，第一产业的商品生产普遍难以摆脱靠天吃饭的劣势，无可替代的精耕细作小农经济模式又普遍难以生成规模经济；再加上农产品需求的价格弹性和收入弹性普遍较小，经常出现谷贱伤农的问题；因此农业投资效率相对低下。

具体到金融机构的信贷业务，农业信贷项目又普遍具有小额、零碎不规律、客户地域分布过于分散的特点，因此信贷业务难以生成规模经济，单位信贷投放的成本和费用偏高，造成农业信贷项目的利润率偏低。

（2）涉农信贷业务的风险较高。

农业生产经营的风险较高，而农村地区信贷客户却普遍担保不足，并且涉农担保业务普遍存在估值难、执行难、变现难的问题；银行业金融机构难以管控涉农信贷风险，对涉农信贷业务的兴趣自然相对低下。

（3）农村金融市场体系严重残缺不全。

正如本书将在第 3.2 节深入阐述的，银行业存款类金融机构的信贷投放偏好与融资者的信贷需求偏好严重不匹配，因此目前以银行业存款类金融机构为核心的农村地区信贷资金供给体系不可能有效满足广大农村居民不同风险偏好的信贷资金需求。农村地区缺乏与不同风险偏好相匹配的信贷资金供求市场体系以及缺乏自己的区域性金融机构，是造成农村地区资金大量外流以及信贷供给不足的重要原因。

2. 造成农村地区信贷供给不足的主观原因

（1）忽视了银行业存款类金融机构企业属性对其涉农信贷投放意愿的消极影响。

正如本书将在第 3.3 节深入阐述的，农村地区银行业存款类金融机构的股份企业属性决定了其不可能拥有较高的涉农信贷投放意愿。而近 20 年农村信用社体制改革的核心思路却恰好是改制成股份公司企业，实质上加剧了相关农村金融机构经营的"使命漂移"问题。

（2）对合作金融的理解存在偏差。

目前我国社会各界对合作金融模式的主观评价偏低，表现在过于计较其效率较低的缺憾。农信社现行改制政策的逻辑基础正在于此。但若以建立农村地区资金流动闭循环并有效缓解农村地区居民融资难为主要目的，则合作金融模式是迄今已知最有可能达成这一目标的金融供求模式。

3.2　银行业存款类金融机构信贷供给机制的局限性

本节将证明银行业存款类金融机构不仅不可能满足整个社会的资金需求，甚至也不可能满足整个社会的信贷需求。这就为合作金融等另类金融模式或金融组织的创新与发展提供了理论依据。

3.2.1　银行业存款类金融机构信贷决策的基本逻辑

1. 信贷供给决策的基本准则：净现值准则

根据企业管理理论，企业价值的最大化是企业经营的终极目标。而根据投资理论，投资者应基于净现值指标来选择投资项目。

所谓某个企业的企业价值，指的就是该企业在其整个寿命期内净现金流量序列的折现值之和。而所谓某个投资项目的净现值，指的就是该项目在其整个寿命期内净现金流量序列的折现值之和。因此某个投资项目的净现值实质上就是该投资项目对企业价值的边际净贡献。

显然，企业应选择那些净现值不小于零的投资项目。具体地，在投资资金充裕的前提下，投资者应依照净现值自高向低的顺序依次选择项目，直至选择到那个净现值恰好等于零的项目为止。但假若投资者只能在两个净现值都不小于零的投资项目间二择一，则应选择那个净现值较大的投资项目。假若投资者可以自由调整某个项目的投资规模，则应将该项目的投资规模调整到能使得净现值达成最大的水平上。

净现值准则充分考虑到投资项目的收益流、支出流、寿命期以及资金的时间价值等因素；其中收益的多寡与投资项目的收益率正相关。同时净现值准则又在一定程度上考虑到投资项目的风险；体现在投资项目的风险水平越高，其所适用的基准利率就越高。投资项目的净现值与该项目的投资收益率不一定呈正相关的关系。这是因为高收益率的投资项目通常都高风险，因此一旦投资项目的风险水平达到一定程度，其所适用的基准利率就会相应提高，从而降低该项目的净现值，甚或能将其较高投资收益率对项目净现值的正效应完全冲销掉。

就存款性金融机构而言，其信贷决策自然应服务于追求企业价值最大化的总目标，因此其对贷款项目的评估当然应该遵循净现值准则。

在金融机构践行净现值准则的过程中，贷款利率只是一个用来确定其贷款项目未来各期现金流的工具。贷款利率越高，只说明该贷款项目未来现金流序列的金额越大。但该贷款项目所适用的基准利率也有可能随之提高（因为高收益率通常意味着高风险）。前者将提高贷款项目的净现值；后者将减少贷款项目的净现值。反过来，贷款利率越低，贷款项目未来现金流的绝对金额越少。但该贷款项目所适用的基准利率通常也会趋于降低（因为低收益率通常意味着低风险）。前者将减少贷款项目的净现值；后者将增加贷款项目的净现值。

由此可见，贷款利率与贷款项目的净现值之间并非必然呈正向关系，不可简单地相互替代。除非假设其他影响因素给定，只剩下贷款利率一个影响贷款项目净现值的因素。古典经济理论以及当今的经典经济学教科书（例如亚当·斯密的《国富论》和萨缪尔森的《经济学》）之所以都把信贷供给视作利率的函数，就是由于它们均未考虑除利率之外其他影响贷款供给的因素，或者隐含地假设这些因素既定不变。

2. 贷款利率指标与净现值指标达成一致性的前提条件

（1）投资收益率准则与净现值准则达成一致性的前提条件。

所谓投资收益率准则，就是要求投资项目的收益率不得小于基准收益率；这里所谓的基准收益率意指投资者的最低期望收益率。而所谓净现值准则，就是要求投资项目的净现值不得小于零。

设若可选投资项目数量有限，则由于净现值最大者的收益率不一定最高，所以基于净现值准则对投资项目序列所做出的评估通常不同于基于收益率准则的评估结果。这时便应以基于净现值准则所做出的评价为准。

不过，设若待选投资项目无限多，且投资项目可无限细分；并假设

55

投资资金充裕。则依照净现值准则，投资者应将其总投资规模控制在最后一个单位投资额的 NPV 正好等于零的水平上。这时其最后一个单位货币的投资收益率恰好等于基准利率。而基于收益率准则，投资者应按照收益率自高到低的顺序依次选择项目，直至其最后一个单位投资额的收益率正好等于基准利率为止。

由此可见，在投资项目无穷多且可无限细分以及投资资金充裕的假设条件下，依照收益率不低于基准利率的准则来选择项目，与依照 NPV≥0 的准则来选择项目，二者所选择出来的拟投资项目清单将完全相同，只是在这两份清单中各项目的优选排列顺序可能不同而已。因此收益率准则与净现值准则等效，可以随意选择使用。

显然，在现实生活中投资项目不可能无穷多，也不可能无限细分，投资资金通常也不会充裕，因此收益率准则通常只适用于纯理论分析。

（2）贷款利率准则与净现值准则达成一致性的前提条件。

站在信贷供给者的立场，若套用投资收益率准则，就是要求贷款利率不得低于基准利率。但这里的基准利率意指金融机构在风险类似背景下的一般贷款利率，而不是中央银行或其授权机构所公布的基准利率。

不过，从信贷供给者的角度来看，若要套用投资收益率准则，则在满足可选贷款项目无限多、贷款项目可无限细分、可贷资金充裕三个假设条件的基础上，还必须再追加一个假设：贷款利率恰好等于金融机构源自该笔贷款的投资收益率，亦即不存在表外业务费率、贷款手续费、回存存款余额等其他信贷业务定价要素。这时金融机构便可以基于贷款利率准则做出信贷决策了。

从信贷需求者的角度来看，其信贷需求主要取决于拟投资项目的收益以及自有资金的数量等因素，因此贷款利率对信贷需求的影响要远小于对信贷供给的影响。

设若在满足待选投资项目无限多、投资项目可无限细分、自有资金充裕三个严格假设条件的前提下，再追加如下几个假设：假设拟投资项目本身的状况（例如未来每期净现金流量的规模及其风险特征等）都给定（从而可以确定未来每期净现金流量的规模以及该项目所适用的基准利率），且与拟投资项目相关的所有其他成本费用因素都既定，唯一尚未确定的费用因素就是贷款利率及其还本付息方式。这时便可基于贷款利率做出是否负债融资的决策。

　　设若上述信贷供求两个方面的所有假设均成立，则可将信贷供求视作利率的函数。这时一个完全竞争的信贷市场便可经由调整利率的方式达成供求均衡。

　　为阐述方便起见，在不损害逻辑连贯性并且不会引起误解的前提下，自本节开始我们将总是假设贷款利率准则与净现值准则等效，因此可以交叉混合使用利率和净现值两个概念。

3. 市场风险影响信贷决策的机理

　　信贷配给理论把市场风险视作对信贷供给函数的扰动因素；认为市场风险的持续上升主要改变了信贷供给与利率之间函数关系的一阶微分性质，从而生成一条"向后折弯的"信贷供给曲线。

　　但其实市场风险对信贷决策的影响要比信贷配给理论所描述的复杂得多。即便假设利率与信贷供给之间确实存在着直接且决定性的单向因果关系，市场风险因素的介入也会彻底破坏二者间的这种确定性函数关系，从而使得二者间的关系变得随机不确定起来。

　　例如假设有两个投资项目分别记作项目 1 和项目 2，其期末随机净收益 x 为连续函数，且定义域均为 $x \in [a, b]$，其中 a 和 b 为两个实数；x 的密度函数分别为 $f(x)$ 和 $\tilde{f}(x)$；相应的累积分布函数分别为 $F(x)$ 和 $\tilde{F}(x)$。再假设两个项目的寿命期均为 1 年，且不考虑资金的时间价值。于是令 $t \in [a, b]$，并为方便起见，记：

$$F^1(t) = F(t) = \int_a^t f(x)dx, \quad \tilde{F}^1(t) = \tilde{F}(t) = \int_a^t \tilde{f}(x)dx$$

$$F^2(t) = \int_a^t F^1(x)d(x), \quad \tilde{F}^2(t) = \int_a^t \tilde{F}^1(x)d(x)$$

$$F^3(t) = \int_a^t F^2(x)d(x), \quad \tilde{F}^3(t) = \int_a^t \tilde{F}^2(x)d(x)$$

……

$$F^n(t) = \int_a^t F^{n-1}(x)d(x), \quad \tilde{F}^n(t) = \int_a^t \tilde{F}^{n-1}(x)d(x)$$

再为项目 1 定义如下形式的一个概念（类似于 $n-1$ 阶中心矩）：

$$\sigma^{n-1}(x, t) = \int_a^t (t-x)^{n-1}f(x)dx$$

$$= (t-x)^{n-1}F(x) \mid_a^t + (n-1)\int_a^t (t-x)^{n-2}F(x)dx$$

$$= (n-1) \int_a^t (t-x)^{n-2} F^1(x) dx$$

$$= (n-1)(n-2) \int_a^t (t-x)^{n-3} F^2(x) dx$$

$$\cdots\cdots$$

$$= (n-1)! F^n(t)$$

类似地也为投资项目 2 定义这样一个概念。进而有：

$$F^n(t) = \frac{1}{(n-1)!} \sigma^{n-1}(x, t), \quad \tilde{F}^n(t) = \frac{1}{(n-1)!} \sigma^{n-1}(x, t); \quad \forall t \in [a, b]$$

显然，$\sigma^{n-1}(x, t) > 0$ 越小，意味着在任一收益水平 t 上 x 取较大值（贴近于上限）的可能性越大。相应的投资机会自然较优。

现在假设存款类金融机构拟对投资项目 1 和项目 2 实施项目评估。假设其效用函数为 $u(x)$，相应的期望效用函数为 $Eu(x)$。于是项目 1 和项目 2 的期望效用之差为：

$$Eu_1(x) - Eu_2(x) = \int_a^b u(x) f(x) dx - \int_a^b u(x) \tilde{f}(x) dx$$

$$= u(x) F(x) \Big|_a^b - \int_a^b u'(x) F(x) dx - u(x) \tilde{F}(x) \Big|_a^b$$

$$+ \int_a^b u'(x) \tilde{F}(x) dx$$

$$= \int_a^b u'(x) (\tilde{F}(x) - F(x)) dx$$

$$= u'(b) \big[\tilde{F}^2(b) - F^2(b) \big] - \int_a^b u''(x) \big[\tilde{F}^2(x) - F^2(x) \big] dx$$

$$= u'(b) \big[\tilde{F}^2(b) - F^2(b) \big] - u''(x) \tilde{F}^3(x) - F^3(x) \Big|_a^b$$

$$+ \int_a^b u'''(x) \big[\tilde{F}^3(x) - F^3(x) \big] dx$$

$$= u'(b) \big[\tilde{F}^2(b) - F^2(b) \big] - u''(b) \big[\tilde{F}^3(b) - F^3(b) \big]$$

$$+ u'''(b) \big[\tilde{F}^4(b) - F^4(b) \big] - \int_a^b u''(x) \big[\tilde{F}^4(x) - F^4(x) \big] dx$$

$$\cdots\cdots$$

$$= u'(b) \big[\tilde{F}^2(b) - F^2(b) \big] - \cdots + (-1)^n u^{(n-1)}(b)$$

$$\big[\tilde{F}^n(b) - F^n(b) \big] + (-1)^{n-1} \int_a^b u^{(n)}(x)$$

$$\big[\tilde{F}^n(x) - F^n(x) \big] dx$$

如前所述，设若 $\tilde{F}^n(t) > F^n(t)$，$\forall t \in [a, b]$，则投资者应该对投

资项目 1 较为满意。亦即应有 $Eu_1(x) \geqslant Eu_2(x)$。显然，设若效用函数的奇数阶导数非负且偶数阶导数非正，则必定会出现这种结果。而这种假设正是风险厌恶型投资者的特征。因此风险厌恶型投资者应依照如下随机优势策略准则来评价项目 1 和项目 2：

$Eu_1(x) \geqslant Eu_2(x) \Leftrightarrow F^n(t) \leqslant \widetilde{F}^n(t)$，$\forall t \in [a, b]$；且 $F^i(b) \leqslant \widetilde{F}^i(b)$，$\forall i = 1, 2, 3, \cdots, n-1$。

仔细观察 $Eu_1(x) - Eu_2(x)$ 最后一步分解式等号右边的第一项，可知：

$$\widetilde{F}^2(b) - F^2(b) = \int_a^b [\widetilde{F}(x) - F(x)] dx$$

$$= x[\widetilde{F}(x) - F(x)] \mid_a^b - \int_a^b x[\widetilde{f}(x) - f(x)] dx$$

$$= E_1(x) - E_2(x) \geqslant 0$$

这说明期望收益较大既不是项目较优的必要条件，也不是充分条件。

若取期望效用函数在期望收益处的泰勒展开式，则有：

$$Eu(x) \approx u(E(x)) + \frac{1}{2}E(x - E(x))^2 u''[E(x)] + \cdots$$

$$+ \frac{1}{n!}E[x - E(x)]^n u^{(n)}[E(r)]$$

不难看出方差 $E(x - E(x))^2$ 也有类似的性质。亦即方差较小既不是项目较优的必要条件，也不是充分条件。

为进一步说明上述结论的含义，现在赋予这两个项目中的净收益 x 及其概率分布 $F(x)$ 一组具体的取值，如表 3 - 1 所示。

表 3 - 1　　　　　　　　　　随机优势判定举例

x	投资项目 1		投资项目 2	
x	1	100	10	1000
F(x)	0.8	0.2	0.99	0.01
E(x)	20.8		19.9	
σ^2	1468		9703	

依照惯常的理解，由于项目 1 的期望净收益较高，方差也较低，因此应该是一个相对较好的贷款项目。但其实不尽然。例如设若金融

机构的效用函数为 $u(x) = \lg(x)$，则在 $x > 0$ 的前提下，下列各式成立：$u'(x) = 1/x > 0$，$u''(x) = -1/x^2 < 0$。因此这是一个风险厌恶型投资者。

由于已知该金融机构效用函数的具体形式，所以可直接计算出该金融机构对于这两个项目的期望效用，分别为：$Eu(x_1) = 0.4$，$Eu(x_2) = 1.02$。由于前者小于后者，因此该金融机构实际上偏好项目 2。

由此可见，在不确定性投资环境下，无论是期望收益较高，还是期望收益的方差较低，都既不是投资项目较优的必要条件，也不是充分条件。换句话说，风险环境下的存款类金融机构不一定喜欢利率较高的贷款项目。这就表明，即便假设利率是影响信贷资金供给的唯一直接因素，则在引入风险因素之后二者间也不再存在一一对应的单向因果关系了。从而不宜再把信贷供给表示为利率的确定性函数，而应是一个随机函数。既如此，也就更不存在所谓"向后弯折的信贷供给曲线"了。

3.2.2 银行业存款类金融机构对信贷风险的严格管控

1. 存款负债具有准到期债务的性质

之所以说存款类金融机构天性惜贷，就是由于其是一类资金来源很特殊的机构投资者。尤其在我国，存款类金融机构的可贷资金主要来自存款负债。尽管可以把其存款负债划分成定期存款和活期存款两大类，但考虑到定期存款也可以活期提取，而活期存款更可以随时提取，因此存款类金融机构所吸纳的存款资金来源实质上均为随时到期债务。存款类金融机构的基本经营模式实质上就是通过源源不断地吸纳短期负债筹措资金，然后经由期限错配等方式，将其用于发放期限相对较长的贷款，从而生成大量流动性远低于存款负债的信贷资产。

根据《企业破产法》第 2 条和第 7 条的规定，债务人进入破产清算程序的要件有四个：一是债务到期；二是到期债务不能清偿；三是资产不足以清偿全部到期债务；四是明显缺乏清偿能力。考虑到存款类金融机构的存款负债实质上均为准到期债务，因此若说其天生一只脚踏在随时被破产清算的启动线上，实不为过。而除了存款类金融机构之外，其他任何投资者的负债都必须预先明确约定还本付息的期限和方式，债权人无权违约要求债务人提前还本付息。由此可见，相较于其他投资者，理性存款类金融机构对其资金的使用天性相对谨慎，其投资决策自然要相对保守得多。

2. 政府对存款类金融机构的监管相对最严格

相较于其他投资者，存款类金融机构肩负着重大的社会责任，担当着吸纳闲置资金、融通资金、提供信用货币、协助完成整个社会的资金循环流通等职责。因此国家对其稳健经营的要求相对更高些，对其监管也最为严格与即时，基本做到了对其经营活动的全方位动态监管。

根据《商业银行法》第 2 条，商业银行的经营应遵循安全性、流动性和效益性三项原则。在这里，"三性原则"的排列顺序并非随意。实际上对任何一位投资者来说，其生产经营与投资又何尝不应该遵循这"三性原则"，但国家唯独以立法方式专门要求商业银行的经营必须保持足够的谨慎，绝对不允许其违背"三性原则"，这本身就极不寻常。

2008 年爆发的金融危机沉重打击了各国经济，迄今世界各国仍未完全摆脱其消极影响。为亡羊补牢，进一步强化对金融系统性风险的防范，世界各国都普遍加大了针对银行业经营的监管力度。例如，美国和欧盟都专门组建了系统风险委员会；巴塞尔委员会则修订提高银行业风险监管标准，于 2010 年通过了《巴塞尔协议Ⅲ》；我国银（保）监会也依照《巴塞尔协议Ⅲ》的精神修订推出了主要由资本要求、杠杆率、拨备率和流动性要求等四大监管工具构成的银行业监管体系。2017 年巴塞尔委员会又更新发布最新版的监管框架《巴塞尔协议Ⅲ》。G20 等世界主要经济体都承诺其银行业经营必须在 2019 年之前完全符合《巴塞尔协议Ⅲ》的标准。我国则已于 2016 年宣布达标。

巴塞尔协议的核心目的就是要求商业银行都能拥有充足资本吸收经营业务的非预期损失，从而切实有效地保护银行债权人的合法利益，最终能维持整个金融体系的稳健运行。自 1988 年《巴塞尔协议Ⅰ》颁布以来，巴塞尔协议已成为国际银行业风险监管的公认标准。此后伴随着相关理论研究的不断深入以及各国银行业经营与监管实践经验和教训的及时总结，巴塞尔协议屡经修订和完善，对银行业风险管理的要求越来越高。2004 年推出的《巴塞尔协议Ⅱ》明确将操作风险、信用风险和市场风险定义为银行监管框架的三大支柱。2010 年的《巴塞尔协议Ⅲ》

则进一步充实了风险敏感资本充足率要求、相对刚性杠杆率指标、动态减值拨备指标、流动性国际监管标准以及大额风险暴露监管框架。总体来说，新协议既注重强化微观银行机构的稳健经营，又兼顾宏观审慎目标的设定与达成；既统筹微观与宏观审慎监管，强化对表内与表外风险的监管，又兼顾个体风险与系统风险，从而显著提升银行业的全面风险管理标准。

为切实落实巴塞尔协议，巴塞尔委员会 2012 年又引入一致性评估项目，着手从相关文件的一致性、规则的一致性以及执行的一致性三个层面评估各国关于《巴塞尔协议Ⅲ》的实施情况，激励和督促各成员国按预定时间表全面及时一致地落实《巴塞尔协议Ⅲ》的各项要求。

当然了，《巴塞尔协议Ⅲ》并非没有争议。不过目前世界各国一些银行业者与相关理论研究学者所诟病的并不是其在理念或逻辑思维上的缺陷，而是认为该协议某些具体规定对银行业的束缚太严厉，有可能窒息商业银行的发展。但尽管如此，世界各主要经济体还是要义无反顾地推进《巴塞尔协议Ⅲ》的落实，从中可管窥全球社会对银行业稳健经营的重视程度已经达到了无以复加的地步。

总而言之，各国政府对商业银行业监管的严格与严厉独一无二。在国家金融监管当局如此严格与严厉的监管下，存款类金融机构的经营实质上也不得不谨慎守规，对风险因素不得不采取退避三舍的态度。

3. 金融机构近乎不愿意主动承担任何信贷风险

如果银行业存款类金融机构愿意像其他投资者那样承担风险，则其资金使用应采取股权投资的方式，亦即依照其入股比例分享投资收益，并依照其入股金额承担有限责任。但如前所述，基于存款类金融机构的资金主要来源于存款负债的现实，这种股权投资的资金使用方式与其资金来源的性质严重不匹配，从而风险极大。

实际上，对于银行业存款类金融机构来说，股权投资不仅非理性，而且违犯现行法规。例如根据《商业银行法》第 43 条，商业银行不得从事信托投资、证券投资、非银行金融机构和企业投资、房地产（非自用不动产）投资。而根据《商业银行法》第 3 条，商业银行可以经营的业务主要为吸收公众存款、发放贷款、进行国债投资、办理国内外结算等中间业务。但在现有市场环境下，中间业务以及除贷款之外的其他资产业务消化资金的能力有限，因此目前我国存款类金融机构可从事的业务主要就是信贷投放了。

对于存款类金融机构的信贷业务，目前国家监管部门制定了极其严格的监管制度。主要体现在以下三个方面。

一是完善的内部稽核审批制度。根据《商业银行法》第 7 条、第 35 条、第 36 条和第 39 条第 2 款和第 3 款，商业银行应当实行审贷分离、分级审批的制度，严格审查借款人的借款用途、偿还能力、还款方式、保证人的偿还能力、抵押物或质物的权属和价值、实现抵押权、质权的可行性等情况，保障按期收回贷款。并且对同一借款人的贷款余额与商业银行资本余额的比例不得超过 10%。

二是严格的贷款投放条件，确保按期如约收回本息。《商业银行法》第 36 条规定："借款人应当提供担保。"只有那些经商业银行审查、评估，确认借款人资信良好（目前各商业银行普遍将其认定标准设定为资信等级 AAA 或总行级重点客户），确能偿还贷款的，方可不提供担保。

《贷款通则》第 10 条第 2 款规定，只有"经贷款审查评估，确认借款人资信良好，确能偿还贷款的，才可以不提供担保"。尽管根据中国人民银行〔2018〕第 1 号令，该文件未列入生效规章之中，但其上述精神仍然适用。

关于抵押担保贷款的额度，目前各商业银行都严格要求抵押担保率必须小于 1。例如《中国农业银行抵押、担保贷款暂行办法》规定，以"国家债券、金融债券、定期存单为抵押或担保的，按其票面金额作价；其他财物按现行市场价格作价；结合账面净值确定的，最高不得超过账面净值的 80%；抵押贷款本息一般不得超过抵押物作价现额的 70%"。

三是完善的债权追索制度。《商业银行法》第 7 条规定商业银行依法向借款人收回到期贷款的本金和利息受法律保护；其第 42 条规定"当借款人到期违约时，商业银行依法享有要求保证人归还贷款本息的权利"。

由此可见，经由严格的项目评估审核制度⇒借贷利息的税前支付⇒债权本息的优先追索权⇒对借款人的资信等级提出较高要求⇒尽可能要求提供担保（质押、抵押、保证等）⇒抵押率必须显著低于 1 等法规限制以及金融机构内部风险管理规章制度要求，层层加码保障存款类金融机构对信贷资产的权益，其实质就是要将自己的信贷资产尽可能地打造成无风险资产。这就意味着存款类金融机构近乎不愿意主动承担任何信贷风险。

3.2.3　银行业存款类金融机构与一般融资者间信贷供求偏好的不匹配性

1. 理性投资者主动负债

若无特别说明，本章所谓的投资者均指存款类金融机构之外的其他投资者，这些投资者均为潜在的信贷需求者。并且本文总是把信贷需求者的身份设定为某种产品或服务的生产经营者。亦即只考虑生产经营性信贷需求，而不涉及消费信贷。此外，本节还假设除了拟借贷投资的项目之外信贷需求者再无其他资产或正在持续盈利的项目。这就意味着借款的还本付息将完全依赖于拟投资项目本身的经营状况。

正如港商李嘉诚在《亚洲新闻周刊》杂志 2019 年 9 月中旬的一篇文章中所言，商人的首要目标是让资本更安全，其次才是增值更快。不过，让资本更安全并非意味着不能主动承担风险。本节将论证：增加负债将提高融资者所承受的风险水平，进而提高其均衡期望投资收益率；设若拟投资项目的风险远在可承受的极限水平之下，则理性的投资者将主动承担风险，增加负债，以求得其资产负债率达成最优；设若拟投资项目的风险水平已经超过了投资者的可承受程度，则其首先会经由股权融资等方式大幅降低自身所承受的风险，然后再主动负债，以求得其自有资金的收益率能达到理想水平；因此理性投资者因主动承担风险而生成信贷需求。

（1）负债放大了市场风险对投资者的冲击力。

所谓市场风险，意指外部市场购销环境（主要指价格）的非预期变动而引发的销售收入或成本费用的非预期性波动。

设想拟借款的投资项目已建成投产。假设该项目每期的息税前利润为 X，借款人的每期税后利润为 B，每期应付利息为 I，所得税率为 t，则有：

$$X = B + I + (X - I)t \Rightarrow (1 - t)X = B + (1 + t)I$$

对上式两边求自然对数，然后求全导数，有：

$$\frac{dX}{X} = \frac{dB}{B + (1-t)I} \Rightarrow \frac{|dX|}{X} < \frac{|dB|}{B}$$

　　显然，由于利息支付的调节作用，当息税前利润增大时，单位产品所负担的财务费用相对减少，从而给借款人带来更多的利润，使得其利润增长率大于息税前利润增长率。反之，当息税前利润减少时，单位产品所负担的财务费用相应增加，从而大幅减少借款人的利润，使得其利润的下降率大于息税前利润的下降率。只有当该项目不对外借贷融资时，由于不再存在利息支付的调节，借款人的利润变动率才会等于息税前利润的变动率。

　　息税前利润的波动率体现了市场风险对投资项目本身的影响。税后利润波动率体现的是市场风险对借款人（投资项目拥有者）的实际影响。由此可见，负债放大了市场风险对借款人的冲击力。

　　（2）理性投资者有主动负债的倾向。

　　既然负债放大了市场风险的冲击力，那么为什么投资者会主动负债融资呢？

　　一个很容易想到的理由就是投资者的自有资金不足，因此对外负债融资是其完成投资计划的必要条件。但在这里我们将证明：正所谓高风险者高收益，由于对外负债有可能提高自有资本的投资收益率，因此即便自有资金充沛，投资者仍会主动选择对外负债。

　　证明如下：假设有这样一个投资项目，其所投入的资金完全来自投资者的自有资金，称之为全股本投资项目，并记作 A 项目。假设该项目每年的息税前利润期望值为 X，且假设其经营期限无穷长。再假设该项目所适用的均衡投资收益率为 μ。于是该项目的市场价值（记作 V_a）为 X/μ，亦即 $V_a = X/\mu$。

　　为分析负债对投资者的影响，现在假设这个项目对外借贷融资。为与此前的全股本投资状态（记作 A 项目）区分开来，我们把实施对外借贷融资以后的该项目另记作 B 项目。

　　显然，由于完全复制项目 A 的息税前利润流量序列，因此 B 项目所适用的均衡投资收益率亦为 μ，进而其市场价值（记作 V_b）亦为 X/μ，亦即 $V_b = X/\mu$。

　　B 项目的市场价值可分解为股东权益价值与负债价值之和。假定 B 项目负债的利率为 g，负债的期限无穷长，且负债的当前市场价值恰好与其账面价值相同。这意味着 B 项目负债所适用的均衡利率为 g。再假设 B 项目股东所适用的均衡投资收益率为 R_e；B 项目股东权益的市场价值为 E；B 项目负债的市场价值为 D。于是有：

$$R_e = \frac{X - Dg}{E}$$

又因为 $X = \mu V_b = \mu(E + D)$，所以有：

$$R_e = \frac{(E + D)\mu - Dg}{E} = \mu + \frac{D}{E}(\mu - g)$$

基于风险水平的差异，B 项目本身所适用的均衡投资收益率 μ 必定大于其负债的均衡利率 g，亦即应有 $\mu - g > 0$。因此，B 项目股东（借款人）所适用的均衡投资收益率大于 B 项目本身所适用的均衡投资收益率 μ。

由于 A 项目全股本，因此 A 项目本身的均衡投资收益率与其股东的均衡投资收益率相同。两相比较，可知 B 项目股东的均衡投资收益率大于 A 项目股东的均衡投资收益率。二者之间的差距取决于两个因素：一是 B 项目本身的均衡投资收益率与负债均衡利率之间的差额；二是 B 项目资产负债率（财务杠杆系数）的高低。

显然，负债可提高投资者自有资金的均衡投资收益率。且负债率 D/E 越高，负债利率越低，自有资金均衡投资收益率提高的幅度就越大。如表 3 - 2 所示。

表 3 - 2　关于资本结构、企业价值与均衡投资收益率之间动态关系模拟分析

	资产负债率（0%）	资产负债率（40%）	资产负债率（70%）	资产负债率（99%）
①年息税前利润（假设税率为 0）	1000	1000	1000	1000
②项目的市场价值（基准利率为 10%）	10000	10000	10000	10000
③债务的市场价值 D（假设亦即账面价值）		4000	7000	9900
④年均利息支付 5% D（借贷期无穷长）		200	350	495
⑤均衡投资收益率（①-④）/（②-③）	10%	13.33%	21.67%	505%

不过，上述逻辑尚未引入破产因素。实际上随着资产负债率的提高，借款人破产的可能性也会相应提高。因此如果考虑到破产概率以及破产费用等因素，则借款人应该有一个最优负债率。

既然借款人存在一个最优的资本结构，则在其资本结构尚未达到最优时，那些能够促进资本结构优化的负债政策也就可以创造价值。这时，面对一个市场风险尚可接受的投资项目，即便自有资金充沛，投资者也会主动对外负债融资。且其负债融资的规模将会持续增加到资本结构达成最优为止。

有观点认为只有当自有资金不足时投资者才会产生对信贷资金的需求。但其实为达成自有资金均衡期望收益率的最高化，理性投资者更有可能将自有资金分散投资于尽可能多的项目，然后把每一个项目中的自有资金都作为"种子"，凭以对外负债融资。这就意味着理性投资者对信贷融资的需求更有可能与其自有资金的规模正相关。

因此本书认为无论自有资金多么雄厚，理性投资者都不可能自觉资金充沛。实际上自有资金的规模越大，为达成最优的资本结构，理性投资者的融资愿望越强烈，其对信贷资金的需求很可能越多。

（3）负债是投资者能动管理市场风险的手段。

有诸多的证据表明绝大多数投资者都是风险厌恶型投资者。但厌恶风险并不意味着排斥风险。这是因为风险毕竟不同于危险。对待危险的最佳方式有两个：首先是设法规避之；其次是购买足够金额的保险单。但由于风险具有并协性，亦即其未来既有"更孬"的可能性，同时也有"更好"的可能性，因此只要"更好"的可能性足够大，"更好"的结果足够富有吸引力，乃至于风险事件的期望效用为正，则风险厌恶型投资者仍将主动地承担这种风险，而不会像对待危险那样采取回避或转嫁的态度。

①投资者应对低风险投资项目的策略。负债之所以可以提高自有资金的均衡投资收益率，其实就是由于借款人主动承担市场风险的结果。

按照财务管理学的逻辑，投资者所承担的市场风险可划分成经营风险和财务风险两个层次。基于这两个概念，A项目投资者所承担的市场风险仅包含经营风险；而B项目投资者所承担的市场风险则等于经营风险与财务风险之和。

根据资本资产定价理论（CAPM），投资者的均衡期望投资收益率 =

无风险利率 + 承担系统性风险的报酬率 = 无风险利率 + 该类投资的贝塔系数 × [相当于系统性风险（市场组合）的报酬率 – 无风险利率]。与无风险投资者相比，由于 A 项目的投资者承担了经营风险，所以 A 项目投资者的均衡期望投资收益率高于无风险利率；所高出的这部分期望投资收益率就是 A 项目投资者主动承担经营风险的报酬。而与 A 项目的投资者相比，由于 B 项目的投资者又进一步地主动对外负债，所以 B 项目投资者的均衡期望投资收益率又在 A 项目投资者均衡期望投资收益率 μ 的基础上进一步地提高了。所高出的这部分均衡期望投资收益率就是 B 项目投资者主动承担财务风险的报酬。

由此可见，如果投资项目的市场风险（经营风险）尚在投资者可承受的范围之内，则该项目的投资者会主动负债，直至其实际市场风险（相当于经营风险与财务风险之和）达到可承受的理想极限为止。

②现在假设投资者所面对的是一个风险较高的项目，并且该项目的风险已超过了投资者所愿意承受的程度。本节将证明：理性的投资者会寻找投资伙伴，设法促成合伙投资或股权投资，凭以分散风险，从而把自己所承受的风险降低到理想水平，然后再主动对外负债。

证明：假定有 n 个风险厌恶型投资者合伙投资于一个随机收益为 x 的投资项目。假定这 n 个投资者均分收益、共担风险，于是每个投资者的随机收益将为 x/n。再假定其中一个代表性投资者的初始可用资源为 q，效用函数为 $u(q)$，于是其最大投资额 I 必定满足：

$$E\left[u\left(q - I + \frac{x}{n}\right)\right] = u(q)$$

其中的 $E(\cdot)$ 为求随机变量期望值的数学运算符号。

记 $b = \frac{E(x)}{n} - I$，显然 b 是该代表性投资者所要求的最低期望风险报酬，否则其将拒绝参与这项投资。若再记 $z = x - E(x)$，显然 $E(z) = 0$，且有：

$$E\left[u\left(q + \frac{z}{n} + b\right)\right] = u(q)$$

假定 n 可连续变化，则对上式关于 n 和 b 求全微分，有：

$$-\frac{E(u'z)}{n^2}dn + E(u')db = 0$$

其中 u′ 表示该代表性投资者的效用函数 u 关于 $q + \frac{z}{n} + b$ 的一次导数。

进而有：

$$\frac{db}{dn}=\frac{1}{n^2}\frac{E(u'z)}{E(u')}=\frac{cov(u',\ z)+E(u')E(z)}{n^2E(u')}=\frac{cov(u',\ z)}{n^2E(u')}$$

由于该代表性投资者厌恶风险，因此其效用函数是一个严格单调递增的凹函数，从而 u'严格单调递减。由于上式等号右边的分子小于零（u'为 z 的减函数），分母大于零（u'>0），于是有 db/dn <0。

基于 b 的定义不难看出，b 的取值不可能小于零。因此由 db/dn <0可知 $\lim_{n\to\infty}b(n)\to0$。也就是说，随着参与合伙投资或股权投资的人数越来越多，每一个投资者所要求的期望风险报酬越来越少。这就意味着随着参与合伙投资或股权投资的人数越来越多，每一个投资者对风险的敏感性越来越低。因此他们的投资意愿也就相应地增强。

在完成合伙投资或股权投资的过程之后，对于其中的每一个参与者来说，投资风险都已降低到了可接受的程度。然后再基于所聚拢起来的资本金，依照此前所阐述的逻辑，该项目的合伙人会议或股东大会也将主动对外负债融资，直到该项目的资本结构达成最优为止。

2. 存款类金融机构的效用函数具有特殊的性质

（1）一般投资者具有绝对风险厌恶递减的特性。

2014 年，笔者曾带队组织选取中泰证券济南市的两家营业部和中信建投济南市的一家营业部，现场抽样调研投资者的风险态度。调研小组向愿意接受咨询的近 90 位投资者提供了四种奖罚模式的模拟抛硬币小游戏：当每次所抛出的硬币正面朝向时，被奖励的金额分别是 1 元、10 元、50 元和 100 元；反面朝上时被罚款的金额分别为 1 元、10 元、50 元和 100 元；每一个参与者只允许抛 10 次，每一次抛掷都可以随意选择这四种奖罚模式。调研小组希望被调查对象设想这样的场景，并回答届时自己最有可能选择哪一种奖罚模式。最后汇总发现愿意以 1 元奖罚模式参与游戏的人最多，10 元其次，50 元不足 120 人次，而选择 100 元奖罚模式的人次则在两位数之内。调研小组分析认为，由于奖罚 1 元的金额太少，因此参与者都愿意抱着娱乐的目的尝试；但随着奖罚金额的增加，参与者变得越来越经济理性，其不接受这种公平赌博模式的心态就越来越明显。而对公平赌博不感兴趣正是风险厌恶型投资者的典型特征。

许多相关的实验都表明多数投资者属于风险厌恶型。因此经济理论也默认了这一假设。

现在假设有一个投资项目的随机净收益为 x，定义域为 $I = [a, b]$，密度函数为 $f(x)$，期望值为 $E(x)$，则该投资项目的方差（记作 σ^2）和敏斜（记作 σ^3）分别为：

$$\sigma^2 = \int_a^b (x - E(x))^2 dx; \quad \sigma^3 = \int_a^b (x - E(x))^3 dx$$

再假设投资者的效用函数为 $u(x)$，则将该函数在 x 的期望值 $E(x)$ 附近泰勒展开，并省略其中包含四阶以上中心矩的各项。于是有：

$$u(x) \approx u[E(x)] + u'[E(x)][x - E(x)] + \frac{1}{2}u''[E(x)][x - E(x)]^2$$
$$+ \frac{1}{6}u'''[E(x)][x - E(x)]^3$$

再对上式取期望值，有：

$$Eu(x) \approx Eu[E(x)] + u'[E(x)]E[x - E(x)] + \frac{1}{2}u''[E(x)]E[x - E(x)]^2$$
$$+ \frac{1}{6}u'''[E(x)]E[x - E(x)]^3$$
$$\approx u[E(x)] + \frac{1}{2}u''[E(x)]\sigma^2 + \frac{1}{6}u'''[E(x)]\sigma^3$$

从上式可以看出，设若忽略效用函数泰勒展开式中四阶以上的导数项，则期望投资效用 $Eu(x)$ 的大小将取决于主客观两个方面因素的影响：

首先，从拟投资项目的客观属性来看，主要有三个影响因素：一是投资项目的期望净现值 $E(x)$；二是投资项目的不确定性（由方差 σ^2 刻画）；三是投资项目的敏斜（由三阶中心矩 σ^3 刻画）。

其次，从投资者的主观偏好属性来看，也主要有三个影响因素：一是其关于期望净现值的效用 $u[E(x)]$ 的特性；二是其效用函数的二次导数（$u''[E(x)]$）的特性；三是其效用函数的三次导数（$u'''[E(x)]$）的特性。

先考察约等号右侧的第一项。显然由于一般的投资者均有 $u'[E(x)] > 0$，因此投资项目的期望净现值 $E(x)$ 越高，其随机净现值 x 的期望效用越大，从而投资者对该投资项目的评价越高。

再次，考察约等号右侧的第三项。设若 $u'''[E(x)] \geq 0$，则当 σ^3 取正值时，投资者的效用将提高，且正敏斜的取值越大，投资者对该项目

的评价越高；但当 σ^3 取负值时，投资者的效用将降低，且负斜率的绝对值 $|\sigma^3|$ 越大，投资者对该项目的评价越低。

最后，考察约等号右侧的第二项。该项反映了投资项目的不确定性对投资者效用的影响。由于风险厌恶型投资者的 $u''[E(x)] \leqslant 0$，再考虑到 $\sigma^2 > 0$，因而有：

$$\frac{1}{2}u''[E(x)]\sigma^2 \leqslant 0$$

这说明，对于风险厌恶型投资者来说，投资项目的不确定性越高，从而市场风险越大，其对该项目的效用评价越低。

$|u''[E(x)]|$ 越大，表明投资者对风险的厌恶程度越严重。不过由于任一效用函数的仿射变换仍可作为效用函数，因此对于同一个投资者来说 $|u''[E(x)]|$ 不唯一，不同的 $|u''[E(x)]|$ 间将相差某个常数倍。但考虑到不同的 $u'[E(x)]$ 间也相差了同一个常数倍，因此对约等号右侧的第二项除以 $u'[E(x)]$，便可获得一个参数。对于特定投资者来说，这个参数将是唯一性的。这就是所谓的 Arrow – Pratt（1964）风险厌恶系数（记作 $k(x)$）：

$$k(x) = -\frac{1}{2}\frac{u''[E(x)]\sigma^2}{u'[E(x)]}$$

显然风险厌恶型投资者的 $k(x) \geqslant 0$。

（2）不同投资者厌恶风险的程度有差异。

例如假设有两个风险厌恶型投资者 a 和 b，二人的初始财富均为 w，效用函数分别为 $u_a(w)$ 和 $u_b(w)$。现在假设这两个投资者面临着这样一个投资项目：其未来的净收益只有两种可能性，分别记作 x_1 和 x_2，相应的概率分布为（p，1 − p），$0 \leqslant p \leqslant 1$。则固定概率分布，自由调控 x_1 和 x_2，可知这两个投资者对于该项目未来各种可能净收益的接受域（分别记作 F_a 和 F_b）为凸集：

$$F_a = \{(x_1, x_2) : pu_a(w + x_1) + (1-p)u_a(w + x_2) > u_a(w)\}$$
$$F_b = \{(x_1, x_2) : pu_b(w + x_1) + (1-p)u_b(w + x_2) > u_b(w)\}$$

由于风险厌恶型投资者不可能接受期望效用等于零的投资项目，因此上述两个接受域中的不等式应该取严格不等号。但为分析方便起见，这里把期望效用等于零的投资项目理解为这两个接受域的边界。并以投资者 a 为例，这个边界投资项目满足下式：

$$pu_a(w + x_1) + (1-p)u_a(w + x_2) = u_a(w)$$

在初始财富 w 点处，先对上式关于 x_1 求一次导数，有：

$$pu_a'(w + x_1) + (1 - p)u_a'(w + x_2)\frac{dx_2}{dx_1} = 0$$

再关于 x_1 求二次导数，有：

$$pu_a''(w + x_1) + (1 - p)u_a''(w + x_2)\frac{dx_2^2}{dx_1^2} + (1 - p)u_a'(w + x_2)\frac{d^2x_2}{dx_1^2} = 0$$

取 $x_1 \rightarrow 0$ 且 $x_2 \rightarrow 0$，于是有：

$$\frac{dx_2}{dx_1} = -\frac{p}{1 - p} < 0; \quad \frac{d^2x_2}{dx_1^2} = -\frac{p}{1 - p} \times \frac{u_a''(w)}{u_a'(w)} = \frac{p}{1 - p} \times 2\sigma^2 \times k_a(w) > 0。$$

其中 $k_a(w) \geqslant 0$ 为投资者 a 的风险厌恶系数。

可见，在初始财富 w 点处，风险厌恶系数 $k(x)$ 越大，相应投资者越厌恶风险，其对投资项目随机净现值的接受域就越小。例如设若 $k_a(w) > k_b(w)$，则投资者 b 的接受域将包含投资者 a 的接受域。亦即投资项目的一些可能净收益可以被投资者 b 所接受，但却被投资者 a 所拒绝。这就说明风险厌恶型投资者群体的风险偏好程度并非一致，而是呈现出（高低）层次性。正是基于此，本书才主张细分金融市场，建立多层次（亦即不同风险偏好）的资金供求市场，以便分流不同风险偏好的资金供求者，使得每一个市场上资金供求双方间的风险偏好都能相匹配。

（3）伴随着财富存量的变动，投资者的风险偏好会发生变化。

一般认为，伴随着财富存量的增加，投资者对风险的厌恶程度趋于降低。称具有该特征的投资者为绝对风险厌恶递减型的投资者。

在 2014 年这次调研投资者风险态度的过程中，调研小组发现一个现象：在愿意接受咨询的近 90 位投资者中，大户和中户投资者（证券资产存量超过 50 万元）承受风险的意愿明显高于小户和散户投资者。并且大部分投资者都声称倘若能获得更多的资金，则必将加码投资。不过几乎每一位投资者都为自己设定了一个财富存量的理想水平。这部分投资者都声称一旦自己的财富存量达到这个理想境界，则必定会收手上岸，不再投资。这说明绝对风险厌恶递减的假定仅在一定条件下成立，实际上仅适用于投资效用达到最大化之前的阶段。考虑到所有的投资者必定正处在这一阶段，所以理想财富水平的存在并不损害绝对风险厌恶递减假定的有效性。这一点同理于经济学中关于消费边际效用递减的假设。

对于绝对风险厌恶递减型投资者来说，下式必定成立：

$$\frac{dk(x)}{dx} < 0 \Rightarrow \frac{-u'[E(x)]u'''[E(x)]\sigma^2 + u''^2[E(x)]\sigma^2}{2u'^2[E(x)]} < 0$$

不难看出，只有规定 $u'''[E(x)] > 0$，才能确保 $k(x)$ 为递减函数。

那么是否可以假设 $u'''[E(x)] > 0$ 呢？重新观察投资效用函数 $u(x)$ 在 $E(x)$ 处的泰勒展开式，其约等号右侧第三项是 $u'''[E(x)]$ 和 σ^3 的乘积。其中 σ^3 刻画的是 x 偏离 $E(x)$ 的方向。当 $\sigma^3 > 0$ 时，表示 x 的取值有两种可能：

一是 x 在 $E(x)$ 右侧每一种取值的可能性尽管都相对偏低，但可能取值的数目较多，以至于最终使得 σ^3 为正。在这种情景下 x 的真实取值有较大的可能性高于 $E(x)$。投资者肯定喜欢这种情景。

二是 x 在 $E(x)$ 右侧的可能取值并不多，但存在一个小概率取值，该取值相较于 $E(x)$ 如此之大，乃至于最终使得 σ^3 为正。彩票是这种情景的典型例子。

类似地，当 $\sigma^3 < 0$ 时，表示 x 的取值有两种可能：

一是 x 在 $E(x)$ 左侧每一种取值的可能性尽管都相对偏低，但可能取值的数目较多，以至于最终使得 σ^3 为负。在这种情景下 x 的真实取值有较大的可能性小于 $E(x)$。投资者肯定不喜欢这种情景。

二是 x 在 $E(x)$ 左侧的可能取值并不多，但存在一个小概率取值，该取值相较于 $E(x)$ 如此之小，乃至于最终使得 σ^3 为负。未投保机动车是这种情景的典型例子。理性投资者肯定不喜欢自己的机动车未投保。

在现实中，多数人喜欢购买彩票或投保，彩票的敤斜为正，被投保对象价值的敤斜为负。这说明一般的人不喜欢负敤斜，但喜欢正敤斜。设若 $u'''[E(x)] > 0$，这种现象就能解释得通。因此对于一般的投资者来说 $u'''[E(x)] > 0$ 的假设是可行的。

（4）银行业存款类金融机构效用函数的特殊之处。

银行业存款类金融机构也应该属于风险厌恶型投资者。因此其信贷投资的效用函数也应该具有一次导数大于零、二次导数小于零的特性。

①存款类金融机构的 Arrow - Pratt 风险厌恶系数相对较大。

如前所述，存款类金融机构是一类很特殊的投资者，近乎不愿意主动承担信贷资产的任何风险。因此有理由认为相较于一般的投资者存款类金融机构的 Arrow - Pratt 风险厌恶系数 $k(x)$ 明显较大，进而其可接受的投资域要明显地小于一般投资者的可接受投资域。

正是基于这个推断，所以本书认为单靠存款类金融机构不可能满足整个社会的融资需求，因此首先必须区隔信贷需求与资金需求两个概念，从而将一部分资金需求分流到诸如股权市场等直接融资市场；然后再细分信贷市场，将一部分信贷需求分流到诸如债券市场等直接融资市场；存款类金融机构则专司满足间接融资市场中一部分风险较低的信贷需求。

②存款类金融机构效用函数的高阶微分特性很可能迥异于一般投资者。

笔者有机会较为长期频繁地接触存款类金融机构从业人员，从中形成了这样一个印象：金融机构中层级越低的信贷业务人员越关注贷款投放的规模和绩效。其道理很简单，贷款投放不出去便拿不到绩效奖；尽管贷款收不回来也会被扣发绩效奖，但毕竟其信贷的投放绩效立即就可以显示出来，而贷款能否收回这个问题则需要时间来检验。所以基层信贷业务人员最关心的是信贷任务的完成。与之相反，层级越高的信贷业务管理人员越重视不良贷款率的高低。因为对他们来说，相对不难处理贷款任务完不成的问题，而一旦不良贷款率超标，尤其出现了与信贷投放业务相关的内部管理严重失控案件甚或刑事案件，则相关业务主管人员会被层层追责。正是由于这个原因，各存款类金融机构的贷款审批权限长期以来普遍存在层层向上收缩的倾向。

近年来国家采取诸多措施鼓励乃至于要求各存款类金融机构强化面向中小企业或农户的信贷投放。而为达成这一目标，就必须下放信贷审批权限。但即便如此，金融机构法人对下放贷款审批权的态度仍很谨慎。例如，河北省目前大部分商业银行的二级分行仍只有贷款项目的推荐权，并无审批权（孙金岭，2018）。内蒙古自治区仅一部分金融机构把小微企业信贷业务的审批权下放到二级分行。但仍有一些国有商业银行的信贷审批权限维持在省级分行。在国有商业银行县级支行中仅农业银行县级支行具有 10 万元以下的小额贷款审批权限，其他国有银行县级支行均无信贷审批权限（黄岩，2018）。而自我国农村信用合作社改革之后农村信用合作联社都实行一级法人贷款审批制度，其下属乡镇农村信用合作社不再拥有贷款审批权（俎宪才，2016）。

经营决策权向上收缩可降低一部分经营风险，但要丧失一部分经营效率；反之，决策权下放可提高经营效率，但却增加了经营风险。这种两难处境实际上是那些分支机构众多、部门设置丛岚叠嶂的大型企业的通病。不过总体来说，贷款审批权层层向上收缩，层级越高的信贷业务管理人员越重视不良贷款率指标，是金融机构经营管理法人负责制的自然反应。至少在一定程度上具有理性。这个现象可作为存款类金融机构具有绝对风险厌恶递增特性的有力证据。

本书认为存款类金融机构很可能对信贷资产绝对风险厌恶递增，主要表现在两个方面：

一是在整个机构的宏观层面上对新增信贷资产余额态度谨慎。若非金融监管的严格约束，存款类金融机构一定会大大压缩信贷资产，尽可能增加同业业务、投资业务和中间业务。近年来，各商业银行时常呼吁放弃分业经营，转而实施混业经营便是一个例证。

二是在具体信贷业务操作的微观层面上对面向单一客户的大额信贷投放态度谨慎。正如《商业银行法》和《贷款通则》所明确规定的，"商业银行对同一借款人的贷款余额与商业银行资本余额的比例不得超过 10%"。

设若存款类金融机构果真对信贷资产绝对风险厌恶递增，则意味着其效用函数的高阶（三阶以上）微分必定具有某些不同于一般投资者的特性。于是造成其与一般投资者在项目评估上出现系统性分歧，总体倾向偏保守。

3. 银行业存款类金融机构难以满足投资者的借贷融资需求

经由上述分析可以看出，基于存款类金融机构资金来源的特殊性质及其所承受的严格监管，不能指望其满足整个社会的融资需求。实际上即便把视野局限到借贷融资需求部分，存款类金融机构也仅能满足其中那些期限较短、风险较低的部分。更有甚者，即便期限较短、风险较低的这一部分借贷融资需求，存款类金融机构原则上也会要求借款客户提供担保，以便能将这部分风险暴露完全覆盖闭合掉。

由此可见，针对不同风险性质的融资需求建立相匹配的资金供求市场，从而建立起种类完备的金融市场体系（其中既包括间接融资，又包括直接融资），以使得资金供求双方的风险偏好相匹配。这才是缓解融资难的根本之道。

相较于城市，目前我国农村地区金融市场的发育程度更低，金融市场与金融机构的种类更为单一，金融机构的营业网点布局残缺不全。因此在广大农村地区不仅直接融资方式极其缺乏，间接融资其实也很困难。这就使得农村地区融资难的问题尤为突出。因此建立健全农村金融市场体系更是缓解农村地区资金供给不足的根本途径。

由此可见，诸如合作金融等迥异于银行业存款类金融机构的金融模式或金融组织在我国农村地区具有广阔的生存与发展空间。

3.3 银行机构及其信贷投放是农村信贷供给体系与机制的基础

关于银行业存款类金融机构及其涉农信贷供给机制在农村信贷供给体系与机制中的地位和作用，关键是把握如下两个要点：一是银行业存款类金融机构难以独立承担满足农村地区多样化信贷资金需求的重任；二是银行业存款类金融机构的涉农信贷供给机制是农村信贷供给机制或模式良性发育的必要条件。由此，相较于信用互助组织与模式作为农村信贷供给体系与机制的核心，银行业存款类金融机构及其涉农信贷供给机制是农村信贷供给体系与机制的基础。

3.3.1 银行业存款类金融机构涉农信贷业务的特殊困境

银行业存款类金融机构之所以难以独立承担满足农村地区多样化信贷需求的重任，除了本书在第 3.2 节所深入阐述的其信贷供给偏好与融资者信贷需求偏好不匹配之外，还由于其涉农信贷业务面临一些特殊困难，从而使得其相关业务的拓展经常与其追求企业价值最大化的经营目标相悖离。

1. 涉农信贷业务普遍具有违约风险较高且利润率较低的特点

相较于在城镇地区面向第二、第三产业的信贷投放业务，银行业存款类金融机构在农村地区的信贷投放业务主要面临三大特殊困难：一是借款客户普遍缺乏担保物，并且农村地区担保物的估值、强制执行与转让流通都极其困难；二是农村信贷市场的信息不对称，多数借款客户不能提供合乎法定要求的财务信息；三是农村地区客户的分布地域相对广阔；信贷需求不稳定，且多为小额信贷需求，因此金融机构涉农信贷业务经营的效费比较低，难以达成规模经济。

一般地说，前两个困难主要会提高金融机构的信贷风险；第三个困难主要会增加金融机构单位信贷业务投放的经营成本与费用，从而降低其净资产收益率。而这三个困难的叠加则会造成农村地区金融机构经营效率的普遍低下，从而折损金融机构的企业价值。

以山东省为例，根据省银保监局公布的信息，自 2015 年以来山东省金融机构的不良贷款率呈逐步提高的态势；截至 2015 年 3 月底山东省金融机构的不良贷款率为 1.95%，其中山东省农村信用合作社联合社的不良贷款率达 3.7%；截至 2018 年 6 月末山东省银行业金融机构的不良贷款率为 2.96%，其中农村地方金融机构的不良贷款率相对更高；例如威海农商行的不良贷款率截至 2018 年 3 月末高达 4.22%。齐河农商行截至 2018 年 6 月末的不良贷款率也高达 4.68%。

不良贷款率偏高其实只是金融机构经营效率低下的一个明显证据；即便不良贷款率指标表现正常，其经营效率也未必令人满意。实质上只有当金融机构的经营效率严重低下到一定程度时，其不良贷款率才会开始明显走高。

基于本书作者的调研观察，山东省内金融机构涉农信贷业务不仅效率普遍不高，而且分化严重。检索相关文献表明本书作者的这一调研实证结论并非孤例。例如王克强和蒋涛等（2018）认为近年来新三板村镇银行和 A 股上市农商行的规模报酬普遍降低；黄建军和郑莉雯（2019）则以福建农行的三农金融事业部为样本分析大型金融机构涉农业务的效率，认为纯技术效率是制约三农事业部支农效率的重要因素，而且福建农行的资金定价并未主动向三农倾斜，其农户贷款投放实际上仍低于县域其他涉农金融机构。

由此可见，当前我国银行业存款类金融机构涉农信贷业务效率不高是普遍共识。这就势必影响其拓展涉农信贷业务的积极性，从而影响农村地区的信贷供给。

2. 农村银行业存款类金融机构难以真正融入农村熟人社会

完全融入农村熟人社会是金融机构充分获取社会资本的前提。正如本书第 2.2 节所述，社会资本可有效缓解信息不对称问题以及担保不足问题，从而有助于提高金融机构投放涉农信贷的意愿。但从现实情况看，现有农村银行业存款类金融机构很难完全融入当地社会，从而难以获得足够的社会资本。主要原因有二。

一是现有农村银行业存款类金融机构的从业员工多数来自社会公开招聘，与周边农村社会的亲缘关系极其淡薄。此外，金融机构员工的工作环境相对优越，收入水平和学历都显著高于周边农村社会一般群体，因此与周边农户的心理距离普遍较远，金融机构及其员工很难（甚或不情愿）与周边农户钩织起紧密的乡缘亲密关系。

二是金融机构及其员工很难与周边农户建立起持续稳定的业务合作关系。金融机构最偏爱的是大额存款客户以及收入现金流稳定且担保充足的贷款客户；这是因为前者能为其提供稳定且巨额的信贷资金来源，而后者则能为其创造优质信贷资产。金融机构自然最愿意主动采取行动与这两类客户建立持久稳定的业务合作关系，从而生成业缘社会资本。而且这两类客户的数量相对有限，其名单很容易确定，因此金融机构也有能力经营和维护与这两类客户间的良好业务合作关系。但金融机构的其他一般客户，也就是通常所谓的非特定社会公众，不仅数量众多，而且也不确定。这些潜在客户的存贷款金额不仅普遍都不多，而且连是否会发生存贷款行为这件事本身都不能预先确定。即便其会发生贷款需求，但也不会频繁地发生。因此金融机构既无意愿也无能力与这样的客户营造持久稳定的信贷供求业务合作关系。

相较于城镇地区的金融机构，农村金融机构所面对的客户群相对更为"低端"。农户的存款金额普遍较少；其贷款需求不仅小额，而且多属偶然发生；其居住地较为分散，交通相对不便。因此金融机构更不可能与单一农户建立持久稳定的信贷供求业务合作关系。常年与大量"非熟人"农户开展信贷业务是农村金融机构不可能改变的局面。

由于农村金融机构与周边社会的亲缘关系、乡邻关系和业缘关系都不深厚，很难真正融入周边农村熟人社会，因此其所拥有的社会资本不可能雄厚，从而缓解信息不对称的作用有限。而且农户与金融机构之间互为"外人"，心理互斥明显。农户在与金融机构的交往过程中积累社会资本的意愿很低，因此其社会资本的隐性担保价值有限。笔者在一些地方的调研过程中发现，有些恶意违约银行信贷的农户不仅不以为耻，反而有些得意；并且恶意违约农户的这种行为并不影响其与其他农户的社会交往（杨良军，2015；孙彪，2017；李庆海、孙光林、何婧，2018）。追究其深层次原因，正在于此。这种状况自然难以刺激金融机构涉农信贷投放的意愿。

3. 银行业金融机构的股份企业法人属性难以真正做到"以服务三农为本"

目前我国银行业存款类金融机构的存款约 20% 来自农村，但涉农贷款却仅占其贷款总额的 4% 左右（王雅杰，2019）。资金大量外流严重地损害了农村地区的经济增长与社会发展（易远宏，2013；周振，2015）。而造成农村地区资金大量外流的直接原因只有一个，这就是银行业存款类金融机构的涉农信贷投放意愿普遍不高。

至于造成银行业存款类金融机构涉农信贷投放业务普遍意愿不高的原因，则是众说纷纭，莫衷一是。上述涉农信贷业务效率不高（亦即违约风险较高且利润率较低）显然是一个重要促成因素，但除此之外，目前主流观点普遍忽略了一个更为本质性的促成因素，这就是金融机构的股份企业法人属性排斥涉农信贷投放业务的拓展。

我国农村地区的现有银行业存款类金融机构（除农村资金互助社外）均为股份企业法人，其经营不可能违背股东的意愿，因此资产的保值增值必定是其首要经营目标。这就要求其在控制风险的基础上必须追求尽可能高的利润率。实际上这种在逐利与避险间的分寸把握或权衡是银行业存款类金融机构日常经营决策最为关心的问题。

具体到涉农信贷投放业务，由于农业投资项目的收益率以及涉农信贷投放业务的效费比都太低，因此银行业存款类金融机构的相关业务普遍微利甚或亏损。而担保不足则又使得这些金融机构基本上丧失了管控涉农信贷投放业务违约风险的能力。这种风险与收益严重不匹配的格局势必极大地挫伤银行业存款类金融机构开展涉农信贷投放业务的积极性。

由于拓展涉农信贷投放业务与股份企业的基本经营目标和理念相悖，因此不能指望作为股份企业的现有农村银行业存款类金融机构自觉地以服务"三农"为本，从而不能指望基本上由股份企业构成的现有农村金融机构体系能从根本上扭转农村地区资金外流的局面。

由于银行业存款类金融机构涉农信贷投放业务普遍意愿不高这一状

况是由其股份企业属性造成的，并非人为因素所致，因此难以从根本上扭转这种局面。近年来由农信社改制而来的农商行、村镇银行以及小额贷款公司等农村金融组织都不同程度地出现"使命漂移"问题。其深层次逻辑原因就在于此。

根据笔者的观察，由于现有监管统计的指标口径设计得不够合理，农村地区银行业存款类金融机构现有工商企业贷款的绝大多数实际上都能与"三农"挂上钩。因此不能被近年来农村银行业存款类金融机构涉农贷款占比逐步提高的统计表象所迷惑，其中真正属于农村、农业与农户的贷款数量仍非常有限（李卫荣，2019）。

3.3.2 银行业存款类金融机构是农村信贷供给体系与机制的基础

尽管银行业存款类金融机构难以独立承担满足农村地区多样化信贷资金需求的重任，但其涉农金融服务不仅不可或缺，并且还是其他农村信贷供给机制或模式赖以生存和良性发育的必要条件。

1. 现有银行业存款类金融机构继续专享农村地区的存款负债业务

由于在广大农村地区已经建成较为完备的营业网点布局，农村居民办理存取款、汇款结算等业务也较为方便，因此我国现有主要银行业存款类金融机构有能力继续承担起在农村地区办理吸储、存取款、汇款、结算等业务重责。与此同时，由于拥有庞大资产，再辅以完善的存款保证金制度与存款保险制度，因此我国主要银行业存款类金融机构信誉卓著，广大农村居民愿意把暂时闲置资金存入其中。

由此，我国没有必要再起炉灶，另行组建银行业存款类金融机构与现有机构争夺农村地区的储蓄资源。农村地区的储蓄业务以及结算清算服务仍可由现有银行业存款类金融机构继续独享。

2. 现有银行业存款类金融机构可继续基于商业原则开展涉农信贷投放业务

以商业银行为核心的银行业存款类金融机构均为自主经营、自负盈亏的企业法人，因此企业价值的最大化是其经营的核心目标。根据《商业银行法》第 4 条第 1 款的规定，"商业银行的经营应恪守安全性、流动性和效益性等原则，自主经营，自负盈亏"。而其第 4 条的第 2、第 3款又规定，"任何单位或个人不得干涉商业银行依法开展业务"。

由此可见，依照现行法规，银行业存款类金融机构有权为达成企业价值最大化的目标，在遵循监管法规要求的前提下，完全依照商业准则来决定其涉农信贷资产的规模和结构。

3. 我国的银行业存款类金融机构理应承担更多的社会责任

（1）每个企业都应当承担法定社会责任。

关于企业是否应该承担社会责任的问题，世界各国存在一个认识逐渐深化的过程。

依照古典经济理论的观点，企业高效使用资源，向社会提供适用产品和服务，便是承担社会责任的表现。例如诺贝尔经济学奖获得者米尔顿·弗里德曼 1970 年 9 月 13 日在《纽约时报》刊登了一篇题为《商业的社会责任是增加利润》的文章，反对强求企业在为股东赚钱之余另行承担社会责任，认为依法赚取利润便是企业唯一应尽的社会责任。

不过，自 20 世纪 80 年代以来世界各国开始要求企业承担产品质量、环境保护、职业健康和劳动保障等方面的社会义务。1997 年，社会责任国际组织制定了 SA8000 社会责任国际标准。2000 年 7 月，50 多家著名跨国公司召开全球契约论坛第一次高级别会议，承诺改善工人工作环境、提高环保水平。2002 年 2 月，在纽约召开的世界经济峰会呼吁公司履行其社会责任。2002 年的《联合国全球协约》（UN Global Compact）也恳请企业尊重十项准则，善待其员工和供货商。

在我国，自 2006 年 1 月 1 日起施行的《公司法》第 5 条明确规定："企业必须承担社会责任。"

（2）我国银行业存款类金融机构理应承担更多社会责任。

作为企业法人，银行业存款类金融机构自然也应该承担法定或公认的社会责任。但目前法定或公认企业应承担的社会责任主要限于产品质量、环境保护、职业健康和劳动保障等方面的内容，并未涉及产品或服务供应数量的规定。此外，社会责任的承担势必影响企业的利润。因此基于公平竞争的考虑，所有企业都必须采用同一个标准承担相同的社会责任。就此而言，银行业存款类金融机构并无置惯常的商业准则于不

81

顾，向任何一个借款人提供信贷的法定或公认的义务。

但我国的银行业存款类金融机构有特殊之处：这就是我国政府设置了较高的银行业市场准入门槛，从而使得我国的银行业金融机构坐享了高额的行业垄断利润。基于此，依据公平准则，银行业金融机构有必要承担相对其他行业企业更多的社会责任，积极主动地协助政府向中小企业或农户等弱势群体提供更多的信贷资金。

根据美国《财富》（*Fortune Magazine*）杂志公布的 2018 年度世界 500 强企业排名，中国大陆（含香港地区但不包括台湾地区）有 111 家企业上榜。其中稳居利润榜前 10 位的四家中国公司仍然是工建农中四大银行。榜上有名的中国 10 家银行的平均利润高达 179 亿美元，远高于全部入榜中国公司的利润水平（31 亿美元），总利润更是占上榜中国大陆公司总利润的 50.7%；作为对比，美国上榜银行的总利润仅占 126 家上榜美国公司的 11.7%。可见至少这十家银行有能力且有义务承担更多的社会责任。

此外，我国现有的主要银行业存款类金融机构均源自国有商业银行或集体所有制性质的合作金融组织。尽管这些金融机构目前多已改制成股份制银行，但国家或集体组织仍处于控股地位。基于此，这些银行业存款类金融机构也有义务承担更多社会责任。

近年来，在国家相关政策的鼓励与督促下，我国各主要商业银行逐步增加农村金融服务业务的规模与质量。例如自 2007 年起我国启动村镇银行试点工作；一些合格商业银行陆续组建村镇银行。此外一些商业银行还设立了专门的农村金融服务机构，例如农业银行和中国邮政储蓄银行等银行业存款类金融机构陆续成立三农金融事业部和普惠金融事业部。但总的来说我国主要银行业金融机构支持农村金融发展的潜力仍未被充分地挖掘出来。因此国家监管部门应强制要求国家控股的商业银行（尤其是十家世界 500 强银行）必须承担更多的社会责任。

（3）我国银行业存款类金融机构承担社会责任的主要途径。

总的设想就是把农村地区现有银行业存款类金融机构定位成农村地区的"资金蓄水池"以及农村地区的清算中心和现金出纳中心，并争取将来自三农的储蓄资金全部反哺到三农中去。

为此，可立法要求进入农村地区的全国性（非本地）银行业存款类金融机构经营本地化。亦即其所吸收的本地资金必须应用于本地，并鼓励其调动外来资金投资于该分支机构所在地项目。

可基于主要财务指标强制规定其农村金融服务业务的规模与质量所必须达到的最低水平。

既然银行业存款类金融机构独享了农村地区的吸储业务，从而几乎掌握了农村地区所有的金融资源，因此有必要赋予其鼎力支持农村合作金融组织或模式发展的社会责任。例如要求其尽可能满足农村合作金融组织或模式的合理对外融资需求等。

3.4　信用互助组织与模式是农村信贷供给体系与机制的核心

基于农业经济效率较低的现实，为从根本上扭转农村地区资金大量外流的局面，从而有效缓解农村地区居民融资难的问题，必须依靠政府的行政干预，人为区隔城乡金融市场，凭以在农村地区生成资金流动闭循环系统。显然，农村金融机构及其经营的本地化是生成这一相对独立资金流动系统的必要条件。

进一步地，要从根本上扭转农村地区资金大量外流的局面，实质上就是要达成"农村资金归农村使用"的效果。而基于本书 2.3 节的论述，不难体会到"农村资金归农村使用"这一说法隐含着"三农"弱势群体间信用互助的合作金融思想。况且合作组织天然具有地域性。因此信用互助模式（或称合作金融模式）是农村信贷供求体系与机制的核心构成要素；而信用互助（或称合作金融）则是农村信贷供求市场的核心属性。

3.4.1　农村金融市场的发展必须走本地化道路

考虑到农村经济的先天劣势，至少在可预见的未来，涉农投资的一般收益率很难提高到足以逆转农村地区资金大量外流的水平。这就意味着不能指望市场机制自然促成农村金融的内生发展。正如本书在第 2.1 节的论述，农村金融自由化反而会加剧资金外流，从而抑制农村金融的内生发育。因此必须由政府出面，强制隔离农村金融与城市金融，人工培育农村资金流动闭循环系统，从而为农村金融内生发展创造良好的经济与社会生态环境。

1. 农村金融机构本地化是从根本上扭转农村地区资金外流的必然要求

为把农村地区金融市场与城镇地区金融市场相区隔，使得农村地区的资金供求能自成相对独立的闭循环流动系统，需要采取诸多配套措施。但农村金融机构本地化无疑是其中最为关键的措施。在这里，能否"将来自于本地的资金投资于本地"，是判断该金融机构是否为本地金融机构的核心依据。

本地金融机构之间当然也应该公平竞争，并努力做大做强。但其发展的目的不是为了跨出本地，迈向全国，而是要更好地扎根本地，更好地动员本地资金，更多地吸引外来资金，进而专注投资于本乡本土，为本地居民提供更为精良的金融服务。

基于构造农村地区资金流动闭循环系统的目的，即便全国性金融机构进入农村地区，其分支机构的经营也必须本地化，亦即其所吸收的本地资金也必须应用于本地，并鼓励其调动外来资金投资于该分支机构的所在地项目。

2. 农村金融机构本地化有助于其发挥社会资本的效能

如前所述，农村地区居民普遍缺乏担保品，并且担保品的估值、强制执行与变现都很困难；此外，农村地区客户的信贷资金需求不仅普遍小额，而且极不规律；再加上客户的居住地普遍较为分散，并且多数客户不能提供合乎相关法规要求的财务信息等资信材料，因此农村金融市场的信息不对称问题较为严重，从而在一定程度上存在引发逆向选择与道德风险的可能。所有这些问题的消极影响纠结到一处，便是涉农信贷业务普遍存在"收益率较低，但违约风险却较高"的问题。而且这些问题至少在可预见的未来很难切实解决，因此只能另辟蹊径，寻找变通解决办法。

根据博弈理论，设若信贷供求双方间可能发生无穷多次信贷行为（亦即博弈论中的无限重复博弈，本文称之为信贷关系稳定持久且高频次），或者尽管借贷次数有限（仍须多于 1 次），但在资金供求双方之间能建立起可信的协作关系，则理性的信贷资金供给者会同意提供资金，而理性的信贷资金需求者会按期还本付息。这就意味着，设若能在农村地区信贷供求双方间建立起持久稳定且高频次的合作关系，就能有效化解三农融资难的问题。而正如本书在第 3.3 节中的分析，本地金融机构与乡土金融市场最有可能在资金供求双方间建立起持久稳定的合作关系。

本地金融机构由于扎根当地熟人社会，其职员的日常生活环境与借款农户高度重叠，相互间知根知底，因此能有效克服信息不对称问题。与此同时，本地金融机构与借款农户间高度重叠的人情世故关系网络不仅能在很大程度上缓解逆向选择与道德风险，而且还能显著抑制恶意违约行为，发挥隐性担保作用，从而有效降低信贷风险。

基于本书作者的调研观察经验，相较于传统正规金融机构，总的来说农村地方金融机构小而灵活，其经营确实更加贴近三农，相对更能融入周边农村"熟人社会"。不过，目前大部分农村地方金融机构并没有充分利用这一优势扎根农村金融事业，其经营重心大多反而不同程度地出现了"脱农化"倾向。实际上目前多数农村地方金融机构很难接受本书关于农村地方金融机构应该心无旁骛地专注于耕耘本乡本土的观点。它们普遍认为这个观点束缚了自己的发展空间。

但其实无论多么努力，绝大多数农村地方金融机构都不可能走出乡土，迈向全国，此其一；其二，依照世界各国的平均水平，我国多数地级行政区的版图和人口已经很可观了。以韩国为例，其陆地面积 10 万平方公里，人口 5000 万左右；而山东省 16 个地级行政区划的总面积近 16 万平方公里，人口超过 1 亿。因此伴随着我国经济的持续增长，相对于国际上的绝大多数金融机构，我国农村地方金融机构在本乡本土的发展空间实际上足够广阔。

考虑到趋利是企业的天性，再考虑到好高骛远乃人性使然，很难完全克服，因此必须立法要求地方金融机构做大做强的目的不是跨出本地乡土，走向全国，而是要更好地扎根本土，动员地方资金，并吸引外来资金，专注投资于本乡本土。

3.4.2 信用互助模式的比较优势

农村合作金融组织天然属于地方金融机构；"农村资金归农村使

用"是农村信用互助模式的题中应有之意。因此信用互助模式的创新与拓展符合农村金融内生化的战略要求。

1. 合作金融组织相较于股份企业法人金融机构的比较优势

基于金融机构的组织属性不同，农村地方金融机构可分为股份企业性金融机构和合作金融组织两种类型。其中，合作金融组织又可分为股份合作金融组织（亦即在劳动合作基础上的资本联合）与典型合作金融组织（亦即劳动合作）两种类型。根据《民法总则》第76条和第96条的规定，股份企业性金融机构属于营利法人，而城镇农村的合作经济组织法人属于特别法人。

显然，由于股份企业性金融机构以盈利为首要目的，而合作金融组织以互助合作、金融资源共享为首要目的，因此前者的经营效率自然较高，后者的经营效率较低。

目前农村信用合作社系统是我国农村地区的主要地方金融组织。以山东省为例，农信社系统目前是全省资产规模最大、服务范围最广、从业人员最多的金融机构；其营业网点数量在全省金融机构营业网点总数中的占比超过一半。不过，我国自2003年启动农信社银行化改革工作。截至2016年山东省成为全国第4个完成农信社改制的省份。由此，山东省农信社系统已全面放弃合作金融理念，改制成为股份企业法人金融机构。

与此同时，自2006年起我国又着手鼓励新型农村金融机构的创新与发展。截至目前全国各地陆续出现的新型农村地方金融机构主要有村镇银行、贷款公司、小额贷款公司、资金互助社（或称作信用互助社，例如农村资金互助社、农民资金互助社、扶贫资金互助社）以及农民专业合作社信用互助业务等。其中，村镇银行、贷款公司和小额贷款公司属于股份企业营利法人；只有资金互助社和农民专业合作社信用互助业务属于合作金融组织的范畴。由此可见，近年来新涌现的农村金融机构仍以股份企业法人金融机构为主。

总的来说，在我国农村地区，合作金融组织与机制趋于式微。农村金融机构体系与金融机制的这种演化态势与长期以来我国农村金融机制的改革与创新过于强调提高金融机构经营效率有关。农信社改革的基本理念便源于此。但如果采用本书第2.1章的观点，把农村金融体系与机制改革的目标设定为建立内生性农村金融体系与机制，凭以从根本上扭转农村地区资金大量外流的局面，则目前将农信社改制成农商行的做法显然与这一目标相悖。此外，现有新型农村金融组织多数具有股份企业属性，这种状况也与农村金融体系与机制改革创新的本意不符。实际上，正是由于忽略了金融机构属性与农村金融体系与机制改革目标之间的匹配性问题，所以近二十年来我国农村金融体系与机制改革陷入了"一边把现有合作金融组织改制成股份公司，一边创设新合作金融组织"这般原地转圈、永无止境的循环改革之中。

股份企业法人金融机构所孜孜以求的当然是盈利。然而农村地区股份企业法人金融机构的总体经营效率不可能达到城市地区金融业的一般水平，这就使得企业法人性农村金融机构要么难以生存，要么出现严重的"脱农化"倾向。近年来农村金融机构之所以会出现广受诟病的"使命漂移"问题，其内在根源即在于此。

与企业法人性金融机构迥然不同，合作金融组织或模式所要追求的并不是盈利，而是金融资源的互助合作与共享，因此更为适应农业经济收益率较低、风险较高的现实，从而拥有显著的比较优势。

2. 农民专业合作社信用互助模式相较于其他信用互助模式的比较优势

相较于其他合作金融组织或模式，农民专业合作社信用互助模式的比较优势主要体现在如下三个方面。

（1）农民专业合作社信用互助模式不存在改制成股份企业性金融机构的问题。

由于合作金融组织的经营效率必然低于股份企业性金融机构，因此不能排除专司信用互助的合作金融组织产生改制成股份企业性金融机构的冲动。农信社银行化改革便是一个典型的案例。但农民专业合作社信用互助模式的特色就在于其并非专司信用互助业务的合作金融组织，而只是依托农民专业合作社开展合作金融业务。因此它只是合作金融的具体模式之一，并非专门金融机构。这样一来，农民专业合作社信用互助模式也就不存在改制成股份企业性金融机构的问题，从而有助于合作金融事业的持续发展。

（2）农民专业合作社信用互助模式与"农村金融必须服务于'三

87

农'"战略高度契合。

由于农民专业合作社信用互助模式将金融机制直接嵌入农业实体经济活动中去,因此可以很好地规避"使命漂移"问题,从而与"农村金融必须服务于'三农'"这一战略要求高度契合。

(3)农民专业合作社信用互助模式下的金融业务效率较高,信用风险较低。

由于农民专业合作社信用互助模式只需在既有专业合作社内设置一个信用互助业务部门便可开展合作金融业务,因此与资金融通相关的费用较低。又由于农民专业合作社信用互助模式下的信用互助业务被严格局限于本社社员间,再考虑到本社社员所经营的事业都相同或者关联度较高,社员们在日常生活和生产经营过程中互动频繁,相互间知根知底,彼此信任度较高,因此信用互助的违约风险较低。由此可见,相较于其他合作金融组织或模式,农民专业合作社信用互助模式下的金融业务费用较低、效率较高,且信用风险较低。

3.5 本章小结

银行业存款类金融机构不仅不可能满足整个社会的资金需求,甚至也不可能满足整个社会的信贷需求。这就为合作金融等另类金融模式或金融组织的创新与发展提供了广阔的空间。

由于拓展涉农信贷投放业务与股份企业的基本经营目标和理念相悖,因此不能指望作为股份企业的现有农村银行业存款类金融机构自觉地以服务"三农"为本。不过,考虑到我国银行业存款类金融机构坐享巨额垄断利润,且多由国家或集体经济控股,因此理应承担较多的社会责任。由此,可基于主要财务指标强制规定其农村金融服务业务的规模与质量所必须达到的最低水平,并赋予其支持合作金融发展的社会责任。

与企业法人性金融机构迥然不同,合作金融组织或模式所要追求的并不是盈利,而是金融资源的互助合作与共享,因此更为适应农业经济收益率较低、风险较高的现实,从而拥有显著的比较优势。

从根本上扭转农村地区资金大量外流的局面,实质上就是要达成"农村资金归农村使用"的效果。其中隐含着"三农"弱势群体间信用互助的合作金融思想，因此合作金融是农村信贷供求体系与机制的核心构成要素。

目前我国社会各界对合作金融模式的主观评价偏低，表现在过于计较其效率较低的缺憾。农信社现行改制政策的逻辑基础正在于此。但若以建立农村地区资金流动闭循环并有效缓解农村地区居民融资难为主要目的，则合作金融模式是迄今已知最有可能达成这一目标的金融供求模式。

信用互助组织与模式是农村信贷供给体系与机制的核心，而银行业存款类金融机构及其涉农信贷供给机制则是农村信贷供给体系与机制的基础。

由于农民专业合作社信用互助模式将金融机制直接嵌入农业实体经济活动中去，因此可以很好地规避"使命漂移"问题，从而与"农村金融必须服务于'三农'"的战略要求高度契合。

相较于其他合作金融组织或模式，农民专业合作社信用互助模式的金融业务费用较低、效率较高，且信用风险较低，从而拥有显著的比较优势。

第4章　农民专业合作社信用
互助模式的内在机制

4.1　农民专业合作社信用互助模式的实质

在现有相关文献的语境中，信用互助，又称作资金互助，与合作金融同义，指的就是经济实力相对弱者间的资金融通互助合作机制。在本书的通篇论述中也混用了这三个概念。

不过，笔者倾向于细分这三个概念，亦即将资金互助这个概念包含于信用互助概念中；再把信用互助这个概念包含于合作金融的概念中。具体地，就是在将资金互助这个概念限定于资金互通有无这一含义的基础上，再将诸如相互提供担保等相互承诺承担连带责任这个金融元素引入信用互助的概念中；最后再将其他金融元素引入合作金融的概念中。

4.1.1　信用互助的实质

信用互助有如下有五个特点。

1. 弱者间的互助合作

这里所谓的弱者，意指信贷市场上那些融资相对困难者。究其原因，通常是由于其经济活动的抗风险能力较差。例如其未来（经营活动所产生）的净现金流入较少，或者净现金流入流量序列较不稳定等。对于资金供给者来说，向这样的资金需求者提供资金会面临较大的信用风险，因此贷出意愿阑珊。

不过，对于资金供给者来说，如果资金需求者能提供足够的担保，则其资金供给决策并不存在信用风险，因此上述经营风险较高的资金需求者仍有很大的可能获得银行信贷支持，从而并非真正的弱者。实际上只有当经济活动的抗风险能力较差，且无足够担保时，该资金需求者才会陷入融资难的困境，从而成为信贷市场弱势群体之一员。这时才有了弱者间信用互助的现实需要。

2. 资金互助共享

在信用互助的语境下，资金供求双方的身份并不固定。也就是既不存在永恒的资金供给方，也不存在永恒的资金需求方。否则就谈不上资金互助。随着时空的转换，所有信用互助的参与主体都将在资金需求者与资金供给者间不断地转换身份角色。

从逻辑上讲，信用互助的参与主体首先都是潜在的资金需求者。他们都会经常遭遇资金周转困难的问题，从而频频产生资金需求，但却经常苦于融资无门；其次，信用互助的参与主体也都会不定期地拥有闲置资金，从而有条件暂时成为资金供给者。

正是对摆脱融资难这一窘境的渴望，再结合会不定期产生闲置资金的客观有利条件，促使信贷市场上的这些弱者抱团取暖，大家都愿意合作互助，将自己手中不定期出现的暂时闲置资金贡献出来，形成共享资金池，凭以缓解其他成员资金周转困难的燃眉之急。由此生成资金互助或信用互助或合作金融。

3. 社会资本是其赖以生存和发展的基础

尽管合作金融也可以使用通常的担保机制，不过担保机制并非促成合作金融的必要条件。实质上，设若资金需求者的担保都很充分，便很容易获得普通商业银行信贷，也就不会产生合作金融的愿望了。因此合作金融一定产生于担保不充分从而融资困难的"弱势"资金需求群体中。这时社会资本就可凭借其社会关系网络、规范和信任等基本要素发挥隐性担保的作用，从而成为信用互助赖以生成和发展的基础。这就意味着，合作金融的所有参与者都必须身处同一个社会关系网络，相互间知根知底，且均被同一种伦理道德系统所切实且强有力地规范，从而相互间能生成足够的信任。

实际上，不仅信用互助合作金融机制，合作社本身的运作也高度依赖社会资本；诸如社会关系网络、规范与信任等社会资本要素也是构建合作社有效治理机制的基本依托，并且决定了合作社的运行效率（赵凌云，2008；张德元、潘纬，2016）。农民专业合作社信用互助模式的优势之一便在于它巧妙地将信用互助合作金融机制嫁接进专业合作社，从而使得前者可以无成本地充分借用后者的既有社会资本。

4. 非营利性

既然信用互助的核心目的是成员间互助缓解临时性资金周转困难，凭以互助摆脱融资难的窘境，那么就不能把盈利当作信用互助的重要目标。否则，弱者间的信用互助很难发生。因此，信用互助的利率水平通常应明显低于其他民间融资途径（但不一定低于银行信贷利率）。

5. 互助资金的短期性和小额性

既然信用互助是弱者间的资金互助合作，其参与者的闲置资金自然都不会很多，并且闲置的期限也不会很长，因此信用互助模式下的资金借贷一定具有小额性和短期性特点。

资金互助的金额越小，互助的期限越短，社会资本的隐性担保作用就越可靠，因此小额与短期的资金互助也有助于降低信用风险，从而促成信用互助的发生。

"小额资金供求 + 短期资金供求 + 紧密社会关系网络内社员相互间因较为熟悉且强规范而相互生成信任"是合作金融最为关键的属性。

4.1.2 农民专业合作社信用互助模式的实质

1. 合作社信用互助业务拥有特定的模式

弱者间的信用互助有很多具体表现形式，例如亲朋好友间的资金互通有无等。不过，尽管诸如亲朋好友间的资金互助也存在某种常规（或通行）的做法，例如口头承诺、签署借据、亲朋旁证等，但尚不能称之为亲朋好友间的资金互助存在某种模式（pattern）。这是因为模式意指某类问题的通用（标准化）解决方案；而且这个解决方案的具体实施应以某种组织或框架为依托，应以特定的程式化流程为保证，从而能确保解决问题的质量稳定可靠。

一种规范的农民专业合作社信用互助业务流程便可称之为信用互助模式。这是因为这种信用互助方式以合作社作为依托，由合作社制定严谨规范的信用互助业务流程，从而既能达成社员间资金互助的目标，同时又能有效地管控其中的信用风险和操作风险。

2. 合作社信用互助模式所赖以生存和发展的社会资本相对雄厚

亲朋好友间得以资金互助的基础主要是基于亲缘或拟亲缘关系的个人社会资本。而合作社信用互助模式所赖以生存和发展的社会资本则要雄厚得多。它既拥有合作社社员的个人社会资本，又拥有合作社集体社会资本和村落集体社会资本。因此合作社信用互助模式的信用风险明显低于亲朋好友间的资金互助。

本章的后续内容将深入分析社会资本对合作社信用互助模式的影响。

3. 生产合作、供销合作与金融合作的三位一体性

合作社信用互助模式主要面向合作社成员的主营事业融通资金，因此与实体经济（农户生产经营）的联结度较强，是生产合作、供销合作与金融合作三位一体的有益尝试。

4. 非金融机构性

迄今为止，作为农村金融机构主体的农村信用合作社都已异化成类股份企业，甚或绝大多数已被改制成商业银行，因此实质上不应继续归类于合作金融的范畴。目前的监管制度将农村信用合作社归类于银行业存款类金融机构，被视作传统的正规金融机构。

农村资金互助社也被中国银（保）监会归类于银行业存款类金融机构，且被视作新型农村金融组织，属于新晋正规金融机构。但农民专业合作社信用互助模式则并非金融机构，而是依托农民专业合作社开展的社员合作金融业务，因此仍属于民间金融的范畴。目前山东省的地方法规将已被核准开展信用互助业务的农民专业合作社视作地方金融组织。

4.2 社会资本：农民专业合作社信用互助模式赖以生存与发展的基础

在农民专业合作社信用互助模式中，社员可借助的社会资本具体包含该社员的个人社会资本、合作社集体社会资本和村落集体社会资本三大组成部分。这三种类型的社会资本都附着在农村熟人社会的差序格局中。

4.2.1 农村熟人社会关系的差序格局

在我国广大农耕地区的自然村落里，"每个孩子都被本村落所有的村民看着长大；而在每个孩子那里，满眼都是从小就看惯了的人们；因此这是一个没有陌生人的'熟悉'社会"（费孝通，1998）。

一个地区的社会文化生态主要取决于该地区人民的基本生产与生活方式。农耕生产与生活方式是造成我国乡村社会封闭性的物质基础（赵旭东，2011）。在以农耕为主要生产与生活方式的地区，可耕地是财富之母。农民终其一生都在机械地重复着"日出而作，日落而息"的"枯燥"生活，由于采取精耕细作生产方式，人身被完全固定在面积有限的可耕地上，于是世代定居就成为我国农民生活的基本特征。对于农民来说，像游牧民那样逐水草迁移生活，或者像工业劳动者那样为找工作而四处漂泊，都是极不正常且难以为继的"流浪生活"方式。

农耕村落村民的长期聚居强化了村落人际关系对血缘和地缘的依赖性，这反过来进一步强化了村落社会的封闭性。由于农民们长期在一个有限的地理空间与人际关系相对固定的人群一起生活，所以相互间很自然地产生了"亲密的感觉"（费孝通，1998）。由此整个村落成为一个"面对面密切交往的社群"，亦即一个没有陌生人的熟人社会。

基于长期地共同生活、互动与交流，村民们的衣食住行方式趋于一致。于是在村落熟人社会的内部形成了共同的风俗习惯和道德规范，从而生成了"礼治秩序"（赵旭东，2011；王露璐，2020）。最终在欣赏本村落文化并自觉遵循本村落文明规范的基础上，村民间产生了较高程度的人际信任。

基于村落社会的封闭性，在村落星罗棋布的广大农村地区，人际关系呈"差序格局"（费孝通，1948）。具体地说，这种人际社会关系网络以农耕定居为前提，以血缘和（姻）亲缘宗法家族关系为核心，以农户家庭（而不是农户家庭中的成员或个人）为人际交往的基本单位；农户家庭以"自己"为中心，编制构造起自己的社会关系网络。该农户家庭与其他农户间的这种社会关系网络就像石子投水所激起的波纹一般：石子的落水点便是该农户，一圈圈地向外扩散出去的波纹便是该农户不同种类社会关系的边界；波纹越往外推，该农户与波纹所触及农户之间的关系越疏远（越淡薄）。一个农户家庭如此这般圈圈向外拓展社会关系的能力取决于该农户的"势"（可类比于投向水面那颗石头的大小）。其势的大小既取决于该农户在本家族中的血缘（亲缘）宗法地位，同时也取决于其财富拥有量、政治地位与道德榜样力量等因素。总的来说，这种差序格局的人际关系由伦理、道德、习俗以及（经济和政治）权威等因素及其衍生物"信任"黏合并维系着。

如图4-1所示，在农村熟人社会差序格局的人际关系网络中，血缘和亲缘是最核心、最里层的人际关系网；然后便是以街坊邻居为典型的诸如"同村"或"邻村"之类的（乡邻）乡缘关系网。一个地区越是相对封闭，人口流动性越差，其与"排外"心态高度相关的"老乡"关系就越是明显和重要。此外，农户家庭成员在生产经营过程中也会与他人建立起非同寻常的关系，称之为业缘关系。推而广之，农户家庭成员在求学或参军期间与他人产生的特殊关系也可归并到业缘关系范畴之内。尽管业缘关系的效能经常不低于乡缘，甚至不低于血缘和亲缘，但其产生的时间通常晚于血缘、亲缘和乡缘。并且与血缘、亲缘和乡缘的先天性不同，业缘完全是后天努力培育的结果。此外，业缘关系的稳定性较差，其关系的效能需要刻意维持。

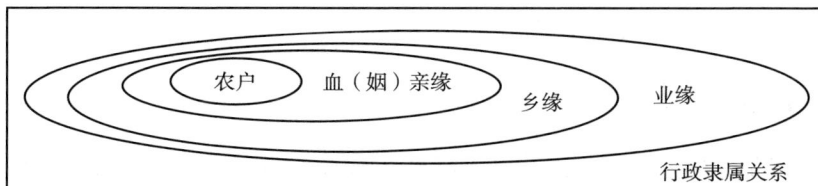

图4-1　农村熟人社会关系的差序格局

　　除了血（姻）亲缘、乡缘和业缘所形成的传统社会关系网络之外，由于农户在行政层面上隶属于村（农村集体经济组织），并且对本乡（镇）这一层级的行政区域也普遍存在归属感，因而生成一些相关社会关系。例如村民关系、乡民关系等，统称之为行政隶属关系。此外，有大批农户的重要家庭成员入党，从而拥有了党员关系；另有一些农户的重要家庭成员在村委会或乡镇机构乃至于更上层级的行政机构担任公职，或者在企事业单位工作，因而建立了具有相对优势的行政隶属关系网络。行政隶属关系网络可增强农户的社会资本，从而带来更多利益。例如有研究表明政治关联可显著影响融资能力（童馨乐，2011；郭丽婷，2014；赵丽芳，2019；秦海林，2019）。不过，尽管新中国成立以来农户的行政隶属关系显著强化，但迄今仍是绝大多数农户（非"干部"农户）最为淡薄的社会关系。

　　在广大的农村地区，每个农户都搭建起以自己为中心的太阳系式层层嵌套关系圈；同时又都像太阳系与银河系般从属于在某一差序格局层面上［例如在血（姻）亲缘、业缘、乡缘或行政隶属关系上］优势于自己的某个农户为中心的圈子（侯东栋，2018）。由此，在一个地理空间有限（依笔者在山东地区的调研经验通常不超过方圆20华里；其他附证：胡必亮，2004；保虎，2018）的农村地区便形成一个人际关系网络错综交织的熟人社会。在这个熟人社会中儒家伦理是主导性行为规范或准则。这种伦理具有显著的依附性、私有性、封闭性和专制性，在文化内核上与现代公共精神相抵触（卞桂平，2012）。因而最终在社会关系结构层面上形成了迥异于西方社会团体结构的差序关系格局（费孝通，1985，1948）。

4.2.2　合作社成员的个人社会资本及其对信用互助机制的影响

1. 农村熟人社会个人社会资本（人际关系）的分层

　　在差序格局这一刻画我国农村熟人社会人际关系的大框架下，许多学者提出了不同的人际关系分类。例如杨国枢（1993，2004）按照人际关系的亲疏程度，将我国熟人社会的人际关系划分成家人、熟人与生人三大类，并且认为熟人关系是国人自我中心社会关系网络中最为重要的组成部分；林建浩等（2016）将社会关系网络划分为宗族关系网络和朋友关系网络两大类；黄光国（2010）将人际关系分为情感性关系、工具性关系和混合性关系三大类。此外，也有学者将人际关系划分成强制性关系、互惠性关系和功利性关系三大类型（Zhang Y，Zhang Z，2006）。

此外，基于研究农村金融的需要，一些学者还提出了颇为特殊的分类方法。例如童馨乐等（2011）将农户的社会关系网络划分为政治关系、农民专业合作组织关系、正规金融机构关系和亲戚关系四个组成部分。

2. 农村熟人社会不同层次或类别人际关系圈子中的人情世故

在我国农村熟人社会，深谙人情世故是一个人有"能力"的重要标志。所谓"人情"，日常生活中的"礼尚往来"也。那么又何谓礼尚往来呢？引用《礼记·曲礼》的说法，"礼尚往来，（就是）往而不来，非礼也；来而不往，亦非礼也"。由此可见，人情实际上指的就是处理人际关系的礼俗规范。其基本要求就是"常走动"，而基本规则就是"滴水之恩，当以涌泉相报"。至于"世故"，就是要求待人处事必须圆润周到。也就是既能做到礼尚往来，又能做到水到渠成，油然而生，从而不机械，不生硬，不令人难为情。正如宋人苏洵所谓："观吾之谱者，孝悌之心可以油然而生矣。"（《族谱引》）总而言之，人情世故就是要求基于礼俗规范处理人际关系，做到待人处事圆润、周到、合礼。

是否存在人情往来是区分人际关系的重要判断依据。设若两个人之间不存在人情往来，则说明双方至多只是"熟人关系"；设若存在人情往来，则说明双方之间的关系已经超过熟人关系，已晋级到"朋友关系"；人情往来越频繁，说明关系越亲密，双方关系已超越一般的朋友，正朝向"好朋友""密友（闺蜜）"发展；设若这种人情世故往来继续顺利地热络发展下去，则最终双方就会相互认定对方为"自己人"（拟家人），于是相互间的信任达到了顶级程度。

人情往来不仅是深化关系的必要途径，同时也是愿意面向对方承担道德义务的宣示。不过，人情世故对承担道德义务的要求是有限度的。我国农村熟人社会里的人际关系实际上同时受到情和理两个因素的调节。也就是既讲亲情，也讲合理，因而是一个情理社会。依照阎云翔

97

（2006）的观点，我国的人情伦理在结构上包含理性计算、道德义务和情感联系三个维度。这三个维度的不同组合使人情变得既复杂又富有弹性，并且允许人们调动自己的"能力"或技巧手段，在道德情感与理性利益之间找到圆润周到的平衡点。

罗家德（2012）认为我国的社会关系结构同时具有"差序格局"和"情境中心"的特点。一方面依靠"差序格局"中的"人情交换"，个人可以扩展社会网络，获取更多社会资源，从而积累自己的个人社会资本；另一方面依靠"情境中心"，根据情境不同而动态变换社会关系圈子，圈里和圈外依照不同原则自如运作，同样可以获得丰厚的社会资本回报。不过，关于这些原则的具体内容，学者间仍存在分歧。例如杨国枢（2004）认为中国人与家人的交往适用责任原则，与熟人的交往适用人情原则，与生人的交往适用利益原则。而黄光国（2010）则认为工具性人际关系适用公平法则，情感性人际关系适用需要法则，混合性人际关系适用人情法则。这三种变换分别体现了客观理性、人情及亲情三种心理情感的不同需求。由此，基于一整套既相互"矛盾"又协调默契的规则体系，我国农村熟人社会自动形成有序结构，从而呈现出自组织治理机制的性质。而根据系统论的观点，一个系统的自组织属性越突出，其保持和产生新功能的能力就越强大。

基于罗家德（2012）的观点，农户个人中心网络的最内层圈子包括家庭成员和拟家人。家庭伦理是制约这个圈子内人际关系的基本准则。亦即以集体主义为主导，适用恩和仁，自利行为被视为不道德。强有力的伦理规范使得这个圈子内的人际关系牢不可破。不过这个圈子内的人际关系是一种非自愿关系，是以保证为基础，而不是以信任为基础（Yamagishit，1994，1998）。在强有力的相互监督与惩戒机制下，伦理规范被有效执行。此类关系的交换原则被称作"需求法则"（黄光国，1988）。由于这个圈子中的行为可预期，承诺可靠，因此值得信赖，信任的风险最低。从家人和拟家人这个圈子再往外推一圈，便是熟人关系圈子，具体包括朋友等关系。在熟人圈子里人际交往遵循"人情交换法则"，并经由频繁的人情交换建立起特殊信任。从熟人圈子再往外推一圈，便是认识之人圈子。在这个圈子里人际关系都是一种工具性交换关系；人际交往都遵守"公平法则"，允许理性算计自己的利益，允许讨价还价。基于公平原则，在频繁的人情往来中也可以建立起人际信任。

但在这个关系圈里只能把信任理解为他人的行为可预测。信任他人的根据主要源于双方利益的相互依存，源于他人"背叛信任"的行动是非纳什均衡解。因此这种信任又被称作"互惠信任"。由于这种信任不要求立即得到回报，也不要求一一回报，因此生成了一个"等待回报信任"的名单集，进而构成熟人社会关系圈子的一个重要组成部分。

由此可见，熟人社会关系网络的存在是行为人具有长远眼光的体现（Leungk，1989），是在存在诸多不确定性的社会背景下当事人自觉或不自觉地加入人际交往无限次重复博弈的结晶。依照罗家德的观点，熟人社会也属于强联结关系，但不像拟家人关系那么封闭，因此人际间不存在不可推卸的"无限责任"。

根据"弱联结优势理论"（Granovetter，1973），与家人和拟家人圈是一个密集而封闭的社会关系网络不同，由熟人（认识之人）组成的社会关系圈是一个较松散的网络，内部存在很多"桥"或"结构洞"。这就为圈子内部成员提供了诸多增加社会资本收益的"机会"（Burtr，1992）。

相较于家人和拟家人关系，熟人关系具有扩展家庭伦理的倾向。但基于社会关系的差序格局，相较于家人和拟家人，熟人间互动的原则与方式更有弹性。熟人间在人情交换过程都能积累社会资本，增进相互间的信任。

一个农户的熟人社会关系圈诞生于其在与一群相互关系亲密且封闭的人（群）的人情世故交往过程中（罗家德，2012）。这种人情交换的成功将扩展自己的社会关系圈，将那个相互关系亲密且封闭的人（群）纳入自己的关系网，这就为其在更广阔的社会空间调动更加雄厚的社会资本资源创造条件。

3. 农民专业合作社社员个人社会资本在社员间信用互助机制中的作用

社会关系网络可显著提高获得民间借贷的可能性（戴菊贵，2018）。尤其血缘（宗族）关系网络更是民间借贷的主要基础（胡金焱，2017）。农户个人社会资本的资金融通效能主要体现在如下三个方面：

一是生成信任，从而发挥类似于担保的作用，进而降低农户民间借贷的融资成本（费孝通，1999；Biggart，2001；褚保金，2009；童馨乐，2011；刘成玉，2011；秦海林，2018）。

二是具有信号传递作用，凭以缓解与逆向选择与道德风险相关的信贷配给问题（刘民权，2003；林毅夫，2005；张晓明，2007）。

三是可以产生声誉口碑压力，凭以强化履约授信的决心（杨汝岱，2011；李庆海，2017；南永清，2018）。

在缺乏担保以及收入不稳定等情况下，农户的个人社会资本是民间借贷得以产生的主要基础。但在农民专业合作社信用互助模式下，农户个人社会资本发挥作用的机制被显著强化了：首先，在农户间个人社会关系网络相互嵌套重叠的交集范围之内，相关农户组成农民专业合作社；其次，经由社员间更高频次且更为持久的业务合作与互动，再辅以合作社严格的规章制度，以及唯有合作社集体才有可能向其成员农户提供的诸多权益或福利，农民专业合作社反过来又大大强化了社员间的联结，夯实了社员间的信任，从而不同程度增强每一位社员在农民专业合作社这个集体中的个人社会资本。这就为社员间的信用互助创造了更好的运作环境和条件，并且提供了更多的运作机会。

由此可见，农民专业合作社信用互助模式是一种可显著增强社员个人社会资本，从而有助于促成社员间资金互助的机制，这就是该民间合作金融创新模式的精髓所在。

4.2.3 合作社成员的集体社会资本及其对信用互助机制的影响

1. 个体社会资本与集体社会资本比较

目前学术界多把社会资本区分成个体（微观）社会资本和集体（宏观）社会资本两种类型（Portes，1998；赵延东，2005）。此外，也有学者将其区分为微观层次的社会资本、中观层次的社会资本以及宏观层次的社会资本三种类型（Brown，1997）。

不过学术界对于个体社会资本与集体社会资本概念的界定迄今未达成共识。针对这两个概念的实证研究方法也未协调一致（Payne，2011）。当然，也有学者认为针对这两个概念的分析研究方法其实并无本质性差异（Lin N，2008）。

总体来说，目前在个体社会资本和集体社会资本这两个概念界定上的差异主要源于研究视角的不同。例如在比较研究意大利南北方经济与社会发展状况的过程中，普特南（Putnam，1995）首次从社区层面研究社会资本及其功效，从而强调社区社会资本对集体或组织行为的重要性。依照他的观点，"社会资本指的是社会组织的某些特征，例如信任、规范以及网络等，它们能够通过促进合作行为来提高社会的效率"。在这里，如果将研究的视角聚焦于社区内部成员个体，观察其如何凭借信任、规范以及网络等因素，通过合作来提高自己的效用，则涉及的社会资本应属于个体社会资本的范畴；而如果将研究的视角聚焦于社区整体，观察其如何凭借信任、规范以及网络等因素，通过合作来提高整个社区的福利，则涉及的社会资本就应属于集体社会资本的范畴了。由此，仔细品味普特南这一段话，他的阐述更符合集体社会资本的意涵。只是由于"集体"这个概念大则可涵盖整个意大利，小则可仅指意大利某个地区，因此普特南将这种涵盖较小区域的集体社会资本称作社区社会资本。

上述思路适用于对大部分学者关于集体社会资本这个概念的理解。例如胡贝尔（Huber，2009）认为集体社会资本是嵌入集群网络且能被集群成员获取或动员的资源。裴志军（2010）认为集体社会资本具体表现为特定集体内部成员间的联结与互信，进而促进集体行动的达成。它是为整个社会（或团体）所共同拥有（而不是由独立个体所独享）的社会性资源。具体地，就农村自然村落这样的小社会而言，集体社会资本就是农户在地域范围清晰的自然村落内经由长期交往互动生成的人际关系网络以及该关系网络中所蕴含的规范、信任、互惠合作、集体归属感等，这些要素能够促进农户参与村落公共事务、促进居民相互合作，从而维护和增进村落公共利益（方亚琴、夏建中，2014）。

由此可见，相较于个人社会资本的成员私有财产属性，集体社会资本具有公共品性质（Coleman，1988）。例如，有观点认为正是由于我国社会缺乏强而有力的集体社会资本，因而整个社会普遍信任不足（Fukuyama，1995）；正是因为只有私德，没有公德（费孝通，1985，1948；明恩溥，1998），所以造成"公共性"发育困难（李友梅，2012）。

综括上述观点，本书将集体社会资本定义为能被该集体所有成员共享的社会资本。它是该集体向其全体成员提供的公共品，有助于促成集体行动。对集体社会资本的追求是该集体得以产生的重要原因；获取集体社会资本是个人自愿加入集体的重要刺激因素。

2. 集体社会资本的分类

可以把集体社会资本区分为内部集体社会资本和外部集体社会资本两种类型（Huber，2009）。所谓内部集体社会资本，是指集体内部基于成员间人际关系而生成的资源。这些资源可创造该集体的集体行动能力，或者提升该集体的集体行动效能。站在该集体成员个人的视角，内部集体社会资本就是只有加入该集体组织才有可能获取的社会资本；这部分社会资本源于全体成员的共同努力，因而为全体成员所共享。

以农民专业合作社为例，拥有开展信用互助业务的资格便是其内部集体社会资本，因为只有符合给定条件的农民专业合作社才有可能获得开办信用互助业务的资格，其合乎条件的社员才有可能享受资金互助的利益。如果该合作社成员都能做到团结进取，诚信守约，且极富互助协作精神，则该合作社就能获得良好的口碑，存款类金融机构向该合作社成员提供信贷的意愿就会大大提高。这时，该合作社的金字招牌也是该合作社所有成员的内部集体社会资本。

所谓外部集体社会资本，是指依托该集体内部某些成员与其他集体内部成员之间的人际关系而生成的资源。由于这些成员拥有这种外部资源，因此该集体或者其中的其他成员可经由内部集体社会资本间接获取这些资源，从而提升该集体的集体行动效能。

以农民专业合作社为例，如果该合作社中的某个"能人"拥有独到的社会资本，诸如拥有更多的客户资源，并且该能人也愿意与本社其他社员共享这些资源，则该能人所拥有的这些客户资源就被转化成合作社的外部集体社会资本。

3. 集体社会资本的构成要素

归纳上述论述可以看出，与个体社会资本主要提高个人的行动效能不同，集体社会资本的价值主要体现在提高集体行动的效能，凭以增进集体成员个人的福利（Adler，2002）。这种集体行动能力的提升一方面源于集体将成员个体拥有的社会资本转化成集体公共产品或准公共产品，从而使得其他成员从中受益；另一方面源于集体本身可以创造新资源（肖为群、王迎军，2013），从而可凭以发起迥异于成员个体行动的集体行动。由此，集体社会资本成为该集体存续和发展的重要影响因素

（Beugelsdijk，2005；Iyer S，Kitson M.，2005）。

但尽管如此，与个人社会资本类似，网络、规范、信任等仍是集体社会资本的基本构成要素（Putnam，1995；殷浩栋，2018）。不过，目前关于集体社会资本的具体构成要素这个问题仍有争议。例如，有学者认为集体社会资本具体包含社区政权参与、社区事务参与、邻里信任、社区归属感、社区熟悉程度、人际关系亲密度、志愿精神等七个维度（陆奇斌，2015）；或者地方性社会网络、社区归属感、社区凝聚力、非地方性社交、志愿主义、互惠与一般性信任和社区信任七个维度（桂勇、黄荣贵，2008）。而牛喜霞和汤晓峰（2013）则提出集体社会资本具体包含合作、共享、互惠、特殊社区参与、一般社区参与、社区归属感、熟人信任、制度信任和普遍信任等九个维度。有学者更是使用了 20 个指标来测量村集体社会资本（刘春霞等，2016；郭鸿鹏，2016）。

4. 村落集体社会资本

农民专业合作社成员拥有两种层面的集体社会资本：一是合作社集体社会资本，具体又可分为合作社内部集体社会资本和合作社外部集体社会资本两个组成部分；二是合作社所在村落的集体社会资本，具体也可分为村落内部集体社会资本和村落外部集体社会资本两个组成部分。

总的来说，村落集体社会资本与合作社集体社会资本的内在逻辑完全相同，其差异仅在于集体的属性不同。例如，每一个村落都有自己的村委会和农村集体经济组织。其中，村委会拥有《村民委员会组织法》授权的法定权力；农村集体经济组织则拥有集体土地的所有权；而农民专业合作社仅拥有该农村集体经济组织一部分集体土地的使用权；同时，农民专业合作社成员还要接受村委会或农村集体经济组织的管理。此外，村委会和农村集体经济组织将永续存在，且村民或农村集体经济组织成员资格的认定或丧失都必须走完严谨呆板的法规程序并经过有关方面的确认；而农民专业合作社可自愿加入、自愿退出，且终有解散之日。村委会或农村集体经济组织与农民专业合作社之间的上述差异自然会影响到村落集体社会资本与合作社集体社会资本的效能。一般来说，村落集体社会资本的效能要高于合作社集体社会资本。

5. 农民专业合作社集体社会资本的效能

一般来说，农民专业合作社的内部集体社会资本是合作社赖以生成与存续的前提或基础，而外部集体社会资本则是合作社发展的重要条件。不过，由于村委会和农村集体经济组织依法成立并永续存在，因此村落内部集体社会资本和外部集体社会资本是村委会或农村集体经济组织凝聚力的源泉。

（1）合作社内部集体社会资本是该合作社赖以生成与持续的基础。

合作社成员的关系网络高度重叠，相互知根知底，易于生成信任，引发互惠合作，从而生成合作社的内部集体社会资本，凭以获得个体单干状态下不可能实现的利益。

如果合作社运转良好，成员农户对合作社的信任与信心就会增强，合作社的内部社会资本不断积累，从而获得合作社外其他农户的信任，这些农户就会产生加入合作社的愿望，合作社的规模就有扩大的趋势。这种态势会促使更多的组织或机构产生与之合作的意愿，于是外部集体社会资本增加，合作社的运营就会走上良性发展的轨道。

合作社内部社会资本可发挥"黏合"成员间或内部各职能部门间关系的作用，从而有助于合作社功能的发挥。

（2）合作社外部集体社会资本是合作社发展的重要条件。

与政府部门、金融机构等组织或机构之间的信任、合作及其网络关系构成了合作社外部社会资本的主要内容。合作社与这些机构建立良好的外部关系，可为合作社的物质资本、人力资本、金融资本、技术资本等要素的有机结合创造良好的外部环境，并且有助于合作社获得"机会"利益。

由此可见，外部集体社会资本是合作社发展的重要条件。外部社会资本起着"桥"的作用，可以把合作社与外部世界其他行为主体联结起来，获取外部社会资源，从而生成竞争优势（刘松博，2008）。

（3）合作社集体社会资本也存在消极作用。

合作社内部集体社会资本和外部集体社会资本的效能并非总是正面的。例如合作社内部一些成员有可能结成具有排他性的小团体，从而降低合作社整体的凝聚力。根据笔者的调研经验，在合作社成立初期小团体对合作社正常运转的影响通常是积极的；但当合作社发展到一定规模时小团体的影响通常趋于消极。这是合作社内部集体社会资本具有副作用的一个常见例子。

此外，合作社内部集体社会资本还有一个重要的副作用：盲从效应。本章将做专门分析，这里不再赘述。

再例如，合作社与外部组织的联盟，可能会破坏其他组织间的正常经营伙伴关系，甚至引发与其他组织或联盟间的恶性竞争。如果这种联盟无效率，则合作社被束缚在低效的社会网络之中不能自拔（徐凤江，2013）。这是合作社外部集体社会资本发挥消极作用的一个例子。

4.3　信任：农民专业合作社信用互助的直接促成因素

如前所述，社会关系网络、习俗和信任是社会资本的基本构成要素（Putnam，1995）。不过，习俗作为社会资本构成要素的主要价值就是生成信任。而信任则是将不同社会关系联结在一起从而构成一个有机网络系统的重要粘连因素，是这个社会关系网络效能的中间传导机制（Aldrich，2005），是将社会关系网络转化成社会资本的主要催化因素，并且决定了社会关系网络的边界。由此可见，信任实质上是社会资本的核心构成要素，甚至可以把它理解为物质资本和人力资本之外决定经济增长和社会进步的主要社会资本（Guiso，2012）。

4.3.1　信任的实质

1. 关于信任的界定

世界太复杂，其未来的各种可能性繁杂到人类脑力难以算计的程度。于是简化分析便成为人类理性决策的唯一途径。不过简化分析在逻辑推理上是一种"冒险"，因而实属无奈的次优选择。简化分析的基本思路是：在斟酌权衡做出某项决策时，"坚信"必须顾及的一些客观因素、环境或条件，诸如他人可能采取的对策或行动等，不会超乎当下的设想或预期。简称作：决策者对这些客观因素、环境或条件的未来状况具有"信任"。

由此可见，信任是一种非契约性因素（Hodgson，1988）；它实质上是用来减少社会交往或社会决策复杂性的"简化机制"（Luhmann，

1979）；它是对他人或他物的一种依赖感；它是人们彼此间的互相托付（翟学伟，2014）。例如，现实中最常见的"信任"就是决策者对他人可能采取的行动有信心，或者"信任"他人必定会采取某种行动；而当该他人也"信任"该决策者必定会采取某种行动，并且二者间的相互"信任"相容，从而二者的最优行动相辅相成时，这种信任便成为该决策者的社会资本。

不过，在经济学的语境里"信任"都必须有"回报"与之相对应。因此在经济学的语境里并非所有的"相信"或"信念"都是"信任"。设若不存在与之相对应的"回报"，则这些"相信"或"信念"也只能称作"相信"或"信念"，不能转而称之为"信任"。对于理性决策者来说，显然只有当信任他人的期望收益高于不信任他人的期望收益时，信任才会产生（Luhmann，1979；王建红、张娜，2013）。

总而言之，简单地理解，所谓信任，就是决策者在斟酌权衡做出某项决策之前，对他人可能采取的对策或行动的判断或预期。因此对于信任这个概念的理解，关键是把握住如下四个要点：信任生成并发挥作用于人际互动过程中；信任是在采取行动之前对他人行动的预期或判断；信任是理性算计他人不同行为的期望回报的结果；信任受到社会关系网络结构、习俗、社会道德与文化规范、法律制度等因素的制约。

2. 关于信任的分类

社会学通常把信任分解成人际信任与制度信任两个层面的概念（Luhmann，1979）。其中，人际信任建立于血缘关系的基础之上，或者在与他人的社会交往过程中情感生成；这种信任主要受到社会道德规范或习俗的软约束。而制度信任则是建立在社会法规制度等硬约束基础之上的信任；是在对社会法规制度等硬约束的权威性有足够信服的前提下生成的对他人采取某种行为的信任（Zucker，1986）。它来自个人对他人遵纪守法的预期。

作为对他人可信赖性的主观判断（吉登斯，2002），人际信任的产生受制于社会环境，是个人在特定环境下长期遭受他人行为刺激的一种心理反应（Deutsch，1958）。一个人对特定他人的信任既是其在人际交往过程中对该他人行为理性预期的结果，也是其与该他人长期情感互动的结果。由此，人际信任又可细分为认知性（cognitive）人际信任与情感性（emotional）人际信任两种类型（Lewis and Weigert，1985）。其中，认知性人际信任是理性算计的结果，因此又称理性信任或工具性信任。基于理性信任开展合作，或者可以获取较多的回报，或者可以降低风险。而情感性人际信任则是完全建立在人际间应该相互关心与照顾的情感、共识或习惯的基础之上，受到社会道德规范等软约束，产生于人们对遵守道德规范的共同直觉（弗朗西斯·福山，1998）和条件反射；也是人们对维持合乎道德的社会秩序或行为模式的期望（Barber，1983）。因此情感性人际信任是非理性决策的结果，故而又被称作非理性信任。

一般认为，传统社会中的信任以人际信任为主；而现代社会（城市社会或陌生人社会）中的信任则以制度信任为主。但考虑到我国农村社会现阶段基本上仍属于传统的"熟人社会"（杨华、杨姿，2017），况且也不难将制度信任融入人际信任概念中去。换句话说，无论认知性人际信任，还是情感性人际信任，其实都可以在原始（狭义）概念的基础上增加考虑法律规章等社会制度性硬约束因素的影响。因此除非特别说明，本书所提及的信任均为融入制度信任之后的（广义）人际信任。它包括认知性人际信任与情感性人际信任两种类型。

3. 农户间信任的生成

在农村村落，许多农户间都能直接或间接地攀联上血缘或亲缘关系，因而容易守望相助，患难相恤。由于生活空间高度重叠，即便在不存在血缘亲缘关系的农户间也容易因为交往频繁而相互知根知底。不过，对于其中的任意一个农户而言，其与其他农户间的熟悉程度并不相同。农户间的熟悉程度一般随着血缘、亲缘、乡缘、业缘的顺序而递减。农户间人际交往方式在很大程度上仰赖这种差序格局人际关系。

一个农户拥有社会资本的多寡，既取决于其所拥有的血缘、亲缘、乡缘、业缘等关系人的数量规模，更取决于其妥善处理这种差序格局人际关系的能力。一般地，农户处理差序格局人际关系的能力越强，相应各层级关系越熟悉，从而越亲密，该农户的社会资本就越丰厚。于是结合物质资本和人力资本的使用，该农户就相对更有可能实现其利益目标，赚取更多利益。

农户间的生熟与农户间的信任高度相关。可以说，相互熟悉是农户间生成信任的首要条件。农户间的信任具有如下三个特点（陶芝兰、王欢，2006）。

一是人际信任链条相对较短且较为稳定。生活地域空间的广阔度以及交往时间的长短对人际间信任程度的影响极大。农户的营生以家庭农林牧业或手工作坊为主，生产经营与日常生活交际的地理区域有限；社会交际网络以血缘亲缘关系为主体，再辅以乡缘地缘关系以及业缘关系。由于农户的日常交际对象主要局限于亲朋和乡邻，社会交际对象相对固定，因此其人际信任链条相对短但稳定，从而信任度较高。

二是人际信任的达成主要基于日常经验。一般来说，只有在预期他人不会采取不利于己的行动，或者预判他人会履行诺言时，才会对他人生成信任（邹吉忠，2003）。显然，这种预期的形成需要足够数量的经验或教训的积累。而且交往时间越持久，积累起来的经验或教训越深刻，生成的信任就越可靠。农村社会人口流动相对迟滞，交际对象相对固定，信息流世代相传连续不断，因此农户间达成一定程度人际信任的时间较短。

农户主要基于日常生活的经验或教训便可达成足够的人际信任。而城市社会人际信任的达成则要更多地依赖业缘等非日常生活的经验积累。并且由于日常生活较少接触，因此城市社会成员所获得的人际信息相对零碎不连续，一定程度人际信任的达成自然相对需要更多的时间消耗。这就会增加城市社会的交易成本。也是城市社会人际信任的达成必须主要依赖制度信任的原因。健全法制有利于促成制度信任，从而降低城市社会的交易成本。

三是人际信任主要依赖伦理道德与习俗的维护。所谓习俗，指的是在特定社会群体成员间独有的某种思维惯性以及行为一致性。只要条件具备，该社会群体的成员就会不假思索地重复和模仿某种行动或行为方式。习俗因为习以为常，最终成为集体无意识的产物（韦伯，1998）。所谓伦理道德，是指社会群体成员内在的价值理想以及外在的行为规范。一般地理解，伦理是客观法，用于他律；而道德则是主观法，用于自律。广义地理解，习俗也是伦理道德的重要组成部分。遵循伦理道德与习俗是特定社会群体成员的共识，也是该群体之所以会形成的重要条件。一旦某个群体成员违背了该群体所奉行的伦理道德与习俗，便会被该群体的其他成员谴责乃至于唾弃。该成员就会丧失其他成员的信任，从而产生巨大的社会资本损失。这种预期会震慑群体成员，迫使其不轻易采取违背伦理道德与习俗的行为。

显然在一个群体内部伦理道德与习俗的约束力越强，某个成员遵循伦理道德与习俗的历史记录越优良、越持久，其他成员对该成员的信任度越高，该成员因而所积累的社会资本越丰厚。考虑到农村社会相对封闭，人口流动迟滞，基于血缘亲缘与乡缘形成的伦理道德与习俗具有极强的约束力，因此农户间信任的可靠度较高。

4. 农户间信任的效能

信誉或信任是市场经济的道德基础（张维迎，2001）。如图 4-2 所示，农户间的人际信任可促成信息传递分享机制、风险承担分担机制和合作互惠机制，进而影响农户决策（刘天军、马橙，2019）。

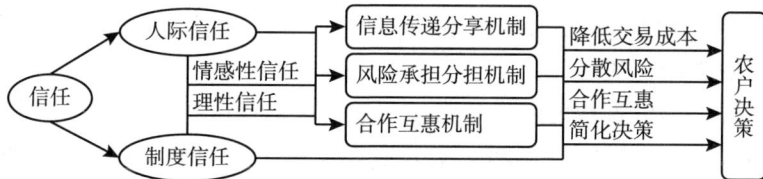

图 4-2 信任影响农户决策的机理

首先，考虑到以农户为核心的人际关系网络存在亲戚血缘关系网络、乡邻地缘朋友关系网络和村乡县行政隶属关系网络等不同的类别，农户间信息的传递也就相应地存在诸如亲戚知会、街坊乡邻朋友耳语、村委会通知、村民大会公布、政府宣传、媒体网络传播等不同的传播渠道。不过，由于农户对不同类别社会关系网络的信任程度不同，因此不同关系网络传播信息的速度以及所传播信息的可信程度（从而效能）大不相同。由此可见，信任可以塑造信息的传递分享机制。较高的信任可以显著降低信息搜寻成本，并且强化信息对农户决策的影响力。

其次，信任也是风险问题的一种解决方法（Luhmann，2000）。对他人信任感较强的人容易产生"在困难时会得到别人帮助"的预期，因此其承担风险的意愿相应较强（周广肃、谢绚丽、李力行，2015）。考虑到信任感的生成主要基于历史经验或教训的积累，因此对他人信任感较强的人一定有"经常获得他人雪中送炭"的亲身经历。这就意味着在其某个层面的社会关系网络中一定存在某种风险分担机制。一方面，信任源于这个风险分担机制；另一方面，信任也是这个风险分担机制赖以生成的必要条件。由此可见，信任可以生成并塑造风险承担分担机制。较高的信任可以显著增强风险承担分担机制的效能，从而影响农户的决策。

最后，农户彼此间情感的强弱决定信任的强弱，而信任的强弱则将影响农户彼此间合作的意愿，从而逆向影响信任。农户间的情感认同与相互信任可以刺激各方采取合作互惠的行动，从而形成稳定可靠的风险共担与利益共享机制（李艳霞，2014）。

5. 农户间信任的资金融通效能

正所谓"贷进的是钱财，借出的是信任"，尤其在农村地区，信任是影响资金供给者是否愿意借出资金最为重要的因素（胡必亮，2004；董诗涵，2020）；也是诸如"标会"之类农村资金互助组织得以正常运行的基础，而信任文化的断裂则是"倒会"的主要原因（邱建新，2005；罗党论，2011）。

一般认为，农户的社会资本越丰富，被信任度越高，其资金融通能力就越强。这一特征在民间金融领域表现得尤为明显（杨彦龙，2016；段洪波，2017；谭燕芝，2017）。而在农户社会资本所赖以生成的社会关系网络中，强信任关系是民间融资最重要的促成条件（吴宝，2011；胡金焱，2017）。在血（亲）缘强关系下资金互助通常不收取利息，也不签署书面合同；但随着资金需求者在资金供给者社会关系差序格局中的地位逐步向外挪移，资金供给者对其信任度逐渐下降，要求收取利息并且签署借贷合同的可能性逐渐增加（蒋耀辉，2019）。

此外，有证据表明，由于拥有较多社会资本的农户享有较高的信任，从而更容易成为正规金融机构投放贷款的对象（叶敬忠，2004；张建杰，2008）。

4.3.2 持久高频次资金供求互动的增信作用及其对信用互助的影响

持久交往的过程及其预期是生成信任的基本条件（张维迎，2002；Alesina，2002）。根据博弈理论，就囚徒困境模型而言，只要其博弈次数有限，则其子博弈精炼纳什均衡解只有一个，且在每一个阶段博弈中该子博弈精炼纳什均衡解均应采取纳什均衡策略。但设若将博弈的次数增加到无穷多，则对于任意一个帕累托优于纳什均衡解的可行收益组合，总能找到与之相对应的子博弈精炼纳什均衡解。

例如，对于如表 4 - 1 所示的囚徒困境型借贷博弈模型，（策略 a，策略 c）是该完全信息静态博弈问题的纳什均衡解。（策略 b，策略 d）则是帕累托较优的策略组合。于是设若只将该博弈重复实施有限次，则其子博弈精炼纳什均衡解的每一个阶段博弈仍将采取纳什均衡策略组合（策略 a，策略 c）。不过，如图 4 - 3 所示，四边形 ABDC 内的面积表示该博弈问题的可行收益集合，其中阴影部分的面积表示所有帕累托优于纳什均衡解的可行收益。现在假设将该囚徒困境博弈问题重复实施无限次，则根据博弈论中的无名氏定理，对于该阴影区域中的任一收益组合，必定存在一个子博弈精炼纳什均衡解与之相对应。而且这些子博弈精炼纳什均衡解都优于每一个阶段博弈都采取纳什均衡策略组合的那个子博弈精炼纳什均衡解。

表 4 - 1   信用互助博弈分析举例

		互助借入农户（博弈参与者1）	
		策略 a	策略 b
（博弈参与者2）互助借出农户	策略 c	1, 1	5, 0
	策略 d	0, 5	4, 4

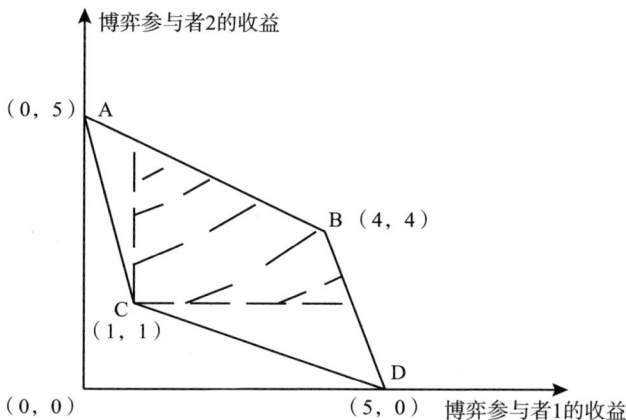

图 4 - 3　博弈分析举例

由此可见，在不存在担保制度的情况下，只要信用互助双方都认定二者之间的借贷供求关系不会久远，便很难真正达成信用互助协议。基于笔者长期调研的体会，赌性作祟，不择手段、不计后果、多多益善地攫取信贷资金，忽视（乃至于根本就不考虑）将来还本付息的可能性，是吓退存款类金融机构，使其不愿意向某些类型资金需求者投放信贷的重要原因。这些资金需求者不择手段骗取信贷资金的心态正是其目光短浅（根本不打算再次借钱）的表现。而只要双方都愿意建立起持久稳定的信贷供求合作关系，便总能经由谈判协商最终达成双方均愿意遵守的信贷合同。这就说明建立稳定持久的信贷供求合作关系具有增信的效能，可发挥类似于担保的作用，从而有效增加信贷供给。

俗话说，不能做一锤子买卖，做生意要讲究常来常往，细水长流。这一俗语的内在逻辑就是强调在交易双方间建立持久稳定买卖关系的重要性。稳定持久的信贷合作关系之所以具有增信的效能，就是由于在持久频繁的信贷交易过程中资金供求双方历经诸多经验或教训，由"生疏"到"熟悉"，从而都对对方产生了信任感：互助资金借出方信任对方一定会如约还本付息，否则对方将来的处境会更艰难；而互助资金借入方则相信对方一定会赞赏其守信行为，从而将来会继续向其提供资金帮助。于是资金互助关系得以生成并维持下去。

由此可见，塑造持久且高频次的资金供求合作关系有助于增进信任，从而有助于生成良性信用互助机制。为此，信用互助的参与者最好均为本村落世代交往从而相互间很熟悉的农户；并且单笔资金互助的借贷期限要尽可能地短暂；此外信用互助的参与者都应当经常面临资金不足的问题等。这就意味着信用互助适用于小额流动性资金融通，通常不适用于大额固定资产投融资。

4.3.3 信息不对称背景下信任对信用互助机制的影响

如果农户间不存在长期频繁的互动交往关系，就很难做到知根知底，于是面临信息不对称的问题。现在我们就分析信任在信息不对称背景下对信用互助机制的影响机理。

为简便起见，假设农户拟投资项目的期限为一期（例如 1 年），且在期初发生支出，在期末发生收入；假设该项目的收益率为 r_1；所需资金投入为 1，其中的 α 部分（$0 < \alpha < 1$）必须依靠互助金借入来筹措；假设利率成本为 r_L，互助金借入农户的相关费用为 c_A/单位借入资金，信用互助业务部门的相关费用为 c_F/单位贷出资金，信用互助业务部门贷款投放的机会成本率为 r_0，$r_0 < r_I$。最后再假设互助金借入农户要么完全履约（亦即按期还本付息），要么完全违约（亦即不偿还任何本金和利息）。于是可建立信用互助博弈模型的收益矩阵。如表 4-2 所示。

表 4-2　　　　　　　　　阶段信用互助博弈模型的收益矩阵

参与者及其可选策略		互助金借入农户	
		按期还本付息	不按期还本付息
信用互助业务部	发放互助金	$\alpha(r_L - c_F)$，$r_I - \alpha(r_L + c_A)$	$-\alpha[1 + (r_L - c_F)]$，$r_I + \alpha(1 - c_A)$
	拒绝发放互助金	αr_0，$-\alpha c_A$	αr_0，$-\alpha c_A$

假设信用互助业务部门对拟互助金借入农户的具体情况不够了解，亦即存在信息不对称问题；假设该农户珍惜获取互助金支持的机会，并期望能与信用互助业务部门建立起持久稳定的信贷供求合作关系；为此，该农户着意理性培育自己履约的信誉。再假设农户一旦发现信用互助业务部门竟然在自己履约情况下拒绝继续投放信贷，则将放弃与信用互助业务部门建立持久稳定信贷供求合作关系的打算，从而打消为此建立信誉的念头。亦即假设农户将采取触发战略。

假设信用互助业务部门认为农户会按期还本付息的可能性是 p，$0 < p < 1$；相应地，认为农户不会按期还本付息的可能性为 $1 - p$。p 实质上就是信用互助业务部门对农户（履约）的信任度。最后为简单起见，再假设信用互助业务部门和农户的时间价值折现因子均为 1。

1. 两个信用互助信贷周期的情景

如表 4-3 所示，假设信用互助业务部门在第一个借贷合同期（t = 1）展现善意，从而采取投放信贷的行动；则其在两个信贷周期（t = 1 和 t = 2）的期望收益为：

$$\alpha(r_L - c_F)p - \alpha(1 + r_L - c_F)(1 - p) + \alpha(r_0 - r_L + c_F)p + \alpha r_0(1 - p)$$
$$= \alpha(r_0 - r_L + c_F - 1) + \alpha(1 + r_L - c_F)p$$

表4-3   两个信贷周期的博弈1

		t = 1	t = 2
		所采取的行动	所采取的行动
农户	珍惜信誉	守约	守约
	不在乎信誉	违约	违约
信用互助业务部		投放信贷	拒绝投放信贷

如表4-4所示，假设该信用互助业务部门在第一个借贷合同期没有展现善意，从而拒绝投放信贷；则其在两个信贷周期的期望收益为：
$$\alpha(r_0 - r_L + c_F)p + \alpha r_0(1 - p) + \alpha r_0 p + \alpha r_0(1 - p) = 2\alpha r_0 - \alpha(r_L - c_F)p$$
于是只有在下列条件下，信用互助业务部门才会在第一个借贷合同期展现合作意愿，采取投放信贷的策略：
$$\alpha(r_0 - r_L + c_F - 1) + \alpha(1 + r_L - c_F)p > 2\alpha r_0 - \alpha(r_L - c_F)p$$
$$p > \frac{1 + r_0 + r_L - c_F}{1 + 2r_L - 2c_F}$$
考虑到 $0 < r_0 < r_L - c_F < 1$，所以上式中 p 的得值满足（0，1）的要求。

表4-4   两个信贷周期的博弈2

		t = 1	t = 2
		所采取的行动	所采取的行动
农户	珍惜信誉	守约	违约
	不在乎信誉	违约	违约
信用互助业务部		拒绝投放信贷	拒绝投放信贷

2. 三个信用互助信贷周期的情景

假设信用互助业务部门认定农户履约的可能性 p 满足上式。这时如果信用互助业务部门采取投放信贷的行动，则当农户果真采取按期还本付息的行动时，其期望收益为：
$$r_I - \alpha(r_L + c_A) + r_I + \alpha(1 - c_A) - \alpha c_A = 2r_I + \alpha - \alpha r_L - 3\alpha c_A$$

但当事与愿违，农户实际上选择了违约策略时，其期望收益为：

$$r_I + \alpha(1 - c_A) - 2\alpha c_A = r_I + \alpha - 3\alpha c_A$$

考虑到 $r_I > r_L$ 且 $0 < \alpha < 1$，前者大于后者，因此在三个信贷周期下设若信用互助业务部门在第一个信贷周期采取投放信贷的行动，则理性农户将在第一个信贷周期选择按期还本付息的行动，如表 4 – 5 和表 4 – 6 所示。

表 4 – 5　　　　　　　　　　三个信贷周期的博弈 1

	t = 1	t = 2	t = 3
	所采取的行动	所采取的行动	所采取的行动
农户	守约	违约	违约
信用互助业务部	投放信贷	投放信贷	拒绝投放信贷

表 4 – 6　　　　　　　　　　三个信贷周期的博弈 2

	t = 1	t = 2	t = 3
	所采取的行动	所采取的行动	所采取的行动
农户	违约	违约	违约
信用互助业务部	投放信贷	拒绝投放信贷	拒绝投放信贷

设若农户在第一个信贷周期履约，则信用互助业务部门在三个信贷周期的最优选择不外乎来自如下四种策略：

一是在第一、第二两个信贷周期选择投放信贷的行动，但在第三个信贷周期拒绝投放信贷；这里将该策略记作 s_{F1}。二是在第一个信贷周期投放信贷，但在第二、第三个信贷周期都拒绝投放信贷；记作 s_{F2}。三是在第一个信贷周期拒绝投放信贷，但在第二个信贷周期投放信贷，第三个信贷周期又改而拒绝投放信贷；记作 s_{F3}。四是在三个信贷周期都采取拒绝投放信贷的策略；记作 s_{F4}。

具体如表 4 – 7 所示，设若农户在第一个信贷周期履约，信用互助业务部门采取策略 s_{F1}，则该信用互助业务部门的期望收益为：

$$\alpha(r_L - c_F) + p\alpha(r_L - c_F) - \alpha(1 - p)(1 + r_L - c_F) + p\alpha(r_0 - r_L + c_F)$$

$$+ \alpha r_0(1 - p) = \alpha(r_0 - 1) + \alpha(1 + r_L - c_F)p$$

表4－7   三个信贷周期的博弈3

		t = 1	t = 2	t = 3
		所采取的行动	所采取的行动	所采取的行动
农户	重视信誉	守约	守约	守约
	不重视信誉	守约	违约	违约
信用互助业务部		投放信贷	投放信贷	拒绝投放信贷

如表4－8所示，设若农户在第一个信贷周期履约，信用互助业务部门采取 s_{F3} 策略，则该信用互助业务部门的期望收益为：

$$\alpha(r_0 - r_L + c_F) - \alpha(1 + r_L - c_F) + \alpha(r_0 - r_L + c_F)p + \alpha r_0(1 - p)$$
$$= \alpha(2r_0 - 2r_L + 2c_F - 1) - \alpha(r_L - c_F)p$$

表4－8   三个信贷周期的博弈4

		t = 1	t = 2	t = 3
		所采取的行动	所采取的行动	所采取的行动
农户	重视信誉	守约	违约	守约
	不重视信誉	守约	违约	违约
信用互助业务部		拒绝投放信贷	投放信贷	拒绝投放信贷

如表4－9所示，设若农户在第一个信贷周期履约，信用互助业务部门在三个信贷周期采取策略 s_{F4}，则该信用互助业务部门的期望收益为：

$$\alpha(r_0 - r_L + c_F) + \alpha r_0 + \alpha r_0 = \alpha(3r_0 - r_L + c_F)$$

表4－9   三个信贷周期的博弈

		t = 1	t = 2	t = 3
		所采取的行动	所采取的行动	所采取的行动
农户	重视信誉	守约	违约	违约
	不重视信誉	守约	违约	违约
信用互助业务部		拒绝投放信贷	拒绝投放信贷	拒绝投放信贷

116

如表 4-10 所示。设若农户在第一个信贷周期履约，信用互助业务部门在三个信贷周期采取策略 s_{F2}，则该信用互助业务部门的期望收益为：

$$\alpha(r_L - c_F) + \alpha(r_0 - r_L + c_F)p + \alpha r_0(1 - p) + \alpha r_0$$
$$= \alpha(r_L - c_F + 2r_0) + \alpha(c_F - r_L)p$$

表 4-10　　　　　　　　　　三个信贷周期的博弈 6

		t = 1	t = 2	t = 3
		所采取的行动	所采取的行动	所采取的行动
农户	重视信誉	守约	守约	违约
	不重视信誉	守约	违约	违约
信用互助业务部		投放信贷	拒绝投放信贷	拒绝投放信贷

可以证明下列三式成立：

$$s_{F1} - s_{F3} = \alpha(2r_L - 2c_F - r_0) + \alpha p > 0$$

$$s_{F1} - s_{F2} = \alpha(-1 - r_0 - r_L + c_F) + \alpha(1 + 2r_L - 2c_F)p > 0$$

$$s_{F1} - s_{F4} > 0, \text{当} \ p > \frac{1 + r_0 + r_L - c_F}{1 + 2r_L - 2c_F}$$

因此，设若农户在第一个信贷周期履约，则 s_{F1} 是信用互助业务部门的最优策略。

综上所述，在三个信用互助信贷周期的不完全信息重复博弈模型下，设若农户的信誉可靠性足够高，或者信用互助业务部门对农户的信任足够高，则信用互助业务部门和农户的精炼贝叶斯纳什均衡策略是：农户在第一个信贷周期履约，在第二和第三个信贷周期违约；信用互助业务部门在第一和第二个信贷周期投放信贷，第三个信贷周期拒绝投放信贷。亦即双方将在第一个借贷周期达成合作的局面。

一般地，设若信用互助业务部门对农户的信任度足够高，并且预计借贷合作周期超过三期，则理性信用互助业务部门在除最后一个借贷期之外的其他各个借贷期都将采取投放贷款的决策；而农户在除最后两个借贷期之外的其他各个借贷期都将采取履约的决策。于是信用互助业务部门仅在倒数第二期发生呆账损失；而农户仅在最后一期遭受信贷配给。

由此可见，在信息不对称情况下只要信用互助业务部门对农户的信任足够高，则最少只需要三个信贷周期，信贷供求双方就可以达成合作的局面。而当 p = 0，亦即信用互助业务部门对农户毫无信任时，完全信息静态借贷博弈的纳什均衡解（不贷款，不履约）重新成为有限借贷周期的子博弈精炼纳什均衡解，借贷双方不再可能生成合作的局面。这就说明在引入信用互助业务部门对农户的信任这一因素之后，农户间持久稳定社会关系对达成信用互助的重要性显著降低了。在完全信息条件下不可能出现的信用互助合作，在不完全信息条件下却出现了。

那么，除了持久互动之外，还有哪些途径可以促成农户间的信任呢？

制度信任是信息不对称背景下农户间增信的重要途径。例如健全民事诉讼与执行法律制度、健全担保体系与机制、健全农村征信体系与机制等。除此之外，健全合作社规章制度以及充分发挥农村集体经济组织（村委会）的作用也是增加农户间制度信任的重要途径。只要信用互助业务部门对制度信任足够高，便可降低不熟悉借款农户的消极影响，从而只需断定该社员申请借款的周期数不会少于三个，便会萌生提供互助金的意愿。

4.4　农户从众行为对信用互助机制的影响

在农村熟人社会环境中，由于相互间的信任度比较高，农户个体的行为容易受到他人影响，从而显著表现出从众（攀比）倾向性。这是农村地区社会风气（村风）的重要促成因素，同时也是一个能影响到信用互助机制运行效果的因素。

4.4.1　农村村落中的从众心理与从众行为

目前学术界普遍正面看待社会资本的效能。正如科尔曼（Coleman，1990）的观点，"社会资本有益于相关社会关系网络内的所有成员；通过动员利用不同形态的社会资本，不仅可以实现成员个人目标，而且还可以实现集体行动目标"（刘金菊，2011；张群梅，2014）。显然，这种观点隐含着集体行动目标与社会整体利益一致的假设。但其实集体行动也可能陷入小集团利益的旋涡，违背法规或伦理。因此与其他多数因素或变量一样，社会资本的效能不可能总是积极的。只要某些条件具备，社会资本也会产生消极影响。

概括地说，社会资本的消极作用主要表现在如下三个方面：排斥圈外人；对集体成员要求过多，从而限制成员个人自由；涉嫌用习俗和道德规范抑制差异，从而不利于优异人才的脱颖而出等（Ports，1998；李惠斌、杨雪冬，2000）。总的来说，除了小团体的利益可能与社会整体利益或社会伦理要求不相匹配之外，社会资本的消极效能主要源于集体习俗和道德规范对于成员个人理性规则的"社会排斥"（李保平，2006），从而迫使个人在集体内部的行为或反应迥异于其在独立环境下的行为或反应（杨玉珍，2014）。例如从众心理与行为便是社会关系网络中个体心理或行为的特有现象，并且经常是社会资本消极效能的重要表现。

1. 从众行为及其分类

所谓从众行为，又称模仿行为或跟随行为，是指某个集体内的成员在多数其他成员或者少数权威成员的示范、诱导或压力下，追随和附和多数成员或权威成员的认知、意见或行动的现象。也就是俗话所谓的"随大流""人云亦云"或者"西瓜偎大边"现象。

与从众效应相伴随着的经常是权威效应。所谓权威效应，是指特定社会关系网络内部那些社会地位较高从而较有威信的成员的意见或行动更容易受到其他成员认同或追随的现象。也就是俗话所谓的"模范带头作用"或"人微言轻、人贵言重"现象。权威效应的一个重要体现就是易于激发从众效应。

（1）从众行为中的理性。

有观点认为从众行为非理性，因为它违背了贝叶斯后验分布法则，没有充分利用从众者的私人信息，但其实也不尽然。关于从众这一选择，本质上是思维的捷径（巴德利，2019）。在许多场合从众体现了长期经验教训的总结，因此具有相当的理性。凯恩斯（1936）曾以选美比赛为例来说明从众心理和行为的理性。设想一位电视观众正准备参与投票选美。假设按照选美规则，得票最多的参赛者将获得冠军；而投票选中的那些观众将有权参与巨额的摇号抽奖游戏。假设这位观众对获取这笔巨额奖金最感兴趣。这时其最理性的做法不是根据自己的审美喜好投票，而应该综合判断其他多数投票人最有可能将选票投向哪一位参赛者；然后选择从众，将自己的选票投给那个最受他人偏爱的参赛者。

在从众行为是否具有理性这个问题上，巴德利（2019）的处理方式较为恰当。他把从众行为区分成盲目从众与机智模仿两种类型；进而认为盲目从众可视作愚蠢，而机智从众则是理性与智慧的体现。

那么从众行为在多大程度上可称之为理性与智慧的体现呢？其实无论盲目从众，还是机智模仿，从众的根本目的都是利己。考虑到在农村自然村落这样相对封闭的社会环境里，不从众会损害自己的声誉，遭到其他成员的排斥或打击，甚至可能被彻底孤立，从而严重损害其社会资本，甚或遭受重大经济损失，因此相较于盲目从众，农户的从众行为更有可能是其理性决策的结果，亦即在更大程度上是该农户对收益与成本理性算计的结果。

其实无论从众行为源于自主的理性算计，抑或源于自己无意识地盲从，都是个人（甚或几代人）长期择优决策演化而成的本能。哪怕我们正试图独立理性地思考与决策，但仍会自觉或本能地观察了解他人的行为和后果，凭以斟酌自己应采取的行动。一方面人们通过社会学习来提高自己的决策效率，另一方面又将效仿他人的行为当作向他人发送的信号，示意他人响应或印证自己的行动，凭以反向印证自己从众的正确，并展现自己对习俗、习惯、道德和伦理的坚持。因此一般地说，从众行为有助于积累声誉，不会被其他成员视作麻烦（巴德利，2019；郑渝川，2019）。而这又进一步地强化了从众行为的理性。

（2）从众行为中的非理性。

尽管从众行为具有相当的理性，但盲从现象并不鲜见。盲从既有可能源于对其他成员的过度信任，也有可能源于对被社会排斥的恐惧，还有可能源于自己的无知或者缺乏足够的决策信息，从而丧失理性决策的能力。具体地，社会群体可以通过群体习俗、价值观和行为规范对所属成员个体的心理和行为产生影响。而出于对群体的信任，或者对脱离群体的恐惧，或者缺乏判断力从而不知所措等原因，成员个体往往也会主动观察群体中他人（尤其是权威人士）的表现，从而模仿他人的行动。

由于相较于城市居民，农民的科学知识和社会交际经验都相对不足，因此更易接受他人暗示，从而放弃自己的理性判断。同时，在农村熟人社会的强连带人际关系网络下，为避免被孤立，农户更倾向于选择顺从与模仿。例如有研究发现在宅基地使用权流转问题上，农户倾向于忽略私人信息，相对重视公共信息，并显著表现出羊群行为（盲从）的特点（杨卫忠，2017）。

（3）利己型从众和集体型从众。

除了盲目从众与机智模仿这种分类方法之外，从众行为还可以分为利己型从众和集体型从众两种类型。若依这种分类方式，则本书所提及的从众行为均属于利己型从众。

集体型从众的主要特点就是从这种从众行为当中看不到通常意义上的利己性。亦即其从众行为既非源于利己算计与理性，也迥异于利己的盲从。例如根据弗洛伊德的观点，独处会让一些人产生焦虑感，因此出于降低焦虑感的目的，大家会采取协调一致的行动。这就属于集体型从众。"当我们感到不安时会选择群聚。"对于这种从众行为，与其说其源于利己的动机，毋宁说其源于本能的反应。更显然不是基于利己目的理性算计的结果（巴德利，2019；郑渝川，2019）。

尽管属于非理性利己，但集体型从众的人数规模及其行为的极端与激烈有时会达到令人难以置信的程度。例如一些体育项目（例如足球）俱乐部的球迷经常表现出超乎寻常的凝聚力、集体行动力和侵略好斗性，便是集体型从众的典型案例。

（4）正面的从众（攀比）心理与负面的从众（攀比）心理。

从众（攀比）心理的具体效应既可能是正面的，也可能是负面的。从众（攀比）心理的正面效应表现在个体被他人的利他行为所感动，从而仿效采取对他人友好、互帮互助等亲社会行为（魏真瑜，2017）。在社会舆论宣传领域之所以要树立模范或典型，其目的正在于此。从众（攀比）心理的负面效应则表现为个体在遭遇他人的伤害性对待之后也倾向于采取伤害无辜他人的行为（余俊宣、寇彧，2015）。不过，有时个体并未直接遭受他人伤害性对待，而只是发现（或者只是认为）周边他人经常采取利己损人的方式待人接物，于是也效仿采取利己损人的行为。

就信用互助模式而言，社员的从众（攀比）心理会有两种不同的表现：一是相互效仿违约；二是相互效仿履约。但在实践中，第一种行为更令人印象深刻。例如根据笔者的调研，许多金融机构认为农村熟人社会环境下的违约行为相对更具有传染性。

2. 农村村落中的从众行为

关于从众行为的促成机制，目前理论界存在"情景归因"和"目的归因"两种假说（Shefif，1935；Asch，1951；Milgram，1963；Moscovici，1969；宋官东，2005）。就农户从众心态的生成而言，当然不能忽视社会关系网络相对封闭凝固所塑造出来的熟人社会情景对农户行为的影响。不过，尽管基于直觉、本能的盲从行为并不罕见，但农户毕竟拥有自主决策权，社会环境只是影响农户选择的外在因素。因此，以判断、推理等逻辑思考为特征，农户的从众行为极有可能具有显在目的性，从而是理性决策的结果。

其实，无论理性从众，抑或盲从，都是农户在特定情景下决策的结果，这就意味着社会关系网络或社会资本是影响农户从众行为的重要因素。

（1）习俗与伦理道德规范对农户从众心态的影响。

农村地区的自然村落在地理空间上相对孤立封闭，多数村民的日常社会交际局限于本村落的自然地理边界之内，与村落之外的社会联系相对淡薄。由此，正如元代文学家戴表元在其《观村中祷雨三首》中的"十里不同云，五里不同雨"，又如同《晏子春秋·内篇·问篇·问上》中的"百里而异习，千里而殊俗"，不同自然村落的社会伦理与道德规范大都不同程度地烙有自己的特色。通俗地说，就是各村落的"社会风气"大不相同。笔者曾在山东胶东地区遇到两个直线距离不超过 0.5 千米且人口规模相若的自然村落，其中的一个村落街道整洁，没有一处儿童少年容易沉溺其中的游戏娱乐营业场所；而另外一个村落则网吧、游戏厅、台球桌子林立。询问老人，皆曰这两个村落里的人"祖上便不同"。

由于农村村落社会关系网络的高密度性和强联结性，因此相对于城镇的社区及其居民来说，农村村落社会习俗与道德规范对农户的约束力更为强大，农户更难以抗拒（边燕杰，2004）。于是恪守习俗与伦理道德规范是农户从众的重要促成因素。

（2）声誉口碑对农户从众心态的影响。

根据我们的调研经验，相较于城市居民，由于完全生活于熟人社会环境里，农村地区自然村落里的村民更为珍惜自己的声誉口碑。声誉口碑是绝大多数村民最为看重的"面子"。对他们来说，丢掉面子意味着失去世代积攒来的声誉，不仅丧失社会资本，而且会累及子孙；保留了面子则意味着既有声誉得以维持，社会资本得以保全；而赢得面子则意味着声誉提升，口碑更好，拥有了更多的社会资本。实际上，声誉口碑"好"既是对村民遵守伦理规范的嘉许，也是对村民今后应一如既往地遵守伦理规范的敦促和要求。而且即便两个村民不再可能发生任何瓜葛，二人既往积累下来的声誉口碑仍可持久维持下去。甚至可以如同遗产般传承，成为其子孙后代社会资本的累加因素。

对声誉口碑的极端重视是村民间人际关系长期化的反映，显示人们相对更看重长远利益甚或世代利益，不惜损失短期利益（罗家德，2012）。村民对声誉口碑的这种孜孜以求，极大地助长了从众心态。

（3）敬畏被孤立的心态对农户从众行为的影响。

依照心理学的观点，作为一种原始情绪，敬畏是低社会地位个体在面对权威或领导者时的服从体验（Keltner and Haidt，2003）。恐惧因素曾在早期心理学对敬畏心理的解释中占据了主导地位。但近期心理学的发展出现了去恐惧化倾向（Bonner and Friedman，2011），开始重视敬畏心理当中那些较为积极的情绪因素。依据目前心理学的主流观点，敬畏情绪是一种混合了困惑、钦佩、惊奇、恐惧和服从等诸多因素的复杂心理情绪。

依照社会学的观点，敬畏以及诱发敬畏的情绪均可有效提升个体的社会联结水平；而社会联结则在敬畏情绪与从众行为之间发挥着中介作用（景奉杰，2020）。因此敬畏被孤立的心态是农户从众心态的重要促成因素。

在绝大多数场合，集体的利益并非全体成员个人利益的简单汇总。至少从短期来看，集体的利益通常只是多数成员利益的反映。但在相对封闭的社会中，被孤立将是一件危及生存的大悲剧，因此任何违背群体意志的意念和行动都将是难以承受的冒险（董蕊，2013）。于是为维持自己在群体中的合法性和既有地位，人们经常愿意在个人利益上付出巨大牺牲。附和随从其他多数成员的行动便是很自然的选择。

（4）学习心态对农户从众行为的影响。

当遭遇毫无应对经验的新鲜事物时，农户经常会发现自己的选择面临着诸多的不确定性，甚或自觉陷入进退维谷的境地。于是咨询他人的意见或借鉴他人的做法便成为理性决策的捷径。显然多数人的意见及其行为最具有参考价值，于是在循规蹈矩或者"照着葫芦画瓢"的参照心理下，从众行为便被很自然地选择了（王晨光，2019）。

农户的这种学习或模仿决策既非遵循习俗或伦理道德规范的结果，也非出于维护信誉口碑的目的，更非敬畏被孤立的结果，而是其长期经验教训的总结，因此在相当程度上具有理性。

4.4.2　社员农户从众行为对信用互助机制的影响

1. 基本假设

我们的调研发现，农村社会的宗亲（或街坊乡亲）意识仍很强烈，街头巷尾、田间地头、走门串户仍是他（她）们获取信息的重要方式，团结互助、抱团取暖的意识比较强烈，由此造成农户们的价值观念相互影响，行事风格与行为方式雷同。农户行为的这一特点投射到信贷市场上，就是表现为农户信贷违约现象具有"传染性"，农村地区经常出现扎堆抱团式成片违约现象。其他一些学者也有类似的观察（李庆海、孙光林、何婧，2018）。

现在假设信用互助组织和社员农户都具有从众（学习或模仿）倾向。具体到信用互助组织来说，就是假设其是否发放信用互助贷款的决策主要受到其他信用互助组织业务经营状况的影响。其他信用互助组织同行的经营热情越高、信用互助金投放规模越大、投放频次越高，该信用互助组织开展业务的意愿就会越强烈。于是信用互助组织积极拓展互助业务的情绪相互感染，容易蔚然成风。类似地，农户是否按期足额地还本付息主要取决于两个因素：一是其他农户或街坊邻居还本付息的比例（可理解为本地的社会风气）；二是不还本付息的利弊。其他农户按期还本付息的比例越高，或者违约的代价越大，所考察农户按期足额还本付息的意愿就会越强烈，农户积极还本付息的现象也就容易蔚然成风。相应地，违约农户就会面临越来越沉重的社会道德压力。

为简便起见，假设农户拟投资项目的期限为一期，且在期初投资，期末收入。假设该项目的收益率为 r_I，所需资金投入为 1；其中的 α 部分（$0 < \alpha < 1$）必须依靠负债来筹措。假设贷款利率为 r_L，借款农户的

相关费用为 c_A/单位借入资金，信用互助组织的相关费用为 c_F/单位贷出资金，单位互助金投放的机会成本率为 r_0，$r_0 < r_I$。最后再假设互助金借入农户要么按期还本付息，要么不偿还任何本金和利息。于是可建立互助金借贷演化博弈模型的收益矩阵，如表4-11所示。

表4-11 　　　　　　　　　　演化博弈模型的收益矩阵

参与者及其可选策略		申请贷款的农户	
		按期还本付息	不按期还本付息
信用互助组织	发放贷款	$\alpha(r_L - c_F)$，$r_I - \alpha(r_L + c_A)$	$-\alpha[1 + (r_L - c_F)]$，$r_I + \alpha(1 - c_A)$
	拒绝贷款	αr_0，$-\alpha c_A$	αr_0，$-\alpha c_A$

2. 信用互助组织与农户的信贷供求复制动态方程

假设在本地区的信用互助组织中已经开展信用互助业务的占比为 x，尚未开展业务的占比为 $1-x$。再假设借贷社员农户中按期还本付息的占比为 y，不按期还本付息的占比为 $1-y$。于是基于演化借贷博弈收益矩阵表4-11，农户还本付息的期望收益为：

$$[r_I - \alpha(r_L + c_A)]x - \alpha c_A(1-x) = r_Ix - \alpha r_Lx - \alpha c_A$$

不还本付息的期望收益为：

$$[r_I + \alpha(1 - c_A)]x - \alpha c_A(1-x) = r_Ix + \alpha x - \alpha c_A$$

进而可知农户两种决策的平均期望收益为：

$$(r_Ix - \alpha r_Lx - \alpha c_A)y + (r_Ix + \alpha x - \alpha c_A)(1-y)$$

类似地，信用互助组织开展信用互助业务的期望收益为：

$$[\alpha(r_L - c_F)]y - [\alpha + \alpha(r_L - c_F)](1-y) = 2\alpha r_Ly - 2\alpha c_Fy - \alpha - \alpha r_L + \alpha c_F + \alpha y$$

不开展信用互助业务的期望收益为：

$$\alpha r_0y + \alpha r_0(1-y) = \alpha r_0$$

进而可知信用互助组织两种决策的平均期望收益为：

$$(2\alpha r_Ly - 2\alpha c_Fy - \alpha - \alpha r_L + \alpha c_F + \alpha y)x + \alpha r_0(1-x)$$

再令 t 为时间因子，于是可建立信用互助组织的复制动态方程式如下：

$$\frac{dx}{dt} = x(1-x)(2\alpha r_Ly - 2\alpha c_Fy - \alpha - \alpha r_L + \alpha c_F + \alpha y - \alpha r_0)$$

类似地，可得农户的复制动态方程式为：

$$\frac{dy}{dt} = y(y-1)(r_L+1)\alpha x$$

3. 信用互助组织与农户信贷供求演化博弈的稳定解

从信用互助组织的复制动态方程式可以看出，设若

$$y = \frac{1+r_0+r_L-c_F}{1+2r_L-2c_F}$$

则 $\frac{dx}{dt}=0$，亦即本地区信用互助组织开展相关业务的占比将稳定不变。
设若

$$y > \frac{1+r_0+r_L-c_F}{1+2r_L-2c_F}$$

则 $\frac{dx}{dt}>0$，亦即本地区信用互助组织开展相关业务的占比将趋于增加；
设若

$$y < \frac{1+r_0+r_L-c_F}{1+2r_L-2c_F}$$

则 $\frac{dx}{dt}<0$，亦即本地区信用互助组织开展相关业务的占比将趋于减少。

相应的相图分别如图 4－4 所示。显然关于本地区信用互助组织开展相关业务占比的演化稳定解（ESS）有两个：

一是当 $y > \dfrac{1+r_0+r_L-c_F}{1+2r_L-2c_F}$ 时，$x=1$；

二是当 $y < \dfrac{1+r_0+r_L-c_F}{1+2r_L-2c_F}$ 时，$x=0$。

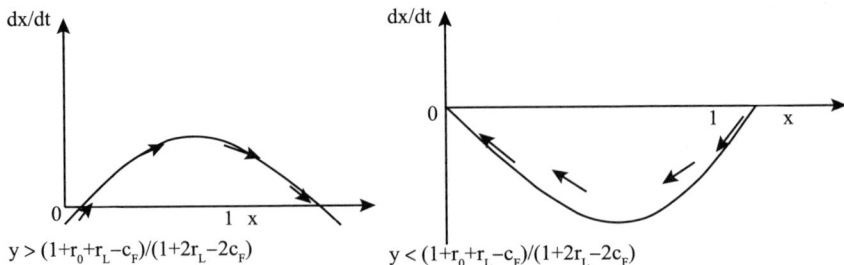

$y > (1+r_0+r_L-c_F)/(1+2r_L-2c_F)$ $y < (1+r_0+r_L-c_F)/(1+2r_L-2c_F)$

图 4－4　信用互助演化博弈分析

类似地，从农户的复制动态方程式可以看出。设若 $x=0$，则 $\dfrac{dy}{dt}=0$，亦即农户还本付息的占比将保持稳定不变；设若 $0<x\leqslant1$，则 $\dfrac{dy}{dt}<0$，亦即农户还本付息的占比将趋于下降。相应的相图如图 4-5 所示。显然，$y=0$ 是农户还本付息占比的演化稳定解（ESS）。

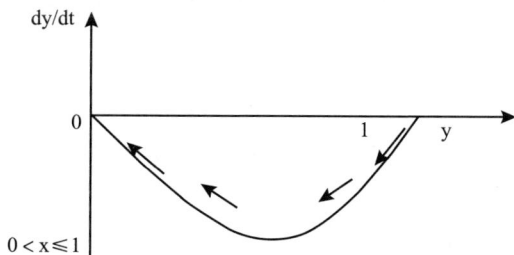

图 4-5　农户还本付息的演化博弈分析

显然，设若 $r_L<r_0+c_F$，从而 $y=\dfrac{1+r_0+r_L-c_F}{1+2r_L-2c_F}>1$，则 $x=0$ 与 $y=0$ 仍是演化稳定解（ESS）。但相较于 $r_L>r_0+c_F$，x 和 y 趋于均衡的速度会更快。

从现实来看，涉农信贷业务的收益率明显较低，因此信用互助组织开展信用互助业务的占比与农户还本付息的占比趋于演化稳定解的方式应该与后一种情景更为类似些。但不管怎样，上述演化博弈分析表明在不存在信用保证制度的背景下，信用互助机制存在逐步萎缩的趋势。

设若 $r_L>r_0+c_F$，从而 $y=\dfrac{1+r_0+r_L-c_F}{1+2r_L-2c_F}<1$。将 x 和 y 的相图组合在一起，如图 4-6 所示。显然 $x=0$ 与 $y=0$ 是演化稳定解（ESS）。这就意味着从众心理有可能窒息信用互助机制。

4. 违约惩戒制度对农户从众行为的影响

假若信用互助组织建立违约惩戒制度，凭以严厉惩罚违约社员农户，例如令其损失率为 P，则该社员农户不还本付息的收益为 $r_I+\alpha(1-c_A)-P$。于是该社员农户还本付息的期望收益为：

$$[r_I-\alpha(r_L+c_A)]x-\alpha c_A(1-x)=r_Ix-\alpha r_Lx-\alpha c_A$$

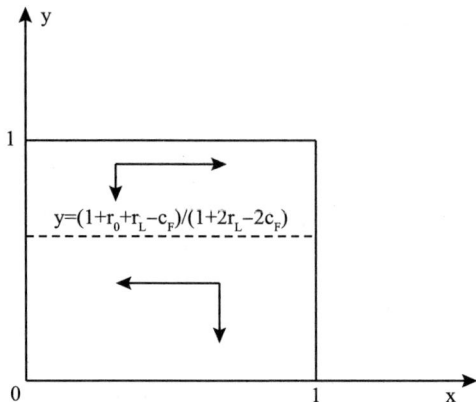

图 4 - 6　信用互助组织与农户演化博弈的稳定解

不还本付息的期望收益为：

$$[r_I + \alpha (1 - c_A) - P] x - \alpha c_A (1 - x) = r_I x + \alpha x - \alpha c_A - P x$$

进而可知农户两种决策的平均期望收益为：

$$(r_I x - \alpha r_L x - \alpha c_A) y + (r_I x + \alpha x - \alpha c_A - P x) (1 - y)$$

这样我们就可得到农户的复制动态方程式为：

$$\frac{dy}{dt} = y (1 - y) (- \alpha r_L - \alpha + P) x$$

由此可见，只要 $P > \alpha (1 + r_L)$，则 $\frac{dy}{dt} > 0$。相应的相图如图 4 - 7 所示。$y = 1$ 就成为农户的演化稳定解（ESS）。

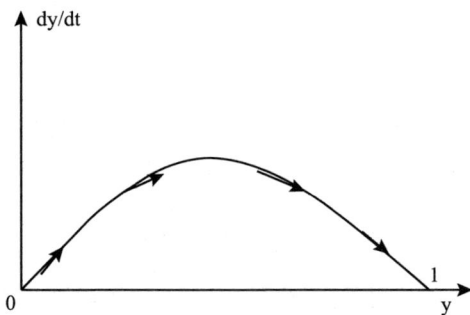

图 4 - 7　违约惩罚机制下农户还本付息的演化稳定解

将 x 和 y 的相图组合在一起，如图 4 - 8 所示。显然设若 $r_L > r_0 + c_F$，则 x = 1 与 y = 1 是演化稳定解（ESS）。不过设若 $r_L < r_0 + c_F$，则 x = 0 与 y = 1 将是演化稳定解（ESS）。

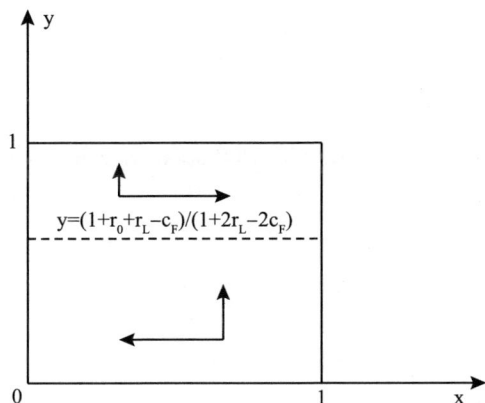

$$y=(1+r_0+r_L-c_F)/(1+2r_L-2c_F)$$

图 4 - 8　违约惩罚机制下信用互助组织与农户演化博弈的稳定解

由此可见，强有力的担保或违约惩戒制度可以有效矫正农户从众心理的消极影响，从而抑制违约风气蔓延。然而农村信贷担保不足的问题很难在短时期内解决。于是建立健全违约惩戒制度便成为矫正违约从众心理的唯一途径。具体思路有四：一是强化民事诉讼法规以及强制执行法规的严肃性；二是建立健全农村地区的征信体系；三是充分发挥村委会或农村集体经济组织的监督作用；四是尽可能厚植农民专业合作社的社会资本，具体地说，就是要尽可能地提高合作社的存在价值，促使社员珍惜自己参与合作社经营以及信用互助业务的机会。

4.5　农户粉饰信誉口碑行为
对信用互助机制的影响

在信用互助业务实践中，信用互助组织难以经由诸如财务报表之类的硬信息来源渠道了解农户的资信状况，因此其对社员农户的信任生成主要依赖如下三个途径：

一是全体社员均身处同一个社会关系网络，相互间要么存在血缘姻缘关系，要么皆为故里邻居，存在扯不断的瓜葛，因此社员们的行为或选择都不可能不顾及对这些社会关系的潜在影响；二是在其与农户之间长期频繁交往过程中，由生疏到熟悉，从而产生信任；三是基于社员农户在民间的信誉口碑生成信任。

随着市场经济的发展以及农村地区的城镇化，传统农村熟人社会的封闭性逐渐被打破，因此第一种信任生成途径的可靠性越来越低。又由于合作社自愿加入、自愿退出，因此合作社与特定社员间不一定能做到长期频繁地互动交往；况且由生疏到熟悉毕竟也需要一个过程，因此第二种信任生成途径的可靠性和时效性也都存在问题。第三种信任生成途径则具有便捷的优点，因此成为信用互助组织不可或缺的信息获取与信任生成途径。尤其当合作社成员分处不同村落时，第三种信任生成途径更是合作社信息获取与信任生成的主要依靠。

不过，依据信誉口碑评价社员农户资信状况这种做法会面临农户粉饰信誉的问题。当合作社成员来自不同村落时这个问题尤为突出。下面就深入分析成员农户粉饰信誉行为对信用互助机制的影响。

4.5.1 基本假设

假设某社员农户拟借入的互助金额为 1。假设信用互助组织（记作 F）的可选策略只有两个：要么同意提供互助金（记作 a_1），要么不同意提供互助金（记作 a_2）。再假设该信用互助组织向其成员农户投放互助金的机会成本为 V_0。

假设该社员农户的信用风险水平只有两种类型：要么较低（记作 R_1），要么较高（记作 R_2）。假设信用互助组织基于一般经验认为拟借入互助金社员农户信用风险水平属于 R_1 的可能性为 p，属于 R_2 的可能性为 $1 - p$，$0 < p < 1$。

假设由于信息不对称，信用互助组织无法准确掌握该拟借入互助金农户的真实信用风险水平，但可以通过走访调查或要求农户提供书面证明等方式掌握一些与其信誉口碑相关的材料或信息。假设信用互助组织最终会将拟借入互助金农户的信誉口碑信息甄别归类划分成两个等级：较好（记作 S_1）或较差（记作 S_2）；其中 S_1 对应 R_1，S_2 对应 R_2。由此，为提高获得互助金的可能性，拟借入互助金农户有动机向信用互助组织粉饰自己的信誉。于是 S_1 或 S_2 就相当于拟借入互助金农户向信用互助组织发送的两种信誉口碑信号。假设拟借入互助金农户每借入单位互助金的粉饰成本为 c_A。

假设在经由社会调查获得拟借入互助金农户口碑较好的信号 S_1 之后，信用互助组织认为该成员农户信用风险较低（亦即 R_1）的后验概率为 p_1；认为该成员农户信用风险较高（亦即 R_2）的后验概率为 $1 - p_1$，$0 < p_1 < 1$。再假设在经由社会调查获得拟借入互助金农户口碑较差的信号 S_2 之后，信用互助组织认为该成员农户信用风险较低（亦即 R_1）的后验概率为 p_2，认为该成员农户信用风险较高（亦即 R_2）的后验概率为 $1 - p_2$，$0 < p_2 < 1$。

假设拟借入互助金农户的信用风险确实较低，则假设信用互助组织获得口碑信号 S_1 时，投放互助金的价值增量为 V_1，拒绝投放互助金的价值增量为 V_0；假设信用互助组织获得口碑信号 S_2 时，投放互助金的价值增量为 V_2，拒绝投放互助金的价值增量为 V_0。

假设拟借入互助金农户的信用风险确实较高，则假设信用互助组织获得口碑信号 S_1 时，投放互助金的价值增量为 V_3，拒绝投放互助金的价值增量为 V_0；假设信用互助组织获得口碑信号 S_2 时，投放互助金的价值增量为 V_4，拒绝投放互助金的价值增量为 V_0。

经由社会调查所获得的信息不会准确无疑。这里假设低风险成员农户的信誉口碑存在低估的可能。具体地，假设拟借入互助金农户的信用风险确实较低，则当拟借入互助金农户的信誉口碑信号是 S_1 时，假设获得互助金的财富增量为 W_1，被拒绝提供互助金的财富增量为 0；而当拟借入互助金农户的信誉口碑信号是 S_2 时，假设获得互助金的财富增量为 W_2，被拒绝提供互助金的财富增量为 0。

假设拟借入互助金农户的信用风险确实较高，则当拟借入互助金农户刻意塑造出信誉口碑信号 S_1 时，假设获得互助金的财富增量为 $W_3 - c_A$，被拒绝提供互助金的财富增量为 $-c_A$；而当拟借入互助金农户的信誉口碑信号是 S_2 时，假设获得互助金的财富增量为 W_4，被拒绝提供互助金的财富增量为 0。

在信用互助组织的业务实践中，应当在既有经验的基础上结合专项社会调查来修正对拟借入互助金农户信用水平的先验判断。据此，这里假设信用互助组织先基于拟借入互助金农户的信誉口碑修正先验判断，给出该成员农户信用风险水平的后验判断，然后据以做出是否投放互助金的决策。但由于既可能出现粉饰造假，同时信用互助组织自身也可能发生失误，因此仅凭信誉口碑，信用互助组织不一定能准确判断拟借入互助金农户的信用风险水平，亦即仍存在误判的可能性。

假设信用互助组织收到信誉口碑信号 S_1，且据以做出同意投放互助金的决定（说明信用互助组织认可该社员农户低风险），则将收取较低的利率；假设信用互助组织收到信誉口碑信号 S_2，且做出同意投放互助金的决策（说明信用互助组织认定该成员农户高风险），则将收取较高的利率。

在上述假设下，由于与 V_1 相对应的现金流小于与 V_2 相对应的现金流，因此必有 $V_1 < V_2$。进而有 $W_1 > W_2$。类似地，应有 $V_3 < V_4$。进而有 $W_3 - c_A > W_4$。最后再假设向较高信用风险类型成员农户投放互助金将损耗信用互助组织的价值，从而信用互助组织应拒绝向高风险成员农户放款。因而有：

$$V_3 < V_4 < V_0 < V_1 < V_2$$

于是可构造出基于口碑投放互助金的博弈模型，如图 4-9 所示。其中的 N 为"自然"。

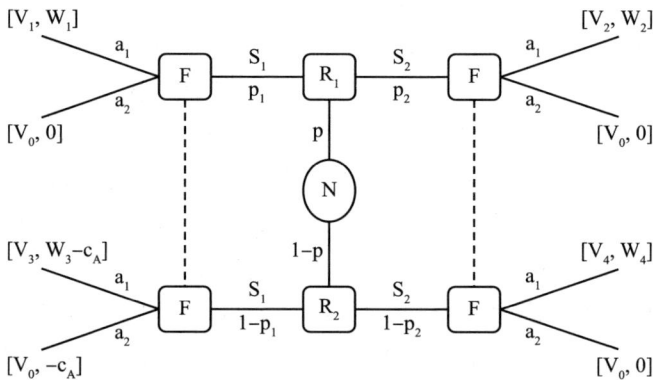

图 4-9　基于口碑投放互助金的博弈模型框架结构

4.5.2　信用互助组织互助金贷出决策的基本思路

1. 口碑为 S_1 时信用互助组织的最优选择

假设拟借入互助金农户的口碑为 S_1，则信用互助组织投放互助金的期望价值增量为：

$$V_1 p_1 + V_3 (1 - p_1)$$

拒绝投放互助金的期望价值增量为：

$$V_0 p_1 + V_0 (1 - p_1) = V_0$$

因此当拟借入互助金农户的信誉口碑为 S_1 时，信用互助组织投放互助金的条件是：

$$1 \geqslant p_1 > \frac{V_0 - V_3}{V_1 - V_3} \qquad (4-1)$$

而当拟借入互助金农户的口碑为 S_1 时，信用互助组织拒绝投放互助金的条件是：

$$0 \leqslant p_1 \leqslant \frac{V_0 - V_3}{V_1 - V_3} \qquad (4-2)$$

2. 口碑为 S_2 时信用互助组织的最优选择

假设拟借入互助金农户的口碑为 S_2，其投放互助金的期望价值增量为：

$$V_2 p_2 + V_4 (1 - p_2)$$

拒绝投放互助金的期望价值增量为：

$$V_0 p_2 + V_0 (1 - p_2) = V_0$$

因此当拟借入互助金农户的口碑为 S_2 时，信用互助组织投放互助金的条件是：

$$1 \geqslant p_2 > \frac{V_0 - V_4}{V_2 - V_4} \qquad (4-3)$$

而当拟借入互助金农户的口碑为 S_2 时，信用互助组织拒绝投放互助金的条件是：

$$0 \leqslant p_2 \leqslant \frac{V_0 - V_4}{V_2 - V_4} \qquad (4-4)$$

3. 信用互助组织的后验推断与最优决策

如图 4 – 10 所示，假设对拟借入互助金农户信用风险水平的后验推断位于区域

$$D_1 = \left\{ 1 \geqslant p_1 > \frac{V_0 - V_3}{V_1 - V_3}, \ 1 \geqslant p_2 > \frac{V_0 - V_4}{V_2 - V_4} \right\}$$

则信用互助组织将投放互助金。

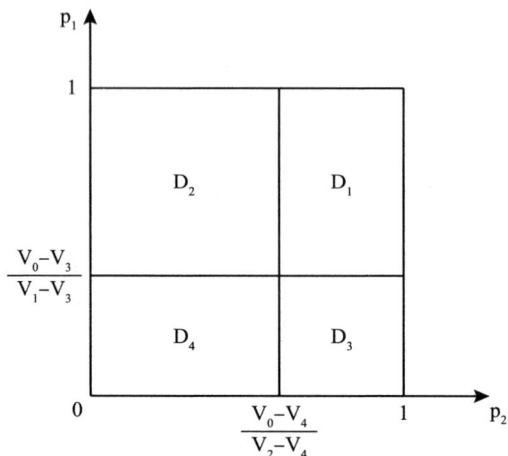

图 4 - 10 信用互助组织的后验推断

假设对拟借入互助金农户信用风险水平的后验推断位于区域

$$D_2 = \left\{ 1 \geqslant p_1 > \frac{V_0 - V_3}{V_1 - V_3}, \ 0 \leqslant p_2 \leqslant \frac{V_0 - V_4}{V_2 - V_4} \right\}$$

则当该成员农户的口碑较好时，信用互助组织将投放互助金；但当该成员农户的口碑较差时，信用互助组织将拒绝投放互助金。

假设对拟借入互助金农户信用风险水平的后验推断位于区域

$$D_3 = \left\{ 0 \leqslant p_1 \leqslant \frac{V_0 - V_3}{V_1 - V_3}, \ 1 \geqslant p_2 > \frac{V_0 - V_4}{V_2 - V_4} \right\}$$

则当该成员农户的口碑较好时，信用互助组织将拒绝投放互助金；但当该成员农户的口碑较差时，信用互助组织将投放互助金。

假设对该成员农户信用风险水平的后验推断位于区域

$$D_4 = \left\{ 0 \leqslant p_1 \leqslant \frac{V_0 - V_3}{V_1 - V_3}, \ 0 \leqslant p_2 \leqslant \frac{V_0 - V_4}{V_2 - V_4} \right\}$$

则勿论该成员农户的口碑如何，信用互助组织都将拒绝投放互助金。

4.5.3 社员农户互助金还本付息决策的基本思路

1. 当信用互助组织对成员农户信用风险水平的后验推断位于区域 D_1 时

这时，由于条件（4-1）与条件（4-3）同时成立，因此无论拟借入互助金农户口碑如何，信用互助组织都将投放互助金。于是：

假设该成员农户的信用风险水平较低，则该成员农户不粉饰口碑的期望财富增量为 W_1；粉饰口碑的期望财富增量为 W_2。由于 $W_1 > W_2$，因此信用风险水平较低的成员农户将顺其自然，不采取作假粉饰其口碑的行为，亦即该成员农户的口碑自然表现为较好。

假设该成员农户的信用风险水平较高，则该成员农户不粉饰口碑的期望财富增量为 W_4；粉饰口碑的期望财富增量为 $W_3 - c_A$。由于 $W_3 - c_A > W_4$，因此信用风险水平较高的成员农户将作假粉饰其口碑，以求信用互助组织能将其口碑误定为较好（S_1）。

2. 当信用互助组织对成员农户信用风险水平的后验推断位于区域 D_2 时

这时，由于条件（4-1）与条件（4-4）同时成立，因此当借入互助金农户的口碑较好时，信用互助组织将投放互助金；而当该成员农户的口碑较差时，信用互助组织将拒绝投放互助金。于是：

假设拟借入互助金农户的信用风险水平较低，则该成员农户不粉饰口碑的期望财富增量为 W_1；粉饰口碑的期望财富增量为 0。因此信用风险水平较低的成员农户将顺其自然，不采取作假粉饰其口碑的行为，亦即该成员农户的口碑自然表现为较好。

假设拟入互助金农户的信用风险水平较高，则该成员农户不粉饰口碑的期望财富增量为 0；粉饰口碑的期望财富增量为 $W_3 - c_A$。因此信用风险水平较高的成员农户将作假粉饰其口碑，以求信用互助组织能将其口碑误定为较好。

3. 当信用互助组织对成员农户信用风险水平的后验推断位于区域 D_3 时

这时由于条件（4-2）与条件（4-3）同时成立，因此当拟借入互助金农户的口碑较高时，信用互助组织将拒绝投放互助金；而当该成员农户的口碑较低时，信用互助组织将投放互助金。于是：

假设拟借入互助金农户的信用风险水平较低，则该成员农户口碑真实的期望财富增量为 0；口碑不准确的期望财富增量为 W_2。因此信用风险水平较低的成员农户将会作假，压低自己的口碑。

假设拟借入互助金农户的信用风险水平较高，则该成员农户不粉饰口碑的期望财富增量为 W_4；粉饰口碑的期望财富增量为 $-c_A$。因此信用风险水平较高的成员农户不会作假粉饰其口碑。

4. 当信用互助组织对成员农户信用风险水平的后验推断位于区域 D_4 时

这时由于条件（4-2）与条件（4-4）同时成立，因此无论成员农户的口碑如何，信用互助组织都将拒绝投放互助金。于是：

假设拟借入互助金农户的信用风险水平较低，则该成员农户口碑真实的期望财富增量为 0；口碑不准确的期望财富增量亦为 0。因此信用风险水平较低的成员农户将顺其自然，不采取作假粉饰其口碑的行为，其口碑将自然表现为较好。

假设拟借入互助金农户的信用风险水平较高，则该成员农户不粉饰口碑的期望财富增量为 0；粉饰口碑的期望财富增量为 $-c_A$。因此信用风险水平较高的成员农户不会作假粉饰其口碑。

4.5.4 后继博弈精炼 Bayes Nash 均衡解的求得

1. 混同后继博弈精炼 Bayes Nash 均衡解 1

已知当信用互助组织对拟借入互助金农户信用风险水平的后验推断位于区域 D_1 时，该成员农户的最优选择为"如实表示口碑较好，将口碑虚假粉饰成较好"；信用互助组织的最优选择为"口碑较好时同意投放互助金，口碑较差时同意投放互助金"。

如图 4-9 所示，左半部分由虚线链接的上下两条枝线都处在该均衡的路径上，因此信用互助组织基于口碑的后验概率判断为：

$$p(R_1 \mid S_1) = p_1 = \frac{p(R_1)p(S_1 \mid R_1)}{p(R_1)p(S_1 \mid R_1) + p(R_2)p(S_1 \mid R_2)}$$
$$= \frac{p \times 1}{p \times 1 + (1-p) \cdot \times 1} = p$$

亦即信用互助组织在该均衡路径上的后验概率等同于先验概率。

2. 混同后继博弈精炼 Bayes Nash 均衡解 2

已知当信用互助组织对拟借入互助金农户信用风险水平的后验推断

位于区域 D_2 时，该成员农户的最优选择为"如实表示口碑较好，将口碑虚假粉饰成较好"；信用互助组织的最优选择是"口碑较好时同意投放互助金，口碑较差时拒绝投放互助金"。

如图 4 - 9 所示，左半部分由虚线链接的上下两条枝线都处在该均衡的路径上，亦即信用互助组织基于拟借入互助金农户所发信号的后验概率判断等同于先验判断。

3. 混同后继博弈精炼 Bayes Nash 均衡解 3

已知当信用互助组织对拟借入互助金农户信用风险水平的后验推断位于区域 D_3 时，该成员农户的最优选择为"将口碑作假压低成较差，不做假粉饰"；信用互助组织的最优选择是"口碑较好时拒绝投放互助金，口碑较差时同意投放互助金"。

如图 4 - 10 所示，右半部分由虚线链接的上下两条枝线都处在均衡路径上，因此信用互助组织在均衡路径上基于口碑的后验概率判断等同于先验判断。

4. 分离后继博弈精炼 Bayes Nash 均衡解

已知当信用互助组织对拟借入互助金农户信用风险水平的后验推断位于区域 D_4 时，该成员农户的最优选择为"如实表示口碑较好，如实表示口碑较差"。这时无论该成员农户的口碑如何，信用互助组织都将拒绝投放互助金。

如图 4 - 9 所示，左上方及右下方的两条枝线处在均衡路径上，因此信用互助组织基于口碑的后验概率判断为：

$$p_1 = p(R_1 \mid S_1) = \frac{p(R_1)p(S_1 \mid R_1)}{p(R_1)p(S_1 \mid R_1) + p(R_2)p(S_1 \mid R_2)}$$

$$= \frac{p \times 1}{p \times 1 + (1-p) \times 0} = 1$$

$$p_2 = p(R_1 \mid S_2) = \frac{p(R_1)p(S_2 \mid R_1)}{p(R_1)p(S_2 \mid R_1) + p(R_2)p(S_2 \mid R_2)}$$

$$= \frac{p \times 0}{p \times 0 + (1-p) \times 1} = 0$$

4.5.5　关于后继博弈精炼 Bayes Nash 均衡解的分析与评价

在混同后继博弈精炼 Bayes Nash 均衡解 1 下，信用互助组织对自己经由长期经营所积累的经验很有信心，认为自己关于拟借入互助金农户信用风险水平的先验判断比较准确，认为成员农户的信用风险水平总体而言普遍较低；至于信誉口碑之类辅助征信材料，尚不足以扭转其对涉农信贷的乐观情绪。因此信用互助组织投放资金的意愿比较强烈。与此同时，由于作假粉饰信誉口碑的代价较低，因此拟借入互助金农户倾向于粉饰自己的信誉。

在混同后继博弈精炼 Bayes Nash 均衡解 2 下，信用互助组织很重视拟借入互助金农户的信誉口碑，只向信誉较好的农户投放资金；不过，由于作假粉饰信用口碑的成本代价偏低，因此成员农户粉饰信誉的冲动强烈。这就会损伤信用互助组织的经营效率。

在混同后继博弈精炼 Bayes Nash 均衡解 3 下，信用互助组织对信誉口碑极其不信任，认为作假粉饰很普遍；并且认为信用风险越高的成员农户，其作假粉饰信誉的可能性越大，作假粉饰的程度越严重；乃至于信用互助组织对信誉口碑较差的成员农户有好感，认为这种成员农户的信用风险水平反倒更有可能符合自己的先验判断。

在分离后继博弈精炼 Bayes Nash 均衡解下，信用互助组织对成员农户信用风险水平的总体先验判断太悲观，乃至于作假粉饰不足以显著改善信用互助组织对投放互助金的顾虑。在这种情况下成员农户也会失去作假粉饰信誉的兴趣。

归纳上述后继博弈精炼 Bayes Nash 均衡解可以看出，成员农户粉饰信誉的可能性损害了信用互助组织的信任，从而影响了投放信贷的意愿。这就意味着可靠的信任只能生成于长期交往的经验终结，生成于博弈双方由生疏到熟悉的互动过程中。速成的信任都是不可靠的。因此信用互助组织应把长期经营积累下来的先验判断作为信贷决策的主要依据。与此同时，应采取措施，着力强化惩戒作假的力度，尽可能提高作假成本，凭以杜绝粉饰信誉的行为。然后才能把信誉口碑作为项目评估的辅助指标。

在实践中，要想最大限度地做到这两点，最可靠的做法是尽可能缩小合作社社员的来源范围，最好能将社员的户籍来源地域范围限定在一个农村集体经济组织（村落）之内。这样一来，一则尽管合作社的社员很可能入社时间不长，但其与其他社员间世代互动交往，相互间知根知底，从而信息近乎完全对称；二则农村集体经济组织（村委会）对合作社及其社员都具有较强的约束力，从而能最大限度地强化惩戒作假的力度。

4.6　本章小结

信用互助与合作金融或资金互助同义，其实质就是弱者间的资金融通互助合作机制。

尽管合作金融也可以使用担保机制，但担保并非合作金融的必要条件。实质上设若资金需求者的担保都很充分，便很容易获得银行信贷，也就没有合作金融的必要。合作金融一定产生于担保不充分从而融资困难的资金需求群体中。这时社会资本发挥了隐性担保的作用，从而成为合作金融赖以生存和发展的基础。

合作金融的所有参与者都必须身处同一个社会关系网络，相互间知根知底，形成强联结，从而相互间拥有足够的信任。

既然信用互助是弱者间的资金互助合作，其参与者的闲置资金自然都不会很多，并且闲置的期限也不会很长，因此信用互助模式下的资金借贷一定具有小额性和短期性的特点。

小额与短期的资金互助本身也有助于降低信用风险。资金互助的金额越小、期限越短，社会资本的隐性担保作用越可靠。因此"小额 + 短期 + 社员间因知根知底而相互信任"是合作金融最为关键的属性。

合作社成员的社会资本可分为个人社会资本与集体社会资本两种类型。而集体社会资本又可区分为集体内部集体社会资本和集体外部集体社会资本两种类型。其中，集体内部集体社会资本是该集体赖以生成与存续的基础；集体外部集体社会资本则是该集体得以发展的重要条件。

在农民专业合作社信用互助模式中，社员可借助的社会资本具体包含该社员的个人社会资本、合作社集体社会资本和村落集体社会资本三大组成部分。一般来说，村落集体社会资本的效能要高于合作社集体社会资本。

农户的个人社会资本是信用互助得以产生的必要条件。但在农民专业合作社信用互助模式下，农户个人社会资本发挥作用的机制被显著强化了：首先，在农户间个人社会关系网络相互嵌套重叠的交集范围之内，相关农户组成农民专业合作社；然后，经由社员间更高频次且更为持久的业务合作与互动，再辅以合作社严格的规章制度，以及唯有合作社集体才有可能向其成员农户提供的诸多权益或福利，农民专业合作社反过来又大大强化了社员间的联结，夯实了社员间的信任，从而不同程度增强每一位社员在农民专业合作社这个集体中的个人社会资本；最终为社员间的信用互助创造了更好的运作环境和条件，提供了更多的运作机会。由此可见，农民专业合作社信用互助模式是一种可显著增强社员个人社会资本，从而促成社员间民间合作金融的机制。这就是该民间合作金融创新模式的精髓所在。

信任是社会资本的核心构成要素。强信任关系是民间融资最重要的促成条件。优化合作金融机制的一般思路就是强化资金供求者间的信任关系。

塑造持久且高频次的资金供求合作关系有助于增进信任，从而有助于生成良性信用互助机制。为此，信用互助的参与者最好均为本村落世代交往从而相互间很熟悉的农户；单笔资金互助的借贷期限要尽可能地短暂；信用互助的参与者都应当经常面临资金不足的问题等。这就意味着信用互助适用于小额流动性资金融通，不适用于大额固定资产投融资。

制度信任是信息不对称背景下农户间增信的重要途径。例如健全民事诉讼与执行法律制度、健全担保体系与机制、健全农村征信体系与机制等。除此之外，健全合作社规章制度以及充分发挥农村集体经济组织（村委会）的作用也是增加农户间制度信任的重要途径。只要信用互助业务部门对制度信任足够高，便可降低不熟悉借款农户的消极影响，从而萌生提供互助金的意愿。

合作社集体社会资本也存在消极作用。例如在农村熟人社会环境中由于相互间的信任度比较高，农户个体的行为容易受到他人影响，从而显著表现出从众（攀比）倾向性，进而影响到信用互助机制的运行效果。例如有可能引发"传染性违约"现象。而建立健全违约惩戒制度是矫正违约从众心理的唯一途径。具体思路有四：一是强化民事诉讼法规以及强制执行法规的严肃性；二是建立健全农村地区的征信体系；三是充分发挥村委会或农村集体经济组织的监督作用；四是尽可能厚植农民专业合作社的社会资本，具体地说，就是要尽可能地提高合作社的存在价值，促使社员珍惜自己参与合作社经营以及信用互助业务的机会。

在信用互助业务实践中，信用互助组织难以经由诸如财务报表之类的硬信息来源渠道了解农户的资信状况，因此经常基于社员农户在民间的信誉口碑生成信任。不过这种做法会出现农户粉饰信誉的问题。当合作社成员来自不同村落从而互不熟悉时，这个问题尤为突出。为此，在尽可能提高作假成本的同时，最好能将社员的户籍来源地域范围限定在一个农村集体经济组织（村落）之内。这样一则可最大限度地提高社员间信息的透明性和对称性，二则可借用农村集体经济组织（村委会）对合作社及其社员的约束力。

第5章 农民专业合作社信用互助模式的具体实践：以山东省为例

5.1 山东省农民专业合作社信用互助业务的主要特点与基本流程

继党的十八届三中全会提出开展合作社信用合作的理念之后，2014年的中央一号文件鼓励发展新型农村合作金融组织，2015年的中央一号文件则明确要求稳妥开展农民合作社内部资金互助试点。2015年初，山东省唯一获批成为相关试点省份。此后，山东省政府陆续出台了一系列相关政策和法规，用以指导与规范各地市开展农民专业合作社信用互助业务试点工作。主要相关文件汇总如表5-1所示。

表5-1 山东省农民专业合作社信用互助业务试点主要文件梳理

年份	文件	主要内容
2014	省府办公厅《关于引导规范农民合作社信用合作的通知》；上报国务院《山东省人民政府关于开展新型农村合作金融试点的请示》；银监会审核备案《山东省农民专业合作社信用互助业务试点方案》和《山东省农民专业合作社信用互助业务试点管理暂行办法》	山东省成为全国唯一开展新型农村合作金融改革试点的省级试点单位
2015	省府办公厅发布《关于印发山东省农民专业合作社信用互助业务试点方案和山东省农民专业合作社信用互助业务试点管理暂行办法的通知》	潍坊市和临沂市各选取3个县，枣庄市选取2个区，其他市各选取1个县，作为试点区域

年份	文件	主要内容
2016	省人大通过《山东省地方金融条例》；省地方金融监督管理局发布《山东省农民专业合作社信用互助业务试点监管细则》（有效期截止于 2018 年 8 月 31 日；2018 年 8 月 10 日重新印发）	在《山东省地方金融条例》中将开展信用互助业务试点的农民专业合作社纳入地方金融组织范畴，以强化监管
2019	《山东省农民专业合作社信用互助业务试点管理办法》（有效期至 2022 年 7 月 10 日）	对原散落在多个文件中的制度规定进行了规整

5.1.1　山东省农民专业合作社信用互助模式的主要特点

　　根据山东省相关地方法规，所谓农民专业合作社信用互助业务，指的就是依法取得试点资格的农民专业合作社在本社社员之间开展的资金互助融通行为。互助融通的资金主要用于支持本社社员的生产经营，应局限于满足流动性资金需求的范畴。

　　山东省现行地方法规将开展信用互助业务的农村专业合作社归类为地方金融组织。其信用互助业务的基本架构如图 5-1 所示。

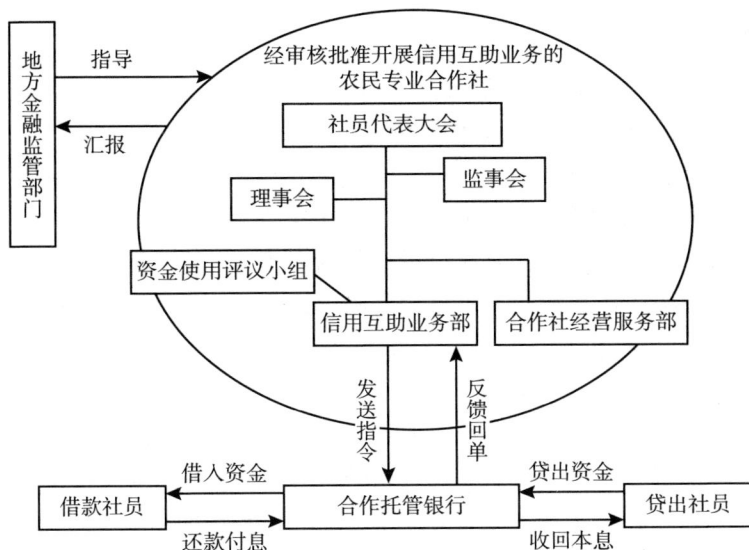

图 5-1　农民专业合作社信用互助业务的基本架构关系

归纳现有的法规与实践，山东省农民专业合作社信用互助业务模式主要有如下六个特点。

1. 依托合作社开展信用互助业务

山东省地方金融监管部门严格选定"管理民主、运行规范、示范带动力强的"农民专业合作社和供销合作社，授权其开展信用合作业务。这些被授权开展信用互助业务的合作社须专设"信用互助业务部"，具体负责开展信用互助业务。

信用互助业务部并非独立的金融机构，而只是合作社下属的一个职能部门。信用互助业务部应设置在合作社的经营场所内，且应为其开展信用互助业务的唯一经办场所，不允许另设分支机构，不允许代办人员入户办理相关业务。

2. 社员自愿金融合作性

合作社信用互助业务属于合作金融的范畴，只能局限在本合作社成员间开展，且应坚持社员自愿、自主管理、民主决策、合作互助、公开透明、独立核算、规范运营、遵纪守法、诚实守信、风险自担等原则。

3. 封闭运作性

合作社可用于信用互助的资金来源有二：一是由符合条件的社员自愿承诺出借的资金；二是诸如货币股金等合作社自有资金。不过，货币股金、资本公积、盈余公积、未分配盈余、专项基金等合作社自有资金需经社员大会同意后方可用于信用互助业务。

信用互助资金必须在合作组织内部封闭运用，只能用于本社成员间的短期生产经营资金融通；不得对外吸储和放贷；不得不对外投资。

4. 服务涉农产业性

合作社信用互助必须坚守服务三农的理念，以服务合作社生产流通为目的；互助资金主要用于本社成员的生产经营，满足农户生产经营过程中"小额、分散"的资金需求，因此具有鲜明的服务涉农产业性或三位一体性。

5. 非营利性

信用互助不以营利为目的，不支付固定回报；与其相关的可分配盈余按交易额比例返还为主的原则在社员间进行分配。

6. 无风险性

山东省的农民专业合作社信用互助业务模式从农民专业合作社申请开展信用互助业务的资格认定，到合作社成员申请参与信用互助业务的资格认定；从互助资金的筹措模式与流程，到互助资金的使用方式与流程；从托管银行的监督和指导，到地方政府相关监管部门的严格监管。层层把关，最终把信用互助业务模式的信用风险和操作风险几近压缩到零。

此外，由于农民专业合作社的社员们大多经营相同的生计，居住地与生产经营场所都相对邻近，因此社员间的关系相对密切，衍生而来的社会资本价值自然相对真切，其降低信息不对称性以及隐性担保的效能也就比较真切可靠，从而进一步降低了信用互助的违约风险。与之相对比，农村资金互助社成员经常分属不同的合作社，甚或分属不同的集体经济合作组织，社员们所经营的事业相对多样，相互关联度较低，居住地与生产经营场所都相对分散，因此社员间的关系相对淡薄，衍生而来的社会资本价值就相对含糊，其降低信息不对称性以及隐性担保的效能也就相对不可靠，信用风险自然高很多。

5.1.2　山东省农民专业合作社信用互助模式的一般业务流程

1. 农民专业合作社的组织结构

如图5-2所示，社员大会是农民专业合作社的最高权力结构，应由全体社员组成。在社员大会下应设置理事长一名，以作为本社的法定代表人；也可以设置理事会。此外，还可以在社员大会下设置执行监事或监事会。理事长或理事会、执行监事或监事会均由成员大会从本社成员中选举产生，并对社员大会负责。

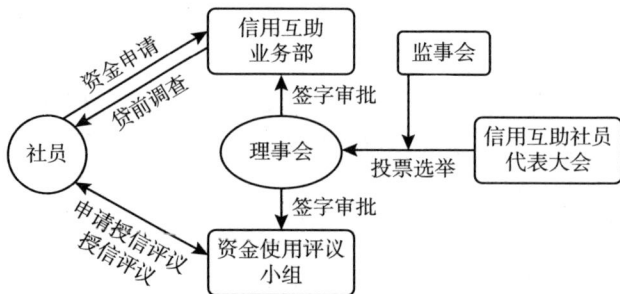

图 5 - 2　农民专业合作社的组织结构

理事长或理事会应聘任经理，或由理事长兼任。经理依照合作社章程规定和理事长（理事会）授权负责合作社的具体生产经营事务。应设置财务部，财务会计人员由理事长（理事会）聘任。应设置互助资金使用评议小组，其成员由本社相关管理人员和社员代表组成；每年对社员出资情况、信用状况、资金需求和使用成本至少公开评议 1 次，确定并公示每一位社员的授信额度，以便社员据以申请使用互助资金。应设置信用互助业务部，负责具体办理和管理信用互助业务。

2. 农民专业合作社信用互助模式具体业务实施的一般流程

如图 5 - 3 所示，农民专业合作社信用互助业务可具体划分成互助资金的筹集、资金借贷、风险防范、盈余分配三个环节。

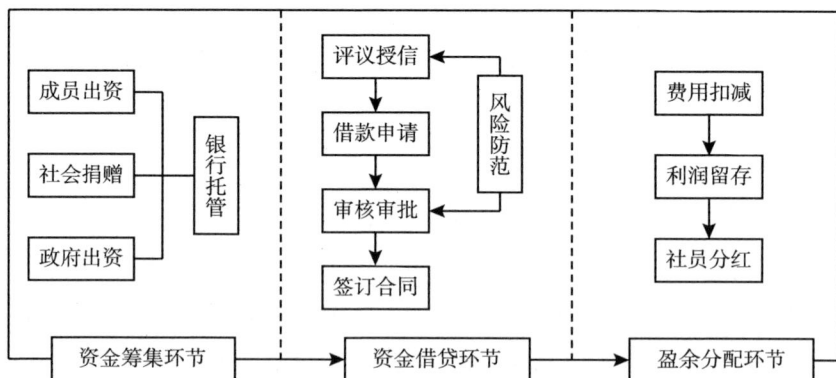

图 5 - 3　农民专业合作社信用互助模式的一般流程

在资金筹集环节，互助资金由社员自愿出借；此外，经社员大会同意可使用合作社自有资金。在资金借贷环节，只有本合作社的合格成员（例如拥有本社社员身份1年以上）才有权使用互助资金，且单一社员的使用额度不得超过互助资金总额的5%。在风险防范环节，信用互助业务实行独立核算，自负盈亏，且不设资金池。在盈余分配环节，信用互助业务盈余按交易额返还为主的原则分配，一般每年返还1次，具体分配办法按照章程规定或者经社员大会决议确定。

总之，山东省农民专业合作社信用互助模式具体业务实施的一般流程可简单地表述为：有资金需求的社员向合作社提出借款申请；有闲置资金的社员向合作社做出提供资金的承诺；合作社对求助社员进行评议并做出是否允许其参与互助的决定；托管银行接收合作社的指令，在互助社员间完成资金的划拨；地方金融监管部门监管合作社信用互助业务的运作，以防范系统性风险。

3. 农民专业合作社信用互助模式的风险管控机制

农民专业合作社信用互助模式的风险主要有两种类型：一是信用风险；二是操作风险。

（1）管控信用风险的机制。

违约风险难以杜绝，因此管控信用风险的目的就是要尽可能降低违约的消极影响，并杜绝发生大面积系统性违约或重大违约的可能性。山东省农民专业合作社信用互助模式关于信用风险的管控机制主要包含如下十一个要点。

①合作社的运营必须规范稳妥。申请开展信用互助业务的农民专业合作社必须具有独立企业法人资格，产业基础扎实，一般从事经济作物种植、动物养殖、农产品加工销售和农业生产服务等，且经营收入稳定。此外，合作社章程必须规范，组织架构必须完整，且制衡有效；合作社必须守法经营，且原则上存续期必须超过两年；理事长必须拥有所属合作社社员资格一年以上，且诚实守信，信誉良好。

②合作社恪守社员互助性和封闭性原则。信用互助业务不得吸收非本社成员的资金，也不得向非本社成员提供资金；必须在本社成员中甄别选择相对优质的农户参与信用互助业务。

③信息必须公开透明。合作社必须使用由省监管部门负责印制的信

147

用互助业务专用账簿和凭证；必须为每个社员设立专门用于信用互助的账户，允许社员查阅，并定期公示；必须按季向社员公布互助资金使用情况，并向监管部门报送相关财务报表数据。

④严禁设置资金池。开展信用互助业务的合作社必须选择一家银行业存款类金融机构，作为其信用互助业务账户开立、资金存放、支付及结算的唯一合作托管银行。合作托管银行要提供业务指导、风险预警、财务辅导等服务。

⑤坚持"小额、短期"借贷原则。单个社员的借出资金不得超过本社信用互助资金总额的10%。自然人社员的借出资金原则上不超过所在县（市、区）上一年度农民人均纯收入的3倍。

社员借入的互助金原则上用于生产经营，且期限以半年以内为主，一般不超过1年；单个社员的资金使用量不得超过互助资金总额的10%；对于使用互助金占比超过5%的社员，其使用互助金的余额合计不得超过互助资金限额的40%。

合作社互助资金总额原则上不超过500万元，不得超过1000万元。

⑥鼓励采取抵押、社员担保和联保等方式。合作社应本着以需定缴的原则归集互助金；社员可采取信用借款、社员担保、联保方式使用互助金，也可采取用农村土地承包经营权、农村居民房屋权和林权抵押等方式。

⑦健全资金使用决策机制。资金使用评议小组每年公开评议一次每位社员的出资、信用、资金需求和使用成本，确定并公示每位社员的授信额度。信用互助业务部负责信用互助业务的日常风险评估事宜。

⑧独立核算和自负盈亏原则。合作社应设置专门账户独立核算与管理信用互助业务。参与信用互助的社员应风险自担，自负盈亏。

⑨不以营利为目的。信用互助业务分红不分息，不支付固定回报，不对外投资，不以营利为目的，相关盈余的分配以交易额返还为主。

⑩严格执行社员身份属地管理原则。参与信用互助的社员必须拥有合作社社员资格一年以上，且其居住地或注册地应属于合作社所在行政村或乡（镇）。合作社信用互助业务经营原则上应局限于行政村地域范围之内，不得超出合作社注册地所在乡（镇）。

这一规定的目的就是确保所有社员都处于同一个农村熟人社会关系网络内，从而为社会资本发挥隐性担保作用创造条件。此外，由于本合作社成员间相互熟悉，信息相对对称，从而可以有效缓解信贷逆向选择和道德风险等问题。

⑪坚持社员自愿参与原则和民主管理原则。合作社不得强制社员参与信用互助业务；合作社信用互助业务必须确保管理民主、决策科学、治理结构制衡有效、业务流程透明完善，要杜绝内部人控制现象。

（2）管控操作风险的机制。

所谓操作风险，也就是由于合作社信用互助业务相关工作人员的人为失误而引发风险管控机制失效的可能性。一般地，管控操作风险的主要思路就是科学规划业务流程和风险管理机制，科学配置人力、物力和财力，从而一方面使得管控系统有能力即时触发应急补救机制，及时堵塞漏洞，另一方面又能最大限度地降低人为失误事故发生的可能性。具体地，就是要重点强化业务全流程的有效监控，制定强有力的奖惩制度，并做好员工业务培训和素质教育。

归纳山东省农民专业合作社信用互助模式，其关于操作风险的管控机制主要包含如下五个要点。

①在合作社内部实行信用互助业务的分级审批制度，明确各层级审批互助金的权限；细化信用互助业务受理、调查、审查、资金发放、贷后管理与评价等环节，明确各环节的责任。

②政府监管部门建立信用互助业务现场检查制度和统计分析制度，建立动态监测平台，线上线下相结合，强化日常监管工作；并向社会公布监督举报信用互助业务违规事件的方式。

合作社要按季向监管部门报送信用互助业务相关财务报表。

③各级政府加大对信用互助业务的规划引导、分类评级和扶持力度；建立风险补偿和绩效考核奖励激励制度。

④合作托管银行要向合作社提供业务指导、风险预警和财务辅导等服务。

⑤各级政府负责制定相关教育培训规划并组织实施，帮助合作社完善信用互助业务内控机制和业务操作流程，普及信用知识，加强风险教育，提高社员对非法集资等违法行为的识别防范能力。

（3）风险管控的机制创新。

除了上述建立健全风险管控规章制度等举措之外，山东省各地区参与信用互助模式的合作社还因地制宜地创新出一系列管控风险的微机制

149

或微模式。

例如一些供销合作社推出"农资换贷"模式。供销社首先向合作社员低价赊销农业生产物资；但等完成收购农产品并办理结算时，再扣除此前向该社员赊销的款项。再例如一些供销合作社推出"库贷挂钩"模式。亦即供销社向社员提供冷库，并承诺依照冷库内农产品价值的某个折扣比例向有资金需求的社员提供互助金，但条件是农产品的出库须以偿还互助金本息为前提。依照库存农产品的不同，这种"库贷挂钩"模式又被具体称作"粮食银行"模式、"苹果银行"模式、"花生银行"模式等。这些模式的实质就是为互助金提供可靠的抵押甚或质押，从而有效地化解信用互助的违约风险（艾永梅，2015）。

4. 农民专业合作社信用互助业务的外部监管机制

外部监管的作用有二：一是帮助与督促合作社规范信用互助业务，协助其管控风险；二是防范乡（镇）地方发生系统性金融风险，避免发生社会群体性治安事件。

如图 5 - 4 所示。归纳山东省农民专业合作社信用互助模式，其外部监管机制主要包含如下六个要点。

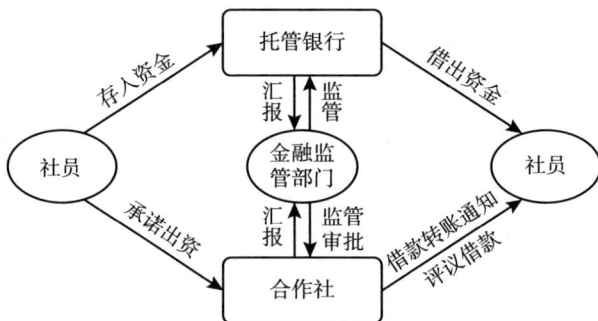

图 5 - 4　农民专业合作社信用互助业务外部监管机制

（1）实行属地宏观监管原则。

各县（市、区）政府是本辖区农村民间（合作）金融监督管理和风险处置的第一责任人，有义务及时识别、预警和化解风险。省和设区市、县（市、区）地方金融监管局则是本辖区具体监管部门。

（2）实行资格审核认定制度。

自愿开展信用互助业务的农民专业合作社应当向县（市、区）地方金融监管局提出书面申请，取得资格认定书，并到工商行政管理部门办理变更登记后，方可开展业务。

（3）建立现场和非现场监管相结合制度。

实施信用互助业务现场检查制度和统计分析制度，线上线下相结合，建立动态监测平台，以强化日常监管。

（4）建立信息披露和社会监督制度。

合作社要按季向监管部门报送相关财务报表数据。监管部门公示监督举报方式，及时受理投诉举报。

（5）建立风险事项报告及应急处置制度。

合作社发生大额借款逾期、被抢劫或诈骗、管理人员涉及严重违法犯罪等重大事项时，有义务向监管部门报告。监管部门会同有关部门建立突发事件的发现、报告和处置制度，并制定处置预案。

（6）托管银行应及时向监管部门汇报合作社信用互助业务的重大违规违法事件。

151

5.2　山东省农民专业合作社信用互助模式与其他新型农村信用互助模式比较

5.2.1　山东省农民专业合作社信用互助模式的实质

山东省农民专业合作社信用互助业务模式的实质就是基于社会资本开展信用互助合作的民间合作金融创新。

具体地，就是令农民专业合作社成员间的亲缘关系网络、乡缘关系网络、业缘关系网络和行政隶属关系网络尽可能地重叠，生成叠加效应。尤其重视社员间亲缘关系网络、乡缘关系网络和业缘关系网络的重叠。于是社员间容易形成强烈的身份认同，从而生成互助意愿。

强烈的身份认同会强化家庭与农村熟人社会伦理和道德规范的约束力，社员会更加珍惜自己的信誉口碑，从而社员间易于生成较高程度的相互信任。而且在社会关系网络封闭且紧密的背景下，多数社员间的人际关系将会伴随其终生，因此多数社员会高度重视培育和维护自己的声誉。这样一来，每一位社员都拥有较高价值的社会资本，因此可有效发挥隐性担保的作用，凭以促成信用互助业务的发生。

1. 山东省农民专业合作社信用互助模式尤为重视参与者的信誉口碑

在山东省农民专业合作社信用互助业务模式下，并非所有的合作社都有资格开展信用互助业务，获得授权的合作社都必须运行规范，诚信守法，从而拥有良好的社会信誉口碑。尤其其理事长，必须诚实守信，在当地具有一定的声望。

类似地，在那些已获得开办信用互助业务的合作社内部，并非所有社员都有资格参与信用互助业务。参与信用互助业务的农户也必须满足一定的条件，拥有良好的社会信誉口碑。

2. 山东省农民专业合作社信用互助模式尤为重视参与者的身份

在山东省农民专业合作社信用互助业务模式下，农户要想参与信用互助业务，就必须先行加入某个已获取信用互助业务开办资格的农民专业合作社。

在已获取信用互助业务开办资格的农民专业合作社中，几乎所有社员均隶属于某个自然村落；只有少数社员隶属于临近村落。于是社员间要么是亲戚关系，要么是街邻关系。大家世代交往，朝夕相处，相互知根知底。

进一步地，社员们所从事的生计又完全相同或高度关联，交往相对频繁，因此相较于合作社外的其他村民，合作社内成员间的共同语言较多，业缘关系深厚，相互间的了解更为透彻。

3. 山东省农民专业合作社信用互助模式重视在参与者间建立长期关系

在山东省农民专业合作社信用互助业务模式下，只有那些在工商行政管理部门注册登记并原则上存续期2年以上的农民专业合作社才有资格申请开办信用互助业务。而且其理事长应当具有所隶属农民专业合作社社员资格1年以上。

在已获得开办信用互助业务资格的农民专业合作社内部，只有那些具有社员资格 1 年以上的农户才有资格申请参与信用互助业务。并且其居住地和注册地应在农民专业合作社所在行政村或乡镇。

这样一来，合作社成员间要么是亲戚，要么是同乡，几乎终生同处于一个社会关系网络之内，自然十分重视自己的声誉口碑，普遍愿意提高自己的声望，从而丰厚自己的社会资本。

在互助金的使用上，山东省农民专业合作社信用互助业务模式要求应主要用于支持本社社员生产经营的流动性资金需求，且期限以半年以下为主，一般不超过 1 年。其目的也是为了尽可能地增加社员间信用互助的频率。这样做的好处一则可以降低信用风险，二则可以获得与长期互助交往相近的经验积累，从而加深相互了解。

4. 山东省农民专业合作社信用互助业务模式强调控制单笔资金互助的规模

山东省农民专业合作社信用互助业务模式要求资金互助坚持"小额、分散"的原则。具体地，合作社的互助资金总额原则上不超过 500 万元；单一社员的互助金借出额不超过同期该合作社互助金总额的 10%，单一自然人社员的互助金借出额原则上不超过所在县（市、区）上一年度农民人均纯收入的 3 倍；单一社员的互助金使用额不超过互助金总额的 5%。这样做的好处也是既可以降低信用风险，同时又可以促使社员们更加重视自己信誉口碑的积累。

5.2.2　农民专业合作社信用互助模式与农村资金互助社比较

2006 年 12 月银监会颁发《关于调整放宽农村地区银行业金融机构准入政策若干意见》，鼓励在农村地区设立村镇银行、资金互助社、贷款公司等新型农村金融机构。2007 年 1 月又颁发《农村资金互助社管理暂行规定》。根据该规定，所谓农村资金互助社，是指经银（保）监会批准，由特定乡（镇）或行政村的农民和农村小企业自愿入股建立，为社员提供存贷款和结算等业务服务的社区互助性银行业存款类金融机构。

关于农民专业合作社信用互助模式与农村资金互助社之间的异同如表 5-2 和表 5-3 所示。

表 5-2　　农民专业合作社信用互助模式与农村资金互助社的共同点

项目	农村资金互助社	农民专业合作社信用互助模式
组织性质	合作组织	合作组织
成员属性	社员	社员
经营对象	经营货币资金借贷	经营货币资金借贷
经营目的	社区信用互助，缓解所在社区社员农户贷款难的问题	社员信用互助，缓解本社社员农户贷款难的问题
选举权	一人一票制	一人一票制
组织原则	自愿、民主、互助、非营利	自愿、民主、互助、非营利
行为禁忌	不得向非社员吸收存款、发放贷款及办理其他金融业务，不得以本社资产为其他单位或个人提供担保	不得经由合作社信用互助平台自非会员借入资金或向非会员贷出资金
分配制度	分红不付息	分红不付息
分支机构	不得设立	不得设立
不良贷款率	低	低

表 5-3　　农民专业合作社信用互助模式与农村资金互助社的区别

项目	农村资金互助社	农民专业合作社信用互助业务
监管机构	银保监会	地方政府地方金融监管局
组织的法律地位	新型农村合作金融组织；银行业存款类金融机构；独立企业法人	新型农村合作金融组织；地方金融组织；其信用互助业务部非独立企业法人
资金来源	吸收社员存款，接受社会捐赠，向其他银行业金融机构借款；对单个农民或单个农村小企业持股比例有限制性规定	社员自愿出借，经社员大会同意可使用合作社自有资金；但对社员出资有限制性规定
资本充足率和资产损失准备金要求	有资本充足率和资产损失准备充足率要求，必须提取账准备金	无相关要求

续表

项目	农村资金互助社	农民专业合作社信用互助业务
经营业务种类	面向社员办理存贷款、结算、代理及银保监会批准的其他业务	社员间资金互助，不对外吸储放贷，无其他业务；不得广告推介互助业务
资金使用要求	向社员发放贷款无使用途径和期限限制；满足社员贷款需求后确有富余的可存放其他银行业金融机构，也可购买国债和金融债券	主要满足本社成员生产经营流动性资金需求，期限原则上不超过1年；用于满足社员消费类资金需求的余额总计不得超过互助资金限额的20%
资金托管制度	无设立托管行的法定要求。实践中一些地区引入托管行（例如农村信用社）制度	不得建立资金池；应选择一家银行业机构作为其互助资金存放、支付及结算的唯一合作托管银行；信用互助农户间原则上不允许进行现金交易
资本金要求	在乡镇设立的，实缴资本不低于30万元；在行政村设立的不低于10万元；须以货币出资入股，不得以实物、贷款或其他方式入股	合作社固定资产需50万元以上；互助资金总额原则上不超过500万元，最高不超过1000万元
盈余分配方式	原则上依股权分配盈余；当年未分配利润（亏损）应全额计入社员积累，按照股金份额量化至每个社员	不支付固定回报，不承诺固定收益；信用互助业务在弥补亏损、提取公积金后的当年盈余为可分配盈余，按交易额比例返还为主原则进行分配
成员获得信用互助的机会	社员当然有权享受互助社提供的各项服务	获取合作社成员资格1年以上者才能参与信用互助业务
经营覆盖区域	可在农村地区的乡（镇）和行政村以发起方式设立；其中农村地区意指中西部、东北和海南省的县市及其以下地区，其他省、区、市的国定和省定贫困县及其以下地区	山东省每一个县区都允许符合条件的农民专业合作社申请设置；原则上以行政村为经营地域范围，不得超过乡（镇）
决策模式	合作民主决策机制与股权投票机制决策结合，亦即社员参加社员大会享有一票基本表决权，但出资额较大的社员按照章程规定可享有附加表决权	合作民主决策

155

项目	农村资金互助社	农民专业合作社信用互助业务
风险管理机制	社员以其股金和在本社的应得积累为限对本社的负债承担责任	本着以需定缴的原则归集互助金;对社员互助金借出和借入都有限制性规定。社员间可担保、联保、办理抵押;信用互助业务独立核算、自负盈亏
信用风险水平	系统性风险较高	系统性风险较低

综合表5-2和表5-3可以看出,农村资金互助社与农民专业合作社信用互助模式最为主要的共同点是均属于合作金融的范畴;其经营目的都是为了满足农民"小额、分散"的资金需求,缓解农民融资难的问题。二者间的最大区别是农村资金互助社为具有独立企业法人资格的银行业存款类金融机构,属于新型农村合作金融组织;而农民专业合作社尽管也具有企业法人资格,但并非金融机构,仅属于地方金融组织;合格农民专业合作社经批准可在本社成员间开展借贷业务,但这只是一种合作金融业务,属于新型农村合作金融业务创新。因此农民专业合作社信用互助模式仍属于民间金融的范畴;而农村资金互助社则应被归类于正规金融的范畴。

由于农村资金合作社属于银行业存款类金融机构,因此银保监会对其监管很严格。例如要求其资本充足率不得低于8%,远高于对农村信用社资本充足率不得低于4%的要求;再例如要求其资产损失准备充足率不得低于100%,与对城市商业银行的要求相同。而由于农民专业合作社信用互助模式为民间金融,由地方政府监管,并无诸如资本充足率或资产损失准备充足率之类的监管要求,因此总体监管要求宽松得多。

5.2.3 农民专业合作社信用互助模式与农民资金互助社比较

根据《农村资金互助社管理暂行规定》,我国中西部、东北和海南省的县(市)及其以下地区都有资格申办农村资金互助社。但在我国东部经济较为发达的省(市),除了国定和省定贫困县及其以下地区外,其他县(区)均无资格申办,于是我国东部一些省份陆续由地方农办与金融办主导推出农民资金互助社这种农村合作金融新模式。截至2019 年 8 月全国共有经工商管理部门登记注册的农民资金互助社 7030家；其中山东省有 423 家。①

与农村资金互助社由银保监会颁发银行业务牌照，并由市场监管局办理营业执照，从而属于独立企业法人不同，农民资金互助社由地方金融监管机构审批核准成立，并在民政部门登记注册，因此不属于银行业金融机构。

除此之外，二者的设立方式也有较大差异。农村资金互助社的成员以农民为主，注册地或主要营业场所位于农村资金互助社所在乡（镇），行政村内的农村小企业也可入股；而且必须至少有 10 名符合条件的发起人才能设立。不过，关于农民资金互助社的设立，各地方政府的要求并不相同。以江苏省为例，农民资金互助社的设立须以专业大户、家庭农场、农民专业合作社、农业龙头企业等新型农业经营主体为主设立人，与主设立人同一乡镇且存在生产协作或贸易关系的新型农业经营主体，或者该农民资金互助社所在乡镇的自然人可自愿入股；同时要求农民至少占农民资金互助社成员总数的 80%，且其他农民资金互助社不得参股。

除了上述两点不同之外，农民资金互助社的具体组织、经营与监管模式与农村资金互助社雷同。

早自 2012 年起银保监会便已暂缓审批农村资金互助社牌照。因此截至 2018 年末全国仅有 46 家农村资金互助社（艾永梅，2015；程郁，2019）。而为强化监管，目前各地区的农村资金互助社都在着手重新办理工商注册。于是农民资金互助社的身份就从民办非企业法人转为农民专业合作社法人。但由于其业务仍由地方政府监管，只能归类于地方金融组织，因此仍未脱离民间（合作）金融的范畴。

关于农民专业合作社信用互助模式与农民资金互助社之间的区别主要有两点。

首先，农民专业合作社信用互助模式必须以农民专业合作社或供销合作社为依托，地方政府对合作社申办信用互助业务的资格认定很严格；并且其信用互助业务仅在本合作社成员间开展，因此参与者均为社

---

① 资料来源于全国企业信用查询系统。

157

员农户。而农民资金互助社则与农村资金互助社类似,其组建无须依托任何机构;甚或参股农民资金互助社的农民专业合作社也可以社员身份参与农民资金互助社的信用互助。

其次,农民专业合作社信用互助的资金主要来自社员自愿出借,且应本着以需定缴的原则归集互助金,经社员大会同意方可使用合作社的自有资金。而以江苏省为例,农民资金互助社的资金全部来自成员的股金及互助金,且可每年 1~2 次吸收新成员和股金,但不得常年吸收。

除了上述两点之外,农民专业合作社信用互助模式只能在社员间实施生产经营性资金互助业务,小部分可用于满足社员间的消费性融资需求。而仍以江苏省为例,农民资金互助社既可面向社员吸收和发放互助金,同时也可面向社员提供国债、金融机构理财产品等代理业务。

5.2.4 农民专业合作社信用互助与贫困村村级发展资金互助模式比较

长期以来,我国实行的财政专项拨款扶贫制度始终存在资金使用效率低下且不能周转使用等问题。此外,贴息扶贫贷款等财政与金融相结合的扶贫项目也存在定位不准、拖欠率过高等问题(刘西川,2013)。于是为提高扶贫效率,探索财政扶贫资金使用与管理的新模式,国务院扶贫办和财政部 2006 年联合在 14 个省(区)启动"贫困村村级发展互助资金"试点。山东省的相关试点工作则于 2007 年在一些省级贫困村展开。

贫困村村级发展资金互助模式的主要特点是以财政扶贫资金为引导,由贫困村村民自愿交纳互助金,辅以社会捐赠,形成互助基金,其中财政资金、捐赠及其增值部分归试点村全体村民所有,村民自愿交纳部分归个人所有,互助资金使用权则归互助社全体社员所有,周转使用于社员的农业生产与经营。

可见,贫困村村级发展资金互助模式属于合作金融的范畴,在本质属性上与农民专业合作社信用互助模式一致。此外,尽管在贫困村村级发展资金互助模式下建立的扶贫资金互助合作社均具有独立法人资格,但仍被认定为非金融机构,不受人民银行和银保监会的监管。这一监管制度特点与农民专业合作社的信用互助模式也类似。

不过，山东省农民专业合作社信用互助模式与贫困村村级发展资金互助模式仍存在重大的不同。这主要体现在农民专业合作社信用互助模式对专业合作社及其参与社员的资格要求都很高，只有那些优质合作社才有可能被审批授予开办信用合作业务的资格；而在获得授权的合作社中，也只有符合条件的社员才有资格参与信用互助业务。贫困村村级发展资金互助模式则只限于在贫困村推行。

此外，山东省农民专业合作社信用互助模式按照以需定缴的原则归集互助金，相关盈余分配以交易额返还为主。而山东省扶贫资金互助合作社的股权处理与盈余分配主要存在三种模式：一是股份合作模式。亦即将全部互助资金转为股份，每个社员都按出资额持有股权，但不得超过给定限额；贫困户则无须出资便可持有一股；所持股份不得转让，年终依股分红。二是共同共有模式。亦即互助资金是全体社员的共同共有财产，互助社每年从借款占用费收入中提取一部分用于社员福利。三是与专业合作社相结合模式。亦即在试点村的专业合作社内部开展资金互助业务（高杨、薛兴利，2013）。其中只有第三种模式与农民专业合作社信用互助业务模式类似。

5.2.5　信用互助模式与普惠金融和金融扶贫比较

1. 信用互助模式与普惠金融比较

为扭转全球贫富分化日趋严重的态势，2005 年联合国提出普惠金融（inclusive finance）的理念。所谓普惠金融，意在共享融资的效用，其目的就是要设法令社会弱势群体有机会分享资金供给，从而为其创造改变命运的可能。

1976 年，孟加拉国经济学教授穆罕默德·尤努斯（Muhammad Yunus）成立了一家专门对穷人发放商业性小额信贷的"穷人银行"——格莱珉银行（Grameen Bank），大获成功。其贷款客户的履约率远高于孟加拉国银行信贷的平均水平，"穷人的诚信"一炮打响。于是作为普惠金融的典型案例，格莱珉银行模式目前已被推广到 40 多个国家和地区。

普惠金融理念和格莱珉银行模式的成功引起我国政府的高度关注，相关工作很快就在我国展开。2013 年 11 月党的第十八届三中全会通过

《中共中央关于全面深化改革若干重大问题的决定》，正式提出"发展普惠金融，鼓励金融创新，丰富金融市场层次和产品"的主张。2013年我国成为全球普惠金融合作伙伴组织（GPFI）的主席国。2015年12月国务院发布《推进普惠金融发展规划（2016～2020年)》。2017年5月国务院常务会议部署推动大中型商业银行设立普惠金融事业部，聚焦小微企业和三农提升服务能力。2017年7月召开的第五次全国金融工作会议又进一步提出建设普惠金融体系的目标。

显然，普惠金融追求的是金融公平，而不是金融效率，因此具有一定的逆商业准则性。换句话说，普惠金融服务在一定程度上具有公共品性质，因此政府的积极参与不可或缺。在某种意义上甚至可以说，政府参与的深度和广度决定了普惠金融发展的水平与成效。

信用互助模式与普惠金融有着本质的不同。信用互助模式绝对不具有公共服务的性质。这是因为尽管从整个社会宏观层面来看，合作金融的目的也是旨在推动弱者间的金融协作互助，从而促进金融公平；但从合作金融组织内部微观层面来看，合作金融的具体实现机制仍须讲求效率，商业基本准则仍然适用。合作金融组织尽管不追求利润最大化，但避免风险并合理盈利仍是践行合作理念的基本前提。

当然，普惠金融与信用互助模式也存在一定的重叠之处。例如格莱珉银行模式便具有鲜明的信用互助性质。不过总的来说，普惠金融远超出合作金融的范畴。例如商业银行从事的普惠金融业务便不具有合作金融的属性。

2. 信用互助模式与金融扶贫比较

为确保到2020年能顺利实现现行标准下农村贫困人口完全脱贫的战略目标，2015年11月中共中央、国务院发布《关于打赢脱贫攻坚战的决定》。2016年3月人民银行、发改委、财政部、银监会、证监会、保监会、扶贫办联合印发《关于金融助推脱贫攻坚的实施意见》，鼓励和引导各类金融机构加大对扶贫开发的金融支持力度。

所谓金融扶贫，就是在国家相关政策支持和引导下，金融机构面向农村贫困地区或贫困群体有针对性地提供金融产品和服务，凭以改善农村发展环境，提高贫困农户的生产经营能力，最终实现共同富裕的战略目标（王琳、李珂珂，2020）。

显然,信用互助模式并非正规金融机构主导的金融模式,且不以脱贫为主要目的,因此不属于金融扶贫。

5.2.6 诸农村金融模式参与主体的目标定位比较

我国农民的金融需求可分为三个层次:一是陷入"贫困陷阱"农户的金融需求;二是进入"自生区域"农户的金融需求;三是"高级生产者"农户的金融需求(陈雨露,2010)。借用对农户金融需求的这种划分方式,考虑到正规金融的商业性,其服务对象主要应为"高级生产者",再加一部分"自生区域"里的优质农户;农村(民)资金互助社与农民专业合作社信用互助模式所面向的群体主要为"自生区域"农户,再加一部分自愿参与的"高级生产者"农户;贫困村村级发展资金互助模式所面向的群体主要为陷入"贫困陷阱"的农户。

普惠金融较为特殊,其目标是在全社会范围内实现金融公平。其中主要是实现金融服务机会的均等,然后是金融服务数量与质量的相对均等。由于农村地区金融服务的机会、数量与质量都明显低于城镇地区,因此是普惠金融的首要推行区域。由此农村地区所有农户都将是普惠金融的受益者。

普惠金融也可以适当考虑扶贫,但应注意把握好分寸,以免丧失可持续性。因此必须正确理解普惠金融与常规社会救助与扶贫之间的本质性区别。即便以扶贫为目的,从资产价值要求、收入水平要求以及资产或收入稳定性要求来衡量,普惠金融服务对象的资格要求也应显著高于社会救济(或最低社会保障)的扶助对象。

相较于普惠金融,合作金融(信用互助)与社会救助与扶贫之间的距离更为遥远。贫困村村级发展资金互助模式实质上就是贫困农户间的合作金融(信用互助)。实际上也是合作金融(信用互助)理念与社会救助与扶贫理念之间仅存的重叠交集。

5.3 山东省农民专业合作社信用 互助业务试点的基本状况

目前,山东省已拥有基本完备的农村金融机构体系,其基本结构如

图 5 - 5 所示。其中农民专业合作社信用互助业务模式被归类于"其他信用互助模式"。

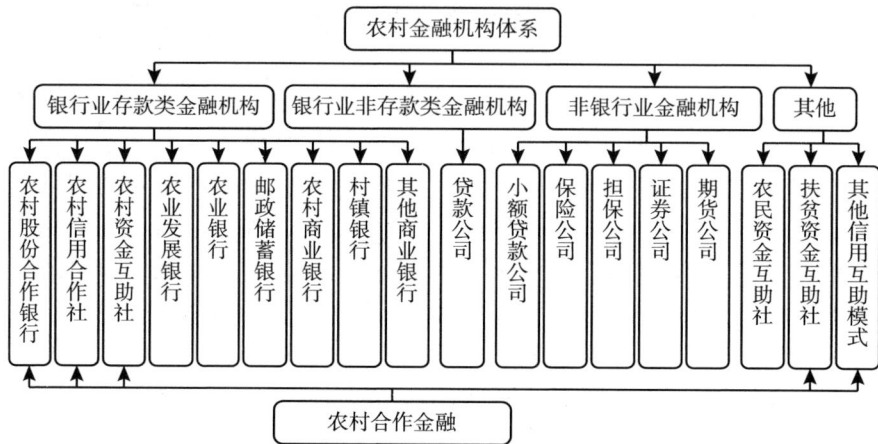

图 5 - 5 农村金融机构体系框架

5.3.1 山东省农民专业合作社信用互助业务试点的进程

在 2015 年 2 月实施农民专业合作社信用互助业务试点之前，山东省许多地区都自发探索创新农村合作金融模式。具体包括三种类型：一是在一些农民专业合作社内部社员间开展信用合作，这一类型主要由农业农村部指导、各地方农业部门主导；二是一些农民专业合作社联合社在成员间开展信用合作；三是由供销社系统领办的农民专业合作社在供销社指导下开展的资金互助活动，例如成立资金互助社等。此外，还有两种由政府相关部门鼓励或引导创新形成的农村合作金融模式：一是由银（保）监管部门批准成立的农村资金互助社；二是由扶贫部门在贫困村设立的扶贫资金互助协会或扶贫资金互助社。

根据试点方案，按照"谁审批、谁负责"和"谁主管、谁负责"的原则，已经批准开展信用合作的农民专业合作社仍由农业行政主管部门或供销社系统负责日常监管；对其中有意参与试点者，农业或供销等主管部门负责推荐给地方金融监管部门，对其中达标者由地方金融监管局予以资格认定并负责日常监督管理。目前山东省供销合作社系统内参与试点的农民专业合作社已占全省试点合作社总数的 46% 以上。

自 2015 年初以来山东省的农民专业合作社信用互助业务试点大约经历了三个发展阶段。

一是试点启动阶段。自 2015 年初至 2015 年底，枣庄市选择两个区（市），潍坊市和临沂市选择三个县（市、区），其他地市均选择一个县（市、区），先行试点。全省 17 地市的 27 个试点县都选定合作社开展信用互助业务，实现试点县全覆盖。

二是推广阶段。在总结前期经验的基础上，自 2016 年初开始在全省逐步扩大试点范围。

三是完善提高阶段。依照原有试点规划，2017 年初～2017 年底应是完善提高阶段。这一阶段试点工作的重心应由铺摊子转向提高现有试点质量；要引导试点地区建设一批样板合作社，强化推广示范工作；并且农民专业合作社信用互助模式的地方立法工作应明显取得进展。

与此同时，这一阶段还应着手探索开展社区性农村信用互助组织试点工作，争取初步建成切合三农发展需要的新型农村合作金融框架。但从目前实际进展来看，这一规划目标的落实至少远不如预期。

5.3.2 山东省农民专业合作社信用互助业务试点的现状

山东省现辖 16 个地级市，总共 137 个县级单位，根据 2016 年 12 月 31 日全省第三次农业普查数据显示，全省登记注册的农民专业合作社达 90085 个。2015 年 2 月山东省获批开展新型农村合作金融业务试点工作。根据国务院的要求，山东省承担了探索创新农村金融新模式的责任，规划到 2017 年底之前要基本建成与山东农村经济相适应、运行规范、监管有力、成效明显的新型农村合作金融框架体系。

1. 山东省农民专业合作社信用互助业务试点的覆盖范围

如图 5-6 所示，自 2015 年以来参与试点的县市区和农民专业合作社数量稳步增加。根据山东省地方金融监督管理局公布的数据，截至 2017 年 8 月末已有 13 个地级市实现县域全覆盖。截至 2019 年 4 月末全省共有 454 家农民专业合作社开展信用互助业务试点，参与社员 3.1 万人，互助金余额 5731.45 万元，累计发生信用互助业务 5747 笔，24705.46 万元，试点成效明显。而截至 2019 年 10 月末全省共有

397 家农民专业合作社开展信用互助业务，参与社员（包括法人社员）
2.5 万人。

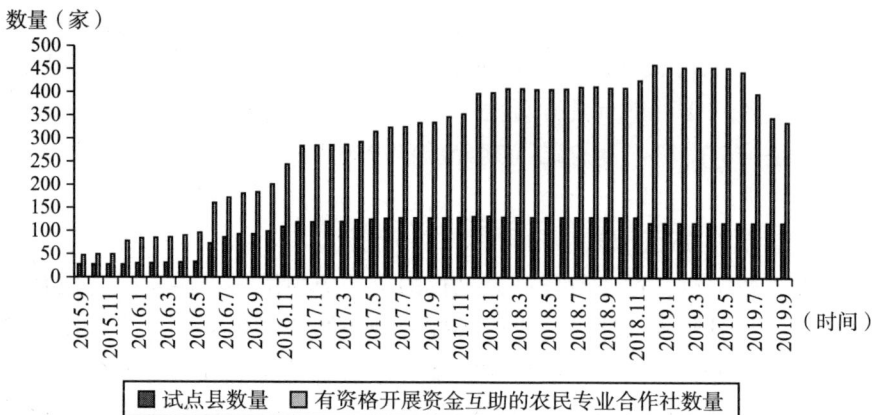

图 5-6　山东省参与信用互助试点的县和农民专业合作社数量

资料来源：山东省金融监督管理局。

164

　　不过，信用互助业务在各地级市的发展并不平衡。如图 5-7 所
示，潍坊、威海和临沂三个地级市参与试点的合作社数量较多；尤其
潍坊市参与试点的合作社数量更是位居前茅；而其他地市参与试点的
合作社数量则相对少很多。此外，"空壳试点"的情况很突出。截至
2019 年 7 月全省共有 201 家参与试点的合作社从未实质开展信用互助
业务，高达试点合作社总数的 45.7%。其余合作社的互助业务量也很
少。例如菏泽市成武县金桥菜豆种植专业合作社于 2016 年 2 月获得
信用互助业务试点资格，但截至 2019 年 7 月的累计互助金额仅有 58
万元。

　　与此同时，近年来各地市还陆续出现了合作社退出试点的情况。如
图 5-8 所示，青岛和泰安两市的退出比例分别高达 75% 和 81.25%，
远高于其他地市。而潍坊市的信用互助业务发展较为稳定，退出比例相
对不大。

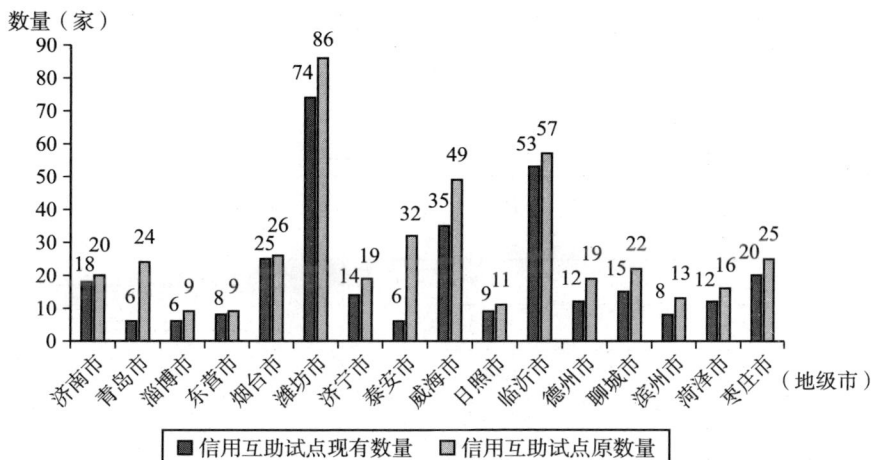

图 5 - 7　山东省各地级市信用互助试点数量对比图

资料来源：各地市金融监督管理局。

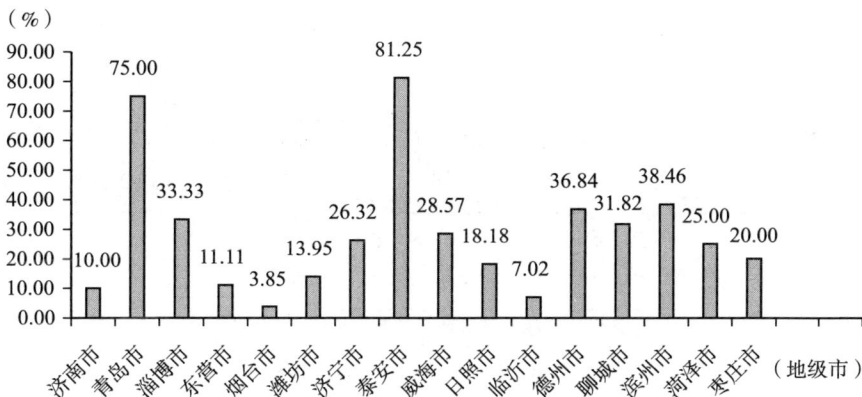

图 5 - 8　山东省各地市信用互助试点退出比例

资料来源：各地市金融监督管理局（截至 2019 年底）。

2. 山东省农民专业合作社信用互助业务的交易规模

（1）互助资金规模逐年增加。

如表 5 - 4 和图 5 - 9 所示，自试点以来山东省农民专业合作社发生的信用互助资金规模逐年增加。根据山东省地方金融监督管理局公布的数据，截至 2019 年 10 月末全省互助金余额 6821.2 万元。而自试点以来全省累计发生信用互助业务 6983 笔，互助金额 29245.15 万元。且迄今为止尚未发生逾期业务。

表 5-4　　　　山东省农民专业合作社信用互助业务开展情况

时间	累计互助金额（万元）	取得试点资格的农民专业合作社累计数目（个）
2015 年	1748.4	78
2016 年	6442.2	284
2017 年	13404	397
2018 年	22147.1	460
2019 年（1~11 月）	30165.05	321

资料来源：山东省金融监督管理局。

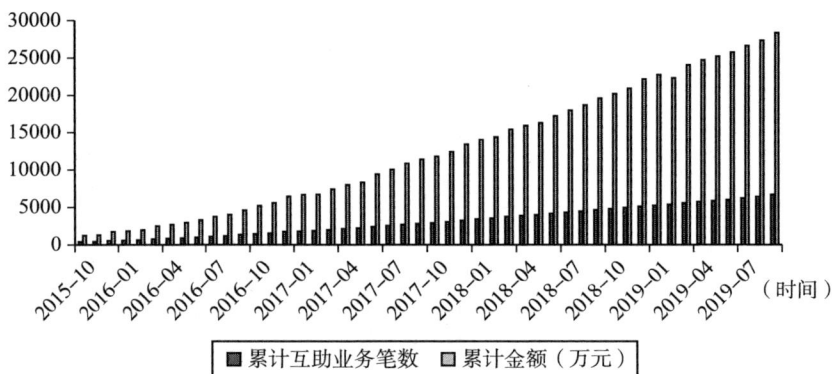

图 5-9　信用互助业务累计数量

注：左纵轴表示累计互助业务笔数（笔）和累计金额（万元）。
资料来源：各地市金融监督管理局。

（2）新增业务规模趋缓。

如图 5-10 所示，在 2015 年至 2018 年山东省农民专业合作社信用互助业务的发展速度较快，年度新增业务规模梯次增加；但 2019 年的新增业务量却明显减少。

与此同时，自 2015 年开始试点工作以来山东省新增试点单位的数量实际上始终处于逐年减少的态势。

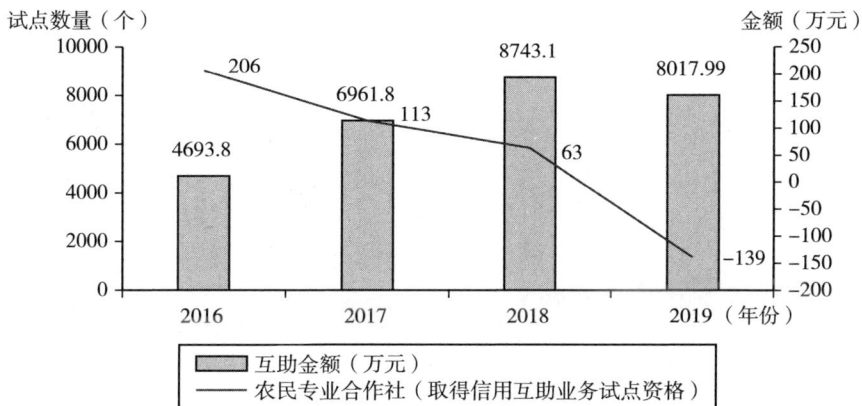

图 5 - 10　年度新增试点合作社数量与新增业务量

注：1. 左纵轴表示农民专业合作社取得信用互助试点数量（个），右纵轴表示互助金额（万元）；

2. 曲线表示当年新增信用互助业务试点数量，其中 2019 年数据为 1 ~ 11 月。

（3）参与信用互助的农户数量逐年增加。

如图 5 - 11 和图 5 - 12 所示，自 2015 年开始试点工作以来参与信用互助的农户数量稳步增加。与此同时单笔平均互助金额尽管不高，但也呈缓慢增加的态势。

167

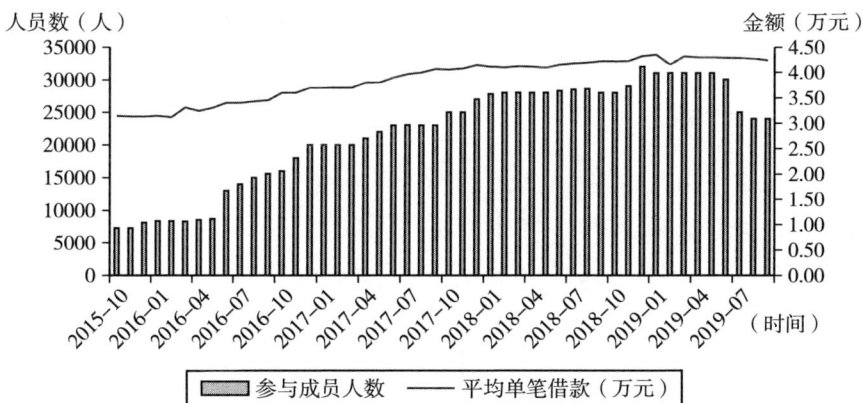

图 5 - 11　参与试点的农户数和平均单笔借贷金额

注：左纵轴表示参与人员数（人）；右纵轴表示平均单笔借款数（万元）。

资料来源：山东省金融监督管理局。

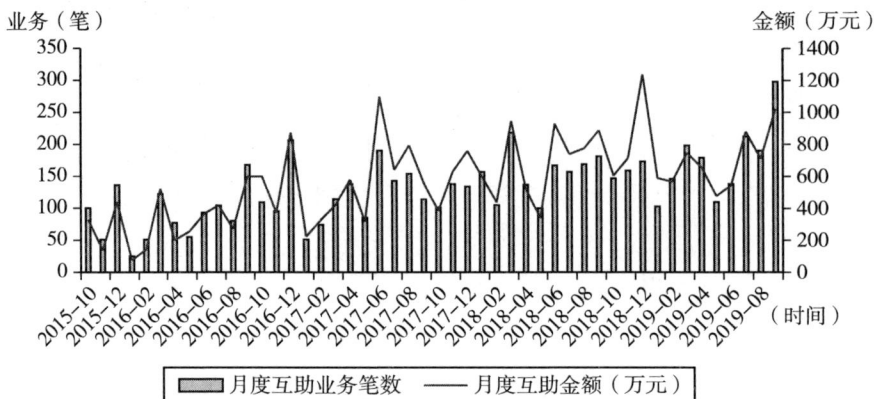

图 5 – 12　月度资金互助业务发展情况

注：左纵轴表示月度互助业务笔数（笔）；右纵轴表示月度互助金额（万元）。

5.4　案 例 分 析

潍坊市和枣庄市均为山东省农民专业合作社信用互助模式的主要试点地级市，其典型案例较具剖析价值。

5.4.1　潍坊市的农民专业合作社信用互助业务试点①

1. 总体情况

潍坊市是山东省幅员较大的地级市；全市下辖 4 个区、2 个县并代管 6 个县级市；截至 2018 年末的常住人口为 937.3 万，其中农村人口占比 38.2%。2018 年度三个产业的增加值占比分别为 8.3∶44.5∶47.2；2019 年度的初步估算实现增加值为 5688.5 亿元。

潍坊市农业相对发达，例如寿光蔬菜全国驰名。目前该市信用互助业务的试点范围涵盖 11 个县（市区），共计 74 家农民专业合作社获取信用互助业务资格；截至 2018 年末累计完成信用互助业务 1094 笔，互

—————————

　① 资料来源：潍坊统计局信息网：http：//tjj. weifang. gov. cn/；潍坊地方金融监督管理局官网：http：//jrzqb. weifang. gov. cn/.

助金累计达 4584.46 万元。其中青州市截至 2019 年 2 月累计审批 9 家
信用互助试点合作社，占潍坊市全部试点合作社的 1/8 左右，并完成互
助业务 435 笔，互助金额 1479 万元，在潍坊市互助金总额中的占比
较大。

目前潍坊市的信用互助业务试点主要有四种模式，具体内容及典型
案例如表 5-5 所示。

表 5-5　　　　潍坊市信用互助试点的主要模式（按发起人区分）

典型合作社的名称及成立时间	模式特点
青州市家家富果蔬专业合作（2010 年）	农业龙头企业领办模式
青州市巨银瓜菜生产专业合作社（2009 年）	乡供销社领办模式
临朐县佳福奶牛养殖合作社（2006 年）	能人领办模式
寿光市洛城街道斟都果菜专业合作社（2008 年）	村干部领办模式

资料来源：丁玉，汪小亚. 山东潍坊市信用互助试点的经验和启示 [J]. 清华金融评论，
2016（12）：69-72.

2. JF 合作社信用互助业务模式分析

临朐县养殖业相对发达；是全国牛奶生产 50 强县之一。其境内的
临朐县 JF 合作社主营奶牛养殖，信用互助业务运行情况良好，颇具典
型意义。

JF 合作社成立于 2006 年，是国家级示范农民专业合作社，现有社
员 35 位。该合作社奶牛养殖规模较大，目前存栏奶牛数约 12680 头；
实行社内统购统销；与汇源、蒙牛等大型农业龙头企业长期维持经营合
作关系，是山东省"银行 + 品牌龙头企业 + 试点合作社 + 社员"模式
的典型之一。

2015 年初，JF 合作社获批成为农民专业合作社信用互助业务试点
单位。首批共有 24 名社员参与试点，以股金的形式筹集互助金 76
万元。

（1）JF 合作社信用互助业务的基本情况。

JF 合作社内设信用互助部。其信用互助业务严格遵循试点方案要求，
恪守社员制、封闭性、不吸储放贷，不支付固定回报，不对外投资，不以

营利为目的等原则。截至 2018 年末累计发生信用互助业务 9 笔，共计 26.8 万元，业务发生数在全县 13 家试点合作社中的占比约 1/7。

（2）JF 合作社信用互助业务模式的基本特点：①能人领办。JF 合作社的理事长精通牲畜养护技术，在乡邻中的声誉口碑颇佳，而且资本相对雄厚，作为合作社的带头人深受社员信任。这种情况自然有助于提升社员参与合作社经营的积极性。②承诺出借。JF 合作社不设资金池。其信用互助业务实行承诺出借、以需定缴的办法。亦即当有社员产生资金借入需求时，再由合乎资格要求的社员自愿承诺出借资金。③鼓励社员诚实守信。合作社定期考评成员的信用，并设置互助借入资金的信用门槛，在合作社内着意培育诚信互助的社会生态。④为社员获得银行信用提供担保。合作社采取标准化、集约化、现代化生产模式，并统一开拓市场购销渠道，因此社员收入相对稳定可预期。再辅以合作社的担保，社员更易于取得银行信贷支持。

5.4.2　枣庄市的农民专业合作社信用互助业务试点①

1. 总体情况

枣庄市是山东省幅员较小的地级市；全市下辖 5 个区，并代管 1 个市；截至 2018 年末的常住人口为 392.73 万；其中农村人口约占总人口的 2/5。枣庄市 2018 年度的三次产业结构为 9.4∶43.5∶47.1；2019 年度的增加值初步核算数为 1693.91 亿元；其中第一产业增加值 158.87 亿元。

早在 2015 年初山东省全面铺开农民专业合作社信用互助业务试点之前，枣庄市就已经开始了类似的尝试。这些信用互助业务创新以供销社为核心，并形成了诸如"专业社 + 政策性银行 + 农合担保公司"等多种模式。

自 2015 年初开始农民专业合作社信用互助业务试点以来，枣庄市参与试点的合作社数目逐步增加。截至 2019 年末，扣除 5 家退出试点的合作社，尚有 20 家农民专业合作社参与信用互助业务试点，累计互

---

① 资料来源：枣庄统计局信息网：http：//www.zztjj.gov.cn/；枣庄地方金融监督管理局官网：http：//sdfjrjgj.zaozhuang.gov.cn/.

助金额 2617 万元。

2. 枣庄市农民专业合作社信用互助业务模式分析

（1）信用互助的主要模式有三种模式。

第一种是典型的农民专业合作社信用互助模式。例如峄城区阴平镇斜屋村长红枣专业合作社开展的信用互助业务。此外还有一些生产经营或服务原本不同的小型合作社联合成立大型专业合作社，并在该大型专业合作社的框架内开展信用互助业务。例如市中区龙泉园林花木资金互助合作社就是由四个小合作社组成。这些小合作社分别变身成为大型合作社的农机部、园林部、种子部和机房部。这种小型合作社的联合有助于形成规模经营效益。

第二种模式是联合各专业合作社，并引入担保公司和银行，从而既生成规模经济，又可拓展融资渠道。例如山亭区供销合作社在基础较好的农民合作社开展资金互助，组建了两个乡（镇）级资金互助平台，并成立区农合信用担保公司，为农民专业合作社从银行融资提供担保。具体地，首先由银行对农民专业合作社整体授信，然后农民专业合作社评估社员风险，再将贷款"批发"转"零售"，在社员间调剂使用，贷款到期时由农民专业合作社负责整体还本付息，从而形成"供销社 + 担保公司 + 银行 + 农民专业合作社"的融资服务体系，并实现了全区农民合作社资金的有效调剂（艾永梅，2015）。这种模式实质上是第一种典型模式的升级拓展版。

第三种模式可称之为社区信用互助模式。例如滕州市半阁村信诚农村信用互助合作社本身就具有法人资格，因此并不以农民专业合作社为依托，其社员主要来自信用良好的农民专业合作社。目前滕州市共有 5 家社区信用互助型合作社，其互助金借出额约为第一种模式的 8 倍。这种信用互助模式实质上相当于其他地区的农村（或农民）资金互助社。

（2）信用互助业务的实施。

枣庄市的合作社信用互助模式恪守"内部互助、承诺出资、一人一户、用时互助"四项原则，重点监控"社员申请、民主决策、两次转账、按季分红"四个关键节点的运作规范性，每一笔信用互助业务都必须依次走完"出资承诺、银行托管、评议授信、借款申请、审核审批、签订合同、资金发放、借后管理"八个环节。

171

此外，枣庄市还要求合作社的信用互助审批小组必须对借出款项实行"双印鉴"审批制度，亦即只有获得合作社法人和信用互助业务经办负责人两个鉴章，互助借出的审批才算生效。并要求社员所借入的互助金只能用于农业生产，且借款期限不能超过一年，借款担保人须为本社社员。

5.5 本章小结

山东省农民专业合作社信用互助业务，指的就是依法取得试点资格的农民专业合作社在本社社员之间开展的资金互助融通行为。社员间互助融通的资金主要用于支持农民专业合作社生产经营，应属于流动性资金需求。

山东省农民专业合作社信用互助业务现行模式的实质就是基于社会资本开展信用互助合作。它属于民间金融的范畴，由地方政府监管，有四个核心属性：合作金融性；非独立金融机构法人性；无风险性；服务实体经济性。

现行山东省农民专业合作社信用互助模式坚持"小额、短期"的借贷原则、社员自愿合作资金互助原则、独立核算和自负盈亏原则、不以营利为目的原则和严格执行社员身份属地管理原则，严禁设置资金池。

第6章 农民专业合作社信用互助模式的绩效评价：以山东省为例

6.1 山东省农民专业合作社信用互助模式的宏观绩效分析

6.1.1 变量的选取及其描述性统计分析

尽管现行模式要求信用互助资金只能用于满足农户的流动性资金需求，但既然农户通过信用互助方式解决了流动性资金需求，也就可以将腾挪节省下来的自有资金转用于追加固定资产投资。而且流动资金与固定资产投资的变动高度正相关，配套流动资金来源渠道的增加可以为固定资产投资的增加创造条件。由此可见，信用互助业务的增长与农户投资的增加正相关。实际上，刺激农户的投资意愿或者满足农户在生产经营和追加投资过程中对资金的需求，正是创新农村信用互助模式的直接目的。基于上述思路，这里选取山东省农户投资额为被解释变量（记做tou），用以体现信用互助模式的宏观绩效。

很多因素都能影响到农户的投资意愿，但本书最感兴趣的是信用互助业务拓展对农户投资的影响。由此，本书选定的其他影响因素都将被视作控制变量。其具体选定思路如下。

（1）投资资金源于储蓄。伴随着农户收入水平的提高，农户的投资意愿和能力都会相应提高。因此这里选取山东省农村居民人均可支配收入（记做shou）作为山东省农户投资额的解释变量（控制变量）。

（2）经济增长率是衡量国民经济繁荣度的重要指标。市场景气状况与整个社会对农产品的需求状况正相关。山东是农业大省，农产品在全国市场的占比很高。但考虑到农产品时令性强的特性，本地市场仍是农产品的主要消费市场，因此这里选取山东省的经济增长率（记做GDP）作为山东省农户投资额的解释变量（控制变量），用以体现农产品国内市场需求对农户投资的影响。

（3）"自有资金＋信贷融资"是筹措投资资金的标配结构。但考虑到信用互助远非农户融资的首选渠道，因此这里选取山东省资金互助的月度发生额（记做 hu）和山东省其他涉农信贷余额（记做 she）两个指标作为山东省农户投资额的解释变量。严格地说，其他涉农信贷余额应包括正规金融机构的信贷投放以及诸如小贷公司、亲朋好友借贷等民间借贷借入的资金。但由于相关数据不全，因此这里采用山东省正规金融机构的涉农贷款余额作为近似替代，用以体现互助金借出（狭义解释变量）和银行涉农信贷投放（控制变量）对农户投资的影响。

（4）山东省是我国第一大农水产品出口省（区、市）。2018 年度的农产品出口达 1150.3 亿元，农产品出口额占全省出口总额的10.9%，是全国首个农产品出口超千亿省份，占全国农产品出口总额的 20% 以上；连续二十年位居全国首位。出口活跃自然刺激农户追加投资，因此这里选取山东省农产品出口额（记做 Exp）作为山东省农户投资额的解释变量（控制变量），用以体现农产品国外市场需求对农户投资的影响。

上述指标的月度时间序列数据来源于 2015 年 10 月至 2019 年 11 月山东省金融监督管理局以及山东省统计局官网的统计年鉴。基于农业生产的特性，相关月份数据的季节波动较大，因此本书首先对原始数据实施季节性调整，并取对数。相关描述性统计结果如表 6-1 所示。

表6-1　　　　　　　　各指标的描述性统计结果　　　　　　单位：万元

变量	平均值	标准差	最小值	最大值
tou	80.91204	1.115368	78.48118	82.63547
shou	3515.273	1451.600	1198.063	6044.452
hu	581.1506	266.2842	75.4000	1237.400

续表

变量	平均值	标准差	最小值	最大值
she	2164. 605	103. 6744	1981. 916	2388. 515
GDP	0. 0669526	0. 0032048	0. 0597037	0. 0701481
exp	14. 34213	0. 7844357	13. 02701	16. 12649

资料来源：山东省统计局。

6.1.2　实证分析的基本思路

本书拟采用向量自回归（VAR）模型来考察上述六个变量间的动态互动关系。当然，时间序列分析本身并不能实证变量间的逻辑因果关系。山东省农户投资额（tou）与其他五个变量间的逻辑因果关系完全是我们在 5.1.1 理论推理的结果。这里使用 VAR 模型实施时间序列互动分析的目的只是要在给定逻辑因果关系的基础上进一步地获取变量间互动的数量关系，并比较诸变量对农户投资的相对影响力。

VAR 模型的特色就是把所有变量都视作内生变量，把每一个内生变量都作为所有内生变量滞后项的函数，凭以预测和分析内生变量系统对外在随机扰动的动态响应方式。

为避免伪回归，本模型将首先对各变量样本数据做 ADF 平稳性检验，以确保各变量样本数据平稳或差分后平稳。并在条件具备（例如同阶单整）的前提下对各变量实施协整分析，以确认变量间存在长期均衡关系。

在确信向量自回归模型特征多项式根的倒数全都位于单位元内部，从而变量皆平稳之后，再对内生变量实施格兰杰（Granger）因果检验和脉冲响应分析。其中，格兰杰因果检验主要验证两个变量间的统计相关性，亦即某变量的当期值能在多大程度上被其他变量的既往轨迹所解释；或者考察其他变量的波动轨迹是否有助于预测某变量的波动趋势。如果检验结果表明该变量确实显著受到其他变量的滞后影响，则说明这些变量间存在格兰杰因果关系，并且其他变量是该变量的格兰杰原因。至于脉冲响应分析，可在逻辑上理解为格兰杰检验的深化，可用于观察特定变量对其他变量所遭受的外部冲击的动态响应方式。

在重点观察分析被解释变量山东省农户投资额对各解释变量所遭受

的外部冲击的动态响应方式之后，本书将进一步实施方差分析，用以评价其他五个解释变量对被解释变量波动的贡献度，进而鉴别这五个解释变量对被解释变量山东省农户投资额波动的相对重要性。

6.1.3 实证分析过程及其主要结论

1. 平稳性检验

使用 Stata 15 软件对六个变量实施 ADF 单位根检验，结果显示原始数据序列山东省农村居民人均可支配收入、山东省其他涉农信贷余额、山东省经济增长率、山东省农产品出口额为非平稳变量。取一阶差分后，所有数据序列在 5% 的显著水平下都实现了一阶单整平稳。如表 6-2 所示。

表 6-2 　　　　　　　　　　　　ADF 检验结果

变量	ADF 检验值	P 值	是否平稳
lntou	-3.756	0.0034	是
d. lnshou	-4.152	0.0008	是
lnhu	-4.477	0.0002	是
d. lnshe	-3.761	0.0033	是
d. gdp	-3.712	0.0039	是
d. exp	-3.208	0.0195	是

当滞后三阶时所有单位根的倒数均位于单位圆内，因此不能否认 VAR 模型稳定。

2. VAR 模型参数的估计

基于平稳后的六个变量，构造 VAR 模型：

$$\begin{pmatrix} tou_t \\ shou_{1t} \\ hu_{2t} \\ she_{3t} \\ gdp_{4t} \\ exp_{5t} \end{pmatrix} = \Pi_1 \begin{pmatrix} tou_{t-1} \\ shou_{1,t-1} \\ hu_{2,t-1} \\ she_{3,t-1} \\ gdp_{4,t-1} \\ exp_{5,t-1} \end{pmatrix} + \cdots + \Pi_p \begin{pmatrix} tou_{t-p} \\ shou_{1,t-p} \\ hu_{2,t-p} \\ she_{3,t-p} \\ gdp_{4,t-p} \\ exp_{5,t-p} \end{pmatrix} + \varepsilon_t$$

（1）最优滞后阶数的确定。

分别运用 FPE 准则、AIC 准则、SC 准则和 HQ 准则，选定该 VAR 模型的最优滞后阶数 p。相应结果如表 6 - 3 所示。可见 FPE 准则、AIC 准则、SC 准则和 HQ 准则皆倾向于滞后 3 阶，因此选取最优滞后阶数 3。

表 6 - 3　　　　　　　　　滞后阶数判断结果

滞后阶数	FPE	AIC	HQIC	SBIC
0	1. 50E - 25	- 40. 1156	- 40. 0258	- 39. 8747
1	5. 80E - 30	- 50. 3067	- 49. 6781	- 48. 6205
2	7. 30E - 33	- 57. 0658	- 55. 8983	- 53. 9342
3	6. 9E - 36 *	- 64. 2696 *	- 62. 5634 *	- 59. 6927 *
4	1. 10E - 35	- 64. 185	- 62. 0297	- 58. 4036

注：* 反映了不同准则下对滞后阶数的选取。

（2）格兰杰因果检验。

如表 6 - 4 所示。在 5% 显著性水平下，山东省资金互助月度发生额 hu 和经济增长率 GDP 都是农户投资 tou 的格兰杰原因；tou、其他涉农信贷余额 she 和山东省农产品出口 exp 是农村居民人均可支配收入 shou 的格兰杰原因；tou、shou 和 she 是 hu 的格兰杰原因；tou、GDP 和 exp 是 she 的格兰杰原因；tou、she 和 exp 是 GDP 的格兰杰原因；tou、she 和 GDP 是 exp 的格兰杰原因。

表 6-4　　　　　　　　　　格兰杰因果检验结果

零假设	F 统计量	P 值
d. lnshou 不是 lntou 的格兰杰原因	1.7644	0.623
lnhu 不是 lntou 的格兰杰原因	11.74	0.008***
d. lnshe 不是 lntou 的格兰杰原因	5.5412	0.136
d. gdp 不是 lntou 的格兰杰原因	14.747	0.002***
d. lnexp 不是 lntou 的格兰杰原因	4.7356	0.192
lntou 不是 d. lnshou 的格兰杰原因	8.7151	0.033**
lnhu 不是 d. lnshou 的格兰杰原因	3.8686	0.276
d. lnshe 不是 d. lnshou 的格兰杰原因	6.9229	0.074*
d. gdp 不是 d. lnshou 的格兰杰原因	5.7392	0.125
d. lnexp 不是 d. lnshou 的格兰杰原因	7.3211	0.062*
lntou 不是 lnhu 的格兰杰原因	6.9427	0.074*
d. lnshou 不是 lnhu 的格兰杰原因	9.6543	0.022**
d. lnshe 不是 lnhu 的格兰杰原因	6.4043	0.094*
d. gdp 不是 lnhu 的格兰杰原因	1.1701	0.76
d. lnexp 不是 lnhu 的格兰杰原因	6.0611	0.109
lntou 不是 d. lnshe 的格兰杰原因	16.15	0.001***
d. lnshou 不是 d. lnshe 的格兰杰原因	3.147	0.37
lnhu 不是 d. lnshe 的格兰杰原因	2.648	0.449
d. gdp 不是 d. lnshe 的格兰杰原因	18.51	0.000***
d. lnexp 不是 d. lnshe 的格兰杰原因	15.001	0.002***
Lntou 不是 d. gdp 的格兰杰原因	8.4116	0.038**
d. lnshou 不是 d. gdp 的格兰杰原因	1.0206	0.796
lnhu 不是 d. gdp 的格兰杰原因	2.0051	0.571
d. lnshe 不是 d. gdp 的格兰杰原因	7.2829	0.063*
d. lnexp 不是 d. gdp 的格兰杰原因	7.4765	0.058*
lntou 不是 d. lnexp 的格兰杰原因	13.433	0.004***
d. lnshou 不是 d. lnexp 的格兰杰原因	2.8342	0.418
lnhu 不是 d. lnexp 的格兰杰原因	2.2938	0.514

续表

零假设	F 统计量	P 值
d. lnshe 不是 d. lnexp 的格兰杰原因	11. 538	0. 009 ***
d. gdp 不是 d. lnexp 的格兰杰原因	13. 909	0. 003 ***

注：***、**、*分别表示系数在1%、5%和10%的置信水平下统计显著。

山东省农村资金互助规模是农户投资的格兰杰原因这一结论表明，信用互助业务对农户投资波动的解释很显著，因而不能否认山东省农村信用互助模式创新显著影响农户投资意愿和投资状况这一逻辑推理的结论。

不过，农户投资等变量同时也是农村资金互助规模的格兰杰原因。因此综合考虑，资金互助规模和农户投资两个变量很可能同时受到某个（些）因素的影响。这体现了经济系统诸变量间相互影响的交织性。

（3）脉冲响应函数。

如图6-1、图6-2所示，其横轴显示冲击响应的滞后期（月份）数；纵轴显示山东省农户投资变量对外部冲击的响应值；图中曲线分别为山东省农户投资变量对其他五个变量的脉冲响应函数；阴影区域是置信度为5%时的置信区间。

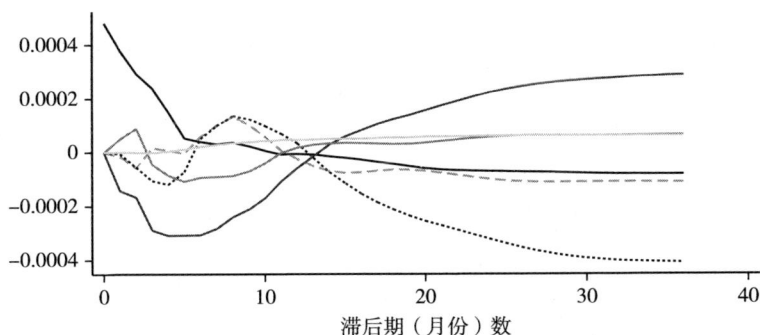

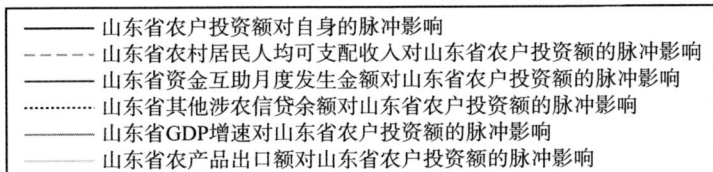

179

山东省农户投资额对自身的脉冲影响
山东省农村居民人均可支配收入对山东省农户投资额的脉冲影响
山东省资金互助月度发生金额对山东省农户投资额的脉冲影响
山东省其他涉农信贷余额对山东省农户投资额的脉冲影响
山东省GDP增速对山东省农户投资额的脉冲影响
山东省农产品出口额对山东省农户投资额的脉冲影响

图6-1 农户投资脉冲响应

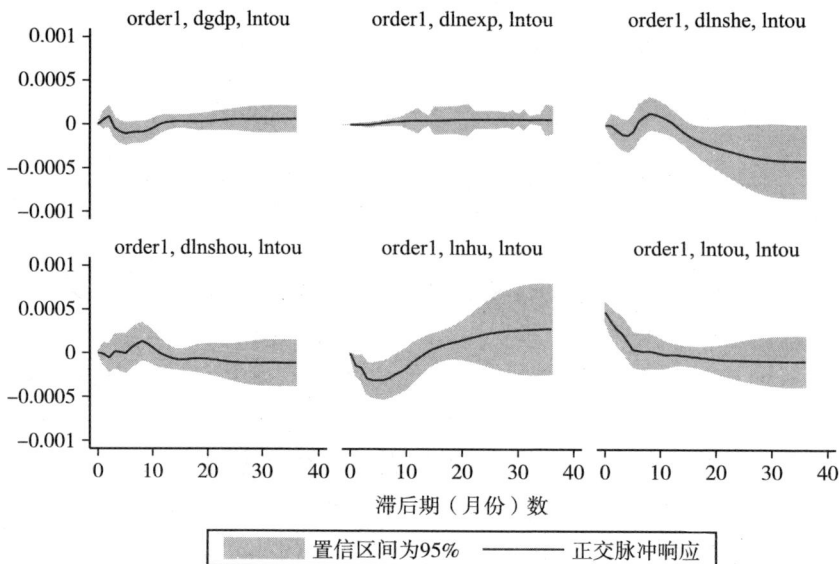

图 6 - 2　脉冲响应

　　显然，在分别对五个解释变量施加一个正的外部冲击之后，山东省的农户投资水平首先会发生一个短期剧烈波动，持续时间大约 12 ~ 15 个月，且整体响应偏于负向；然后从第 12 ~ 15 个月开始，诸外部冲击对农户投资的影响逐渐趋于稳定。

　　总体而言，农村信用互助模式对农户投资水平的长期影响最为显著。具体地，农户投资水平对信用互助交易规模的响应不仅正向，而且响应值较大。其道理不难理解：在五个解释变量中，信用互助与农户投资之间的因果逻辑关系最为直接。

　　农产品出口和 GDP 增速对农户投资的长期影响偏于正向，但相对较弱。尽管农村居民人均可支配收入对农户投资的长期影响比农产品出口和 GDP 增速要显著得多，但偏于负向。相对而言，金融机构涉农贷款对农户投资的长期影响更甚于资金互助业务，但却偏于负向。这几个实证结果与对相关变量之间逻辑因果关系的理论推演结论似乎不一致。不过这并不矛盾，因为时间序列分析的价值主要在于印证理论分析的结论；时间序列分析的结果并不足以推翻既有理论分析的逻辑。就这几个似乎不可信的实证结论而言，在样本数据质量尚可的前提下，一个合理的解释就是在农户投资与这几个变量间应该存在其他中介因素；这个

（些）中介因素对农户投资的冲击最终抵消（乃至于逆转）了金融机构涉农贷款等变量对农户投资的影响。

（4）方差分解。

脉冲响应函数刻画的是农户投资与各解释变量间的动态关系，而要估测这些解释变量对农户投资的相对影响力，则需在脉冲响应函数的基础上进行方差分解。如图6-3所示，横轴表示滞后期间数（月份）；纵轴表示各解释变量对农户投资波动的影响度（%）。

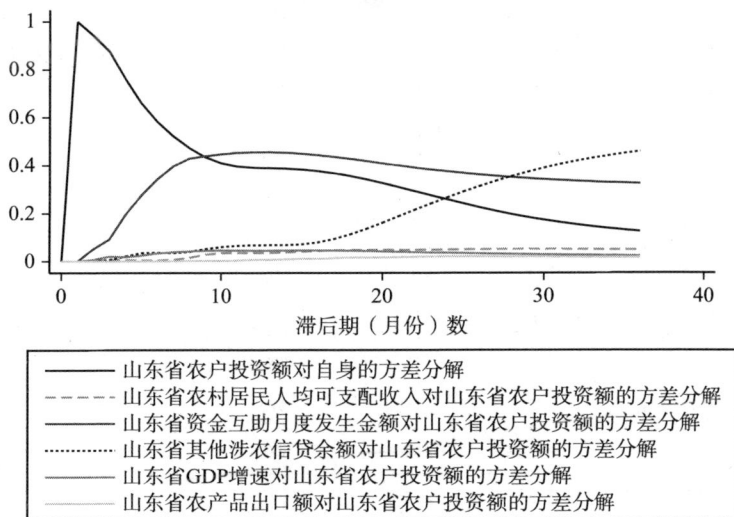

图6-3　方差分解

结合表6-5和图6-3可以看出，在不考虑农户投资自身波动贡献率的前提下，金融机构涉农贷款对农户投资波动的贡献率最大；信用互助模式的贡献率其次；并且信用互助模式对农户投资波动的贡献率在12~15个月之后便趋于稳定；但金融机构涉农贷款对农户投资波动的贡献率则需在28个月之后才趋于稳定。究其原因，主要源于金融机构涉农贷款仍牢牢占据农村信贷供给的主导地位；而信用互助模式的发展尚在初始阶段，互助金规模远不能与金融机构涉农贷款相抗衡。这个逻辑应该可以解释上述实证结果。

表 6 - 5 方差分解表

期数	lntou	d. lnshou	lnhu	d. lnshe	d. gdp	d. lnexp
1	1	0	0	0	0	0
2	0. 942169	0. 000612	0. 050972	0. 000064	0. 006181	1. 10E－06
3	0. 876054	0. 006728	0. 091316	0. 005854	0. 020048	9. 60E－07
4	0. 761768	0. 005593	0. 193264	0. 020906	0. 018463	7. 30E－06
5	0. 660008	0. 004703	0. 27638	0. 034655	0. 024233	0. 000021
6	0. 582324	0. 004144	0. 343709	0. 036024	0. 033631	0. 000168
7	0. 522102	0. 006958	0. 39721	0. 034723	0. 038417	0. 000589
8	0. 473225	0. 015053	0. 428739	0. 039881	0. 041874	0. 001228
9	0. 434944	0. 028143	0. 438997	0. 051404	0. 044471	0. 00204
10	0. 410161	0. 034189	0. 447094	0. 059919	0. 045617	0. 00302
11	0. 396802	0. 03545	0. 45335	0. 064893	0. 045289	0. 004215
12	0. 391612	0. 035012	0. 45563	0. 067426	0. 044696	0. 005624
13	0. 389507	0. 035266	0. 455564	0. 067842	0. 044665	0. 007156
14	0. 387787	0. 036967	0. 453651	0. 067834	0. 045014	0. 008746
15	0. 383919	0. 040006	0. 449498	0. 070945	0. 045304	0. 010328
16	0. 377114	0. 043287	0. 443606	0. 078837	0. 0453	0. 011856
17	0. 367348	0. 045837	0. 436038	0. 092658	0. 044833	0. 013286
18	0. 355028	0. 047235	0. 427527	0. 111731	0. 043888	0. 014591
19	0. 34087	0. 047778	0. 418377	0. 13466	0. 042559	0. 015755
20	0. 325396	0. 047865	0. 408599	0. 160381	0. 040995	0. 016764
21	0. 308955	0. 047859	0. 398906	0. 18731	0. 039372	0. 017598
22	0. 292038	0. 047946	0. 389945	0. 213991	0. 037824	0. 018256
23	0. 27488	0. 04822	0. 38164	0. 240147	0. 036383	0. 01873
24	0. 257681	0. 048702	0. 374029	0. 265531	0. 035042	0. 019015
25	0. 240862	0. 049325	0. 367184	0. 289695	0. 033799	0. 019135
26	0. 224809	0. 049954	0. 360929	0. 312556	0. 032629	0. 019123
27	0. 209784	0. 050453	0. 355242	0. 334	0. 03151	0. 01901
28	0. 195983	0. 050751	0. 350145	0. 353858	0. 03043	0. 018834

期数	lntou	d. lnshou	lnhu	d. lnshe	d. gdp	d. lnexp
29	0. 183491	0. 050839	0. 345532	0. 372127	0. 02939	0. 018621
30	0. 172275	0. 050754	0. 341374	0. 3888	0. 028405	0. 018391
31	0. 16226	0. 05055	0. 337707	0. 403835	0. 027492	0. 018157
32	0. 153332	0. 050276	0. 33449	0. 417316	0. 026659	0. 017927
33	0. 145356	0. 049976	0. 331684	0. 429372	0. 025907	0. 017704
34	0. 138211	0. 049681	0. 329267	0. 440118	0. 025236	0. 017488
35	0. 131789	0. 049405	0. 327186	0. 449703	0. 024638	0. 017279
36	0. 125997	0. 049151	0. 32539	0. 458279	0. 024106	0. 017077

经济增速和农产品出口对农户投资波动的贡献率都很低。这两个解释变量相对稳定应是一个主要促成因素。但经济增速对农户投资波动的贡献率略高于出口的波动。这也不难理解：国内市场毕竟是农产品的主要消费市场。

3. 实证结论

上述实证分析表明，山东省各级政府积极推动信用互助模式试点工作，显著刺激了农户的投资意愿，应是近年来山东省农户投资逐步增加的重要影响因素。但尽管如此，农村信用互助模式仍不足以撼动正规金融机构在农村信贷市场的主导地位。因此正规金融机构的涉农信贷投放仍是影响农民投资最为关键的因素。

6.2 山东省农民专业合作社信用互助模式的微观绩效分析

为实地了解山东省农民专业合作社信用互助模式的微观绩效，笔者于 2017 年 7 月至 8 月间专门组织实施了一次田野调查。调研对象为山东省某农业大市，取样范围覆盖该市属 6 个县（区）的 25 个行政村，总共发放问卷 1300 多份，回收有效答卷 956 份。

6.2.1 农户个人社会资本对信用互助的实际影响

农户的融资决策受到诸多因素影响，其融资状况实际上是诸多因素综合作用的结果。本节将探究农户融资决策与主要影响因素之间的具体函数关系。

1. 农户信贷需求主要影响因素分析

（1）构造 Logit 模型分析框架的基本思路。

作为一种非线性概率回归模型，logit 模型被广泛应用于影响因素分析。为便于阐述构造该模型分析框架的基本思路，这里首先定义如下几个变量：

①用逻辑变量 Y_i 表示第 i 个农户所做出的具体融资决策。其中 $Y_i = 1$ 表示该农户选择做出"融资"的决定；$Y_i = 0$ 表示该农户选择做出"不融资"的决定；

②用 $x_i = (1, x_{i1}, x_{i2}, \cdots, x_{ik})'$ 表示第 i 个农户融资决策的 k 个影响因素；

③用 ε_i 表示其他（随机）因素对第 i 个农户融资决策的综合影响；

④令 $\beta = (\beta_0, \beta_1, \beta_2, \cdots, \beta_k)'$ 为由常数项和诸回归系数组成的列向量。

则可得如下形式的概率结构式：

$$P(Y_i = 1 \mid X_i) = 1 - F_i(-X_i'\beta) = F_i(X_i'\beta)$$

其中，$P(Y_i = 1 \mid X_i)$ 为第 i 个农户选择做出"融资"决定的可能性；$F_i(X_i'\beta)$ 为该农户的决策分布函数。

设若 ε_i 服从逻辑分布，并令 ln 为自然对数符号，便可得到如下形式的 logit 模型：

$$\ln \frac{P(Y_i = 1 \mid X_i)}{P(Y_i = 0 \mid X_i)} = x_i'\beta$$

（2）农户信贷需求主要影响因素的选定。

尽管影响农户融资决策的因素很多，但如下六大类因素值得特别关注：

①储蓄水平。该指标相当于农户的自有资金量。一般来说，银行储蓄越多，农户借贷的意愿越低。

②收入水平和是否有抵押物。这里的收入指的是农户家庭的现有总收入，不包括该农户拟借款项目的潜在收入。这两个指标都反映了农户还本付息的能力。有足额抵押物的农户还本付息的能力自然较强。收入稳定且较高的农户还本付息的能力接近于有抵押物农户。

③农户经营的主业。农户经营的主业通常就是其借款的用途之所在。经营主业的不同主要反映了农户潜在收入的稳定性和充沛性。这是一个与收入水平作用类似但相对间接的因素。一般地说，从事非农业经营项目的农户融资意愿较强；从事经济作物栽培或养殖的农户融资意愿次之；从事传统农业经营（粮食种植）的农户融资意愿最低。

④农户的年龄和受教育程度。这两个因素的作用类似于经营主业，但对农户融资意愿的影响力次之。一般地说，受教育程度较高、年龄较轻的农户融资意愿更强些。

⑤借贷利率。借贷利率越低，融资意愿越强。

⑥借款的难易程度。金融机构借贷业务流程越烦琐、借贷门槛越高、金融机构的营业网点距离农户居住地越遥远，借款越难。民间借贷的人情世故压力越大，借款越难。而借款越难，农户融资的意愿就越低。

基于上述逻辑，考虑到调研目的以及信息的可获得性，并结合显著性检验的结果，本模型最终选取储蓄水平、是否有抵押物、收入水平、借贷利率、农户经营主业、农户年龄、受教育程度、借款难易程度8个指标作为影响农户融资意愿的自变量（分别记作 X_j，$j=1$，2，…，8），如表 6-6 所示。

表 6-6　　农户信贷供求影响 Logit 分析因素的定义与说明

变量	变量名称及符号	变量定义
因变量	Y_1：有无信贷需求	没有 =0；有 =1
	Y_2：是否向亲戚朋友借过钱	没有 =0；有 =1
	Y_3：向亲朋借钱是否得到满足	
	Y_4：是否向正规金融机构借过钱	没有 =0；有 =1
	Y_5：正规金融贷款需求是否得到满足	
	Y_6：是否有非正规金融机构信贷需求	没有 =0；有 =1
	Y_7：非正规金融机构信贷是否得到满足	

变量	变量名称及符号	变量定义
自变量	X_1：储蓄水平	5000 元以下 =0；5000 ~2 万元 =1；2 万 ~5 万元 =2；5 万 ~10 万元 =3；10 万元以上 =4
	X_2：农户年龄	30 岁及以下 =0；31 ~40 岁 =1；41 ~50 岁 =2；51 ~60 =3；61 岁及以上 =4
	X_3：经营主业	非农业 =1；农业 =0
	X_4：是否有抵押物	没有 =0；有 =1
	X_5：受教育程度	小学及以下 =0；初中 =1；高中 =2；大专及以上 =3
	X_6：收入水平	3 万元及以下 =0；3 万 ~5 万元 =1；5 万 ~10 万元 =2；10 万元及以上 =3
	X_7：借贷利率	较低 =0；较高 =1
	X_8：借款难易程度	不难 =0；难 =1

在因变量的选取上，本书将首先分析影响农户信贷需求的主要因素；再将借款渠道分为向亲戚朋友借款、向正规金融机构借款、向非正规金融机构借贷三大类型，逐一分析农户从这三个渠道的融资状况。从而将因变量分别确定为有无信贷需求；是否向亲戚朋友借过钱；面向亲朋好友的融资需求是否得到满足；是否向正规金融机构借过钱；面向正规金融机构的融资需求是否得到满足；是否曾向非正规金融机构借贷，面向非正规金融机构的借贷需求是否得到满足（分别记作 Y_i，$i = 1, 2, \cdots, 7$）；依次建立 Logit 回归模型。

根据笔者的调研经验，个人社会资本是农户向亲朋好友借款的主要依据，也是向非正规金融机构借款的重要依据；不过，尽管不能排除一部分农户的个人社会资本（例如在正规金融机构有亲朋好友等）确实发挥了很大作用，但总体而言农户个人社会资本在向正规金融机构借款过程中的效能有限，甚至可以忽略不计，否则便不会出现农户融资难这一普遍社会现象。

2. 样本数据的获得

（1）调研问卷的信度分析。

为强化调研问卷的内部一致性，在设计问卷时笔者便有意增加从不同侧面刻画同一概念的问项题数，并舍弃了一些回答计分平均数很可能会趋向两个极端点的问项。此外还舍弃了计分方差偏低的问项以及预估单项总分相关系数很可能偏低的问项。经使用 Stata 15 软件测算，本次调研问卷的 Cronbach's $\alpha = 0.73$，说明内部一致性的可信度较高，调查问卷设计得较好。

在设计调研问卷时笔者参考了大量相关文献，事后证明本次调研结果与相关文献可以相互印证和相互补充，从而说明调研问卷具有较好的外在稳定性。

（2）调研问卷的效度分析。

考虑到调研内容效度的把握较为重要，因此笔者在设计调研问卷时着意重点把握好如下两个要点：一是调研问卷所能发现的是否就是我们所关心的；二是调研问卷的项目安排是否足以提取我们感兴趣的信息。为此，笔者一方面检索参考了相关调研案例，以求博采众长，另一方面也咨询了一些专家同事的意见，最终形成调研问卷文案。因此效度应该是可靠的。

3. Logit 模型的实证分析及其主要结论

（1）基于个人社会资本的信用互助是农户融资的主要途径。

在本次调研所获取的 956 个有效样本中，有资金需求的农户达 837 个。占比高达 87.6%，说明农户的信贷需求很旺。而在这些存在资金需求的农户中，选择向亲朋好友借款的农户达 651 个；选择向非正规金融机构借款的 52 户；选择向正规金融机构借款的 206 个。前两者的占比高达 85.4%，说明目前信用互助（民间借贷）仍是满足农户融资需求的主要渠道。

在向亲朋好友借款的 651 个样本中，592 个农户据称满足了自己的资金需求，占比达 90.80%；在正规金融机构的 206 个样本中，137 个农户据称满足了自己的资金需求，占比为 66.51%；在非正规金融机构信贷需求的农户 52 户中，有 33 户的资金需求得到了满足，占比为 63.46%。民间金融的满足率高达 88.91%，因此我国民间金融的供给效率明显高于正规金融。这说明个人社会资本在民间信用互助中的效能较高。

在本次调研中，我们发现农户的信贷需求可划分为两大类：一是生产经营性信贷需求；二是生活消费性信贷需求。其中生产经营性信贷主要用于购置农业机械、建造养殖大棚等；生活消费性信贷主要用于建造住房、医疗、婚娶、子女教育等。相较于生产经营性融资需求，生活消费性融资需求的违约风险较高。但在我们的调研所及范围内，农户的生活消费性信贷完全经由向亲朋好友借款等民间借贷途径解决。这是个人社会资本在民间信用互助中效能显著的有力证据。

（2）Logit 模型的实证分析及其主要结论。

在确定出 Logit 回归模型的因变量与自变量之后，便可基于 956 个有效样本，实施 Logit 回归分析，获取各参数的 MLE 估计。

①拟合优度检验。基于相关理论与经验，综合考虑各种因素，本书使用似然比指数（likelihood-ratio index）、MacFadden's R^2 和 AIC（Akaike，1995）来评价模型的拟合程度。经测算本模型的 MacFadden's R^2 均不低于 0.837524，AIC 得值均不高于 0.365420，说明回归方程对样本数据的拟合程度较好。

②显著性检验。本书分别实施了模型（单个）回归系数的显著性检验和模型整体的（联合）显著性检验。

考虑到 Logit 模型回归系数的 MLE 估计是总体参数渐进无偏和有效的点估计，且近似服从正态分布，因此当样本规模很大时，可使用 Z 统计量（参数估计值与其标准误之比）来检验特定回归系数是否等于零。而当样本规模较小时，应使用 t 统计量实施回归系数的显著性检验。其他常用的检验方法还有 Wald 检验、似然比检验（LR test）等。

尽管本次调研所获取的有效样本容量较大，但出于偏好，仍采用 t 检验法完成了各回归系数的显著性检验。并且在检验过程中已剔除明显不显著的变量，因此上述 8 个变量都是显著性尚可（或者在不同模型方程式中分别显示显著性）的变量。

类似于线性模型的 F 检验，Logit 模型可使用 Wald 检验或者似然比检验（LR test）来考察全体自变量对因变量的联合显著性。似然比统计量近似地服从 χ^2 分布（Greene，1990）。零假设为除常数项之外的所有系数均等于零。设若模型 χ^2（Model Chi – Square Statistic）的检验结果显著，就可以拒绝零假设，认定模型总体显著。

经测算，本模型整体显著性检验 LR 统计量（LR statistic）的得值均不低于 704.1507，P 值均不高于 0.1，甚或为 0.000，因此检验结果显著。

③多重共线性检验。国民经济系统是一个有机整体，各变量间或多或少都存在相关性，因此几乎所有回归模型都不同程度地存在多重共线性。设若自变量间的多重共线性不很严重，则参数估计仍可维持良好的统计性质；否则，将会显著影响（增大）参数估计的标准误。这就意味着参数的估计值对样本或模型设置方式过于敏感，模型的稳定性太差。

经测算各模型的多重共线性尚在可接受的范围之内。考虑其原因有二：一是早在自变量的选定过程中就高度重视避免指标间的重复问题；二是有效样本的容量较为充足。

④实证分析的主要结果与评价。

（a）关于是否有融资需求的回归分析。从表6-7可以看出，除了农户年龄、受教育程度和借贷利率三个变量以外，储蓄水平、经营主业、是否有抵押物、收入水平、借款难易程度五个变量均通过了置信水平为90%的显著性检验，表示这些解释变量对农户的融资决策影响显著。显著性排序依次为储蓄水平、收入水平、借款难易程度、经营主业、是否有抵押物、借贷利率、农户年龄、受教育程度。

表6-7　　　　影响农户信贷需求因素的 Logit 分析估计结果

因变量：Y_1 有无信贷需求				
样本容量：956，无资金需求的样本个数：119，有资金需求的样本个数：837				
自变量	Coefficient	Std. Error	t – Statistic	Prob
X_1 储蓄水平	-2.746289	1.398638	-1.963545	0.0551
X_2 农户年龄	0.172013	0.160123	1.074255	0.7036
X_3 经营主业	-1.939871	1.538320	-1.961032	0.0565
X_4 是否有抵押	1.199874	1.063995	2.127708	0.0374
X_5 受教育程度	0.011462	0.011447	1.001325	0.7237
X_6 收入水平	2.521287	1.453807	1.734265	0.0932
X_7 借贷利率	1.090044	0.997541	1.092731	0.6684
X_8 借款难易度	-2.389741	1.558101	-2.533752	0.0091

农户受教育程度对农户融资决策的影响不显著，这可能是由于农户

受教育程度普遍较低且差异不大的缘故。农户年龄对其融资决策的影响不显著，这可能是由于年龄的高低不足以影响务农以及农业产出价值创造的缘故。至于借贷利率对农户融资决策的影响不显著，这可能一方面是由于正规金融机构的借贷利率相对固定；另一方面也是由于农户主要通过向亲戚朋友借款的方式融资，因而利率普遍较低，乃至于可以忽略不计。

从通过显著性检验诸因素回归系数的符号来看，"储蓄水平""借款难易程度""经营主业""是否有抵押物"四个变量的系数为负值，说明这四个变量与农户信贷需求呈负相关关系。以"借款难易程度"为例，个人社会资本价值越高，借款越容易，此类农户在问卷调查时就倾向于表现出借款容易的心态，借款需求（意愿）自然较低。由此可见，个人社会资本在农户融资过程中确实发挥着重大作用。但尽管如此，"储蓄水平""经营主业的收入状况"以及"是否有抵押品"仍然是影响农户融资能力的重要因素。而且"个人社会资本"这一软资产与"储蓄水平""经营主业""是否有抵押物"这三个硬资产对农户融资能力的影响方式一致。

（b）向亲朋好友融资的影响因素分析。如表 6 - 8 所示，对于是否向亲戚朋友借过钱，较为显著的影响因素是储蓄水平、农户年龄、受教育程度、借款难易程度、收入水平五个变量，且均通过了 90% 的显著性检验。其中储蓄水平、收入水平这两个因素的系数为负，说明储蓄水平和收入水平较低的农户更倾向于动用个人社会资本向亲戚好友借钱。

表 6 - 8   影响农户亲戚朋友信贷需求因素的 Logit 分析估计结果

因变量：Y_2 是否向亲戚朋友借过钱
样本容量：837，没向亲戚朋友借过钱的样本个数：186，向亲戚朋友借过钱的样本个数：651

自变量	Coefficient	Std. Error	t - Statistic	Prob
X_1 储蓄水平	- 1. 526491	0. 769715	- 1. 983189	0. 0496
X_2 农户年龄	0. 455933	0. 278296	1. 838301	0. 0712
X_3 经营主业	0. 415434	0. 265290	1. 465963	0. 1995
X_4 是否有抵押物	- 0. 252741	0. 208423	- 1. 212635	0. 5097
X_5 受教育程度	1. 315608	0. 717760	1. 832937	0. 0732

自变量	Coefficient	Std. Error	t – Statistic	Prob
X_6 收入水平	– 0. 756326	0. 420221	– 1. 799827	0. 0839
X_7 借贷利率	0. 485108	0. 293936	1. 450385	0. 2039
X_8 借款难易程度	– 1. 065549	0. 588008	– 1. 812132	0. 0811

　　此外，农户年龄、受教育程度、借款难易程度三个因素的系数为正。这说明受教育程度较高、年龄较大的农户在亲戚朋友间较受尊重，个人社会资本相对丰厚，因此更倾向于向亲朋好友借钱。而其他融资途径越艰难，农户向亲朋好友借钱的可能性越高。这说明农户动用个人社会资本向亲朋好友借钱具有类似于融资最后保证的作用。

　　综合上述五个因素的实证分析结果可以看出，收入水平较低、年龄较大者更倾向于动用自己的亲缘社会资本借贷资金。再结合正规金融借款难易程度这个指标对因变量的边际效应，可以推论自发的民间借贷多属无奈之举。但农民专业合作社信用互助模式则不同，这种农村合作金融新模式是政府主动参与且能动利用农户社会资本的金融机制创新。

　　剩余三个因素均未通过显著性检验，说明是否拥有抵押物、经营主业、借贷利率等因素对亲朋好友间融资决策的影响并不显著。其中，抵押物对亲朋好友间借贷的影响不显著这一事实极为重要。它体现了农户间重感情、互帮互助的淳朴风气以及重教育、尊敬长者的传统理念仍很浓烈。"彼此借钱没有利息，没有抵押物，好借好还"的观念蔚然成风。这说明至少在样本农村地区亲朋好友关系仍属于强关系，而基于强关系的社会资本确实具有隐性担保的效能。

　　如表6－9所示，就是否能从亲朋好友借到款项而言，除了是否有抵押物和收入水平以外，其他6个因素皆通过了置信水平至少为0.1的检验，从而表现为影响显著。不过，其显著性影响因素与是否有融资需求的显著性影响因素在排序上并不完全相同。在向亲朋好友融资满足程度的排序中，储蓄水平的影响降到第六位，前六位依次为农户年龄、受教育程度、借款难易程度、借贷利率、经营主业、储蓄水平。其中，农户年龄和受教育程度与个人社会资本水平正相关；借款难易程度则是一个激发个人社会资本发挥作用的因素。从中不难看出个人社会资本在亲朋好友间融资的决定性作用。

表 6-9   影响农户亲戚朋友信贷需求满足程度因素的 **Logit** 分析估计结果

因变量：Y_3 向亲朋借款资金需求是否能够满足

样本容量：651，不能满足资金需求的样本个数：59，能满足资金需求的样本个数：592

自变量	Coefficient	Std. Error	t – Statistic	Prob
X_1 储蓄水平	-1.806543	1.483697	-1.917596	0.0684
X_2 农户年龄	0.812167	0.215565	3.7676200	0.0012
X_3 经营主业	1.594207	1.225781	1.940564	0.0659
X_4 是否有抵押物	2.131054	10.155953	1.209833	0.5243
X_5 受教育程度	1.047150	0.596436	1.755679	0.0856
X_6 收入水平	-1.845481	2.217662	-0.832174	0.8856
X_7 借贷利率	1.455404	1.105750	2.016214	0.0471
X_8 借款难易程度	-1.119647	0.840170	-2.332644	0.0221

（c）向正规金融机构融资的影响因素分析。如表 6-10 所示，对于是否向正规金融机构借款，较为显著的是储蓄水平、经营主业、是否具有抵押物、收入水平、借贷利率、借款难易程度六个变量，均通过了90%的显著性检验。显著性居前两位的依然是储蓄水平和收入水平。然后依次是借款难易程度、经营主业、借贷利率、是否有抵押物。其中储蓄水平、收入水平、是否具有抵押物系数为负，表明相应变量水平越高，对正规金融机构的借款越少。这一结论与实际生活感受一致。另两个为正相关，表示经营非农业以及对金融政策认知程度较高者更容易发生借款行为。

表 6-10   影响农户正规金融机构信贷需求因素的 **Logit** 分析估计结果

因变量：Y_4 是否向正规金融机构借过钱

样本容量：837，没有向正规金融机构借过钱的样本个数：631，向正规金融机构借过钱的样本个数：206

自变量	Coefficient	Std. Error	t – Statistic	Prob
X_1 储蓄水平	-0.651455	0.175831	-3.705011	0.0018
X_2 农户年龄	1.738391	1.509429	1.151688	0.6039
X_3 经营主业	1.141878	0.656561	1.739180	0.0895

自变量	Coefficient	Std. Error	t – Statistic	Prob
X_4 是否有抵押	– 0. 257601	0. 056353	– 4. 571179	0. 0000
X_5 受教育程度	1. 917178	2. 877540	0. 666256	0. 9352
X_6 收入水平	– 0. 945913	0. 321210	– 2. 944844	0. 0071
X_7 借贷利率	1. 451761	1. 038734	1. 797625	0. 0845
X_8 借款难易度	– 1. 041311	0. 516248	– 2. 017076	0. 0439

如表 6 – 11 所示，就是否能从正规金融机构借到款项而言，储蓄水平、农户年龄、经营主业、是否有抵押物、受教育程度、收入水平六个变量均通过90%的显著性检验。显著性排序依次为储蓄水平、收入水平、是否有抵押物、受教育程度、农户年龄、经营主业，说明农户向正规金融机构贷款的成功率取决于储蓄水平、收入水平、抵押物的价值以及和还款能力相关的教育水平等因素。这表明正规金融机构更看重农户切实可靠的还款能力，并不看重诸如农户个人社会资本之类软资产。

193

表6 – 11　　　农户向正规金融机构贷款满足情况的 Logit 分析估计结果

因变量：Y_5 农户向正规金融机构贷款是否满足				
样本容量：206，不能满足资金需求的样本个数：69，能满足资金需求的样本个数：137				
自变量	Coefficient	Std. Error	t – Statistic	Prob
X_1 储蓄水平	0. 045913	0. 013271	3. 459560	0. 0039
X_2 农户年龄	– 0. 948701	1. 353634	– 1. 700855	0. 0989
X_3 经营主业	1. 535677	4. 433682	1. 946366	0. 0626
X_4 是否有抵押	0. 313435	0. 232645	2. 347268	0. 0165
X_5 受教育程度	0. 586488	1. 475603	2. 233147	0. 0308
X_6 收入水平	0. 126525	0. 036863	3. 432331	0. 0054
X_7 借贷利率	1. 645494	8. 362695	1. 196766	0. 5254
X_8 借款难易度	– 1. 810698	10. 281864	– 1. 176106	0. 5321

此外，农户年龄这一变量的系数为负值，表明银行更倾向于向中青年农户贷款。这其实也是中青年农户的还款能力相对切实可靠的缘故，因而是正规金融机构漠视农户个人社会资本的有力佐证。

（d）向非正规金融机构融资的影响因素分析。如表 6 - 12 所示，在向非正规金融机构申请信贷时，储蓄水平、经营主业、借款难易程度、借贷利率、是否有抵押物、农户年龄六个变量均通过了 90% 的显著性检验。且各变量的系数均为负值，表明六个变量的影响均呈负相关。这表明农户普遍不喜欢向非正规金融机构申请信贷。

表 6 - 12 影响农户私人放款与民间组织信贷需求
因素的 Logit 分析估计结果

因变量：Y_6 是否有非正规金融机构信贷需求
样本容量：837，没有向非正规金融机构借款的样本个数：785，向非正规金融机构借款的样本个数：52

自变量	Coefficient	Std. Error	t - Statistic	Prob
X_1 储蓄水平	- 3.108784	0.810414	- 3.836045	0.0009
X_2 农户年龄	- 1.162819	0.589605	- 1.972201	0.0532
X_3 经营主业	- 2.260182	0.868849	- 2.601351	0.0084
X_4 是否有抵押	- 1.577721	0.634481	- 2.486631	0.0141
X_5 受教育程度	- 0.881971	0.656235	- 1.343986	0.3151
X_6 收入水平	- 0.553821	0.662430	- 0.836045	0.8356
X_7 借贷利率	- 2.934387	1.021651	- 2.872201	0.0082
X_8 借款难易度	- 3.057149	0.976731	- 3.129982	0.0046

但如表 6 - 13 所示，就是否能从非正规金融机构借到款项而言，收入水平、是否有抵押物、受教育程度、经营主业、农户年龄这五个因素均通过了 90% 的显著性检验。其中农户年龄和经营主业两个因素的系数为负值，说明青壮年农户以及进行非农业经营的农户在非正规金融机构信贷渠道中较易得到满足。

表 6 - 13　　　农户非正规金融机构信贷的满足情况的 **Logit** 分析估计结果

因变量：Y_7 农户非正规金融机构信贷是否得到满足

样本容量：52，不能满足资金需求的样本个数：19，能满足资金需求的样本个数：33

自变量	Coefficient	Std. Error	t - Statistic	Prob
X_1 储蓄水平	0.910121	1.004285	0.906238	0.7521
X_2 农户年龄	-0.998997	1.023958	-1.975623	0.0526
X_3 经营主业	-1.193310	1.167380	-2.022212	0.0432
X_4 是否有抵押物	1.523235	1.258029	2.210811	0.0337
X_5 受教育程度	1.223212	0.192351	2.160442	0.0359
X_6 收入水平	2.541512	1.105270	2.299450	0.0256
X_7 借贷利率	0.545236	0.625451	0.871749	0.8102
X_8 借款难易程度	0.289117	1.232231	1.234610	0.4896

综合表 6 - 12 和表 6 - 13 可知，尽管农户普遍不愿向民间金融机构申请借贷，但一些经济条件较好的农户更易于从民间金融机构获得资金。基于笔者的调研观察，这至少说明两点：一是农村民间金融机构与正规金融机构的法人属性类似，多为股份企业，因而经营目标与风险管控理念相近；在经营模式上也趋同，因此对拟借款农户的偏好基本相同。二是相较于正规金融机构，民间金融机构的经营更为灵活。这其实是民间金融机构的唯一优势。

⑤稳定性检验。近十多年来，陆续有很多论文研究我国农户融资需求的影响因素问题。例如朱喜、李子奈（2006）的实证研究结果表明农户的信贷需求受到其收益能力的显著影响；农户贷款需求的满足程度不到总数的一半。这一结论与我们的上述实证调研结果基本一致，说明近十多年来我国农户信贷需求的满足度很可能并未获得明显的改善。朱力（2017）针对江苏省泰州市的实证调研结果表明，农户受教育程度以及农户能够承受的利率对农户融资渠道的选择具有显著的正向影响，这一结果与我们的调研结论相同。但江苏省泰州市的农户倾向于向银行等正规金融机构借款，这一结果与我们在山东省的调研结果则存在显著的差异。与我们实证调研的类似，李锐、朱喜（2007）也认为我国的农户借贷大部分发生在亲友之间。这都间接证明了本次调研实证结果的稳定性。

当然，即便在山东省内的不同地区，我们也发现农户的融资需求差异显著。这说明很难一概而论我国农户的融资需求状况及其主要特点。因此我国的农村金融供给政策既要具有统一性和协调性，以适应我国农村金融需求的基本状况；同时也必须根据各地区农村金融需求的特殊状况，因地制宜地制定相匹配的金融供给政策，不能在全国采取一刀切的农村金融发展政策，这就要求尽可能地下放农村金融政策的制定权限，凭以培育富有生命力的乡土金融体系。

6.2.2 农户合作社集体社会资本的实际效能

本次调研总共回收 387 份合作社成员农户的问卷。但调研过程中发现其中的 23 位农户来自空壳合作社，另有 6 份已回收问卷事后发现无效，因此总计回收有效问卷 358 份。

1. 相关调研问卷的设计

本次调研问卷的设计分三个步骤完成。第一步：各调研小组每一位成员都要在检索相关文献基础上结合本次调研目的自行设计问卷，然后由各小组长负责组织本组成员共同讨论，最终形成本调研小组的调研问卷文案；第二步：召开暑期调研全体成员大会，由各小组组长介绍本小组的调研问卷设计方案，然后由各小组长协同组织全体成员讨论协商，最终形成全体成员的调研问卷文案；第三步：由带队教师基于相关专业要求和经验，结合本次调研实际，最终敲定调研问卷文案。因此本次调研问卷的内容效度和结构效度较高。

为确保本次调研问卷的信度达标，本次调研尤为重视两个环节的质量管控：一是调研团队成员的选拔和组织；二是调研对象的选定。经 Stata 软件测算本次调研相关问卷的 Cronbach's $\alpha = 0.715$，因此与成员农户合作社集体社会资本相关调研问卷的信度较高。

2. 合作社集体社会资本各构成要素的测量

考虑到社会资本以社会关系网络为载体，以社会伦理道德规范为保证，以社员间的相互信任为集中体现（Putnam，1993），本次调研从"社员间信任""伦理道德规范"和"关系网络"三个侧面衡量成员农户的合作社集体社会资本。

如表 6 – 14 所示。本次调研问卷使用四个小项来反映社员间信任的水平。其中，"大多数社员值得信任"用于反映样本农户对参与合作社事务经验教训的总结；"大多数社员值得信任"与"只信任熟悉的社员"两项间的得值差异可用来反映加入合作社对样本农户个人社会资本的增益。"合作社干部/骨干值得信任"反映了样本农户加入合作社对其集体社会资本的增益。"只信任熟悉的社员"和"信任是相互的"这两项用于反映样本农户的理性与社会一般经验，设若这两项的得值较高，则说明样本农户拥有较多的社会经验，且待人处事较为理性，因此该农户对另外两个信任项的评价是其对参与合作社事务经验教训的理性总结。

表 6 – 14　　　　　　　合作社集体社会资本的显著性检验

项目	问卷调查的主要项目	平均分	F 值	显著性	可选择答案与赋值
信任	您很满意合作社的目前状况	3.87	16.564	0.048 **	
	大多数社员值得信任	4.73	9.8215	0.037 **	
	只信任熟悉的社员	4.98	73.526	0.000 ***	
	合作社干部/骨干值得信任	4.85	10.740	0.012 **	
	信任是相互的	4.92	6.8376	0.025 **	非常不同意 = 1；不太同意 = 2；不否定 = 3；比较同意 = 4；非常同意 = 5
规范	加入合作社有好处	4.96	59.642	0.000 ***	
	合作社处理问题比较公道	4.43	35.543	0.006 ***	
	合作社认真听取自己的意见	3.87	13.725	0.000 ***	
	愿意积极响应合作社的号召	3.54	25.451	0.026 **	
	对合作社有归属感和荣誉感	4.25	29.368	0.017 **	
网络	对社员的好感胜于对非社员	4.82	63.285	0.000 ***	
	社员间经常交流走动	3.16	18.735	0.043 **	

合作社都拥有自己的待人处事规则与伦理道德规范，类似于通常所谓的企业文化。本次调研并未直接查证这些规则和规范的具体内容，而是询问样本农户对合作社的主观评价。具体包括五项：加入合作社有好处；合作社处理问题比较公道；合作社认真听取自己的意见；愿意积极

响应合作社的号召；对合作社有归属感和荣誉感。这些评价既可确认合作社伦理道德规范的存在，又可反映样本农户对相关规则和规范的认可与遵守程度。

本次调研使用"社员间经常交流走动"和"对社员的好感胜于对非社员"两项反映合作社社员间的社会关系网络及其紧密程度。

从表6-14可以看出，成员农户对合作社经营较为满意，合作社集体社会资本各构成要素的水平较高，且都通过了显著性检验。

关于控制变量的选择主要基于两个原则：一是要有助于满足拟合度等模型特性要求，二是要符合逻辑。因此初步设定控制变量为：储蓄水平，农户年龄，经营主业，受教育程度，收入水平。

3. 合作社集体社会资本的因子分析

为验证调研问卷设计的合理性，并消除各具体问项间的多重共线性，现在对上述11个集体社会资本构成要素实施降维处理。考虑到本次问卷的KMO值为0.743，并且在0.05的显著水平上通过了Bartlett球度检验，因此采取因子分析降维方法。相关结果如表6-15所示。信任、规范和网络三个社会资本因子可解释64.14%左右的方差。

表6-15　　　　　　合作社集体社会资本因子分析

诸项目	因子			
	信任	规范	网络	共量
大多数社员值得信任	0.764	0.153	0.274	0.682
只信任熟悉的社员	0.758	0.124	0.318	0.691
合作社干部/骨干值得信任	0.853	0.146	0.293	0.835
信任是相互的	0.821	0.264	0.257	0.810
加入合作社有好处	0.258	0.769	0.231	0.711
合作社处理问题比较公道	0.165	0.842	0.157	0.761
合作社认真听取自己的意见	0.215	0.658	0.487	0.716
愿意积极响应合作社的号召	0.304	0.582	0.431	0.617
对合作社有归属感和荣誉感	0.474	0.746	0.358	0.909
对社员的好感胜于对非社员	0.176	0.298	0.856	0.853

诸项目	因子			
	信任	规范	网络	共量
社员间经常交流走动	0.375	0.168	0.853	0.897
特征根	5.263	4.750	4.515	
贡献度（%）	25.985	22.364	18.789	67.138

4. 合作社集体社会资本的实际效能

将每一位样本农户在上述三个社会资本因子上的得分作为自变量，将其对合作社运营的满意度作为因变量，再结合控制变量实施 logit 回归分析，相关结果如表 6 - 16 所示。

表 6 - 16　　　　　　　　logit 模型回归的主要结果

变量	B	SE.	Exp(B)
信任	1.675 ***	0.346	5.3387
规范	0.812 *	0.434	2.2524
网络	1.235 ***	0.261	3.4384
常数项	-0.985 **	0.483	0.3734
卡方值	41.687		
-2 对数似然值	49.534		
Nagelkerke R^2	0.628		

可以看出，对合作社的信任以及基于合作社的社会关系网络是影响成员农户对合作社主观评价的两个重要因素。这一实证结论不仅证实了合作社集体社会资本的存在，而且还表明合作社集体社会资本确实是吸引农户加入合作社的关键性因素。也正是由于合作社集体社会资本的存在，才使得成员农户相对于非成员农户拥有了比较竞争优势。具体到信用互助，传统民间借贷主要依托参与者的个人社会资本完成资金融通；而基于合作社的信用互助模式则将参与者的个人社会资本与合作社集体社会资本结合了起来。

由此可见，与传统的民间借贷模式相比，基于合作社的信用互助模式所依托的社会资本更为雄厚。这就是农民专业合作社信用互助模式的逻辑基础。

6.2.3 农户对信用互助模式的主观评价：基于参与意愿的视角

农户参与意愿在很大程度上体现了其对信用互助模式的主观评价，可视作基于客户视角对山东省新型农村合作金融创新绩效的评估。

1. 农户参与意愿影响因素的选取及其赋值

基于笔者的调研经验，可以把农户参与信用互助的影响因素大致归纳成五个方面的内容：一是农户家庭及其户主的基本状况；二是农户的收入水平、资金余缺状况以及其他融资途径的难度；三是信用互助业务的具体运作方式及其比较优势；四是农户社会资本水平；五是合作社的经营状况、农村集体经济组织（村委会）的威信和政府相关政策的支持力度。

在可归并于农户家庭及其户主基本状况的诸因素中，是否拥有可用于抵押的财产是影响农户借贷意愿最为重要的因素。类似地，银行储蓄存款的多少也是一个重要的影响因素。此外，户主的年龄及其受教育程度也能影响其战略眼光、价值观念和思维方式，从而影响其借贷意愿。根据一般经验，45 岁以下的青壮年农户相对富有进取精神，因而借贷意愿相对较强。而尽管农民的学历水平总体偏低，通常不会高于高中（职专），但普遍认为"有无文化（见识）"是影响农民决策的主要因素。当然，文化（见识）与学历其实并不存在一一对应的正向关系，诸如外出打工或参军等经历的价值可能要更为重大些。但考虑到绝大多数"可长见识"的外出打工或参军机会对最低学历都有要求，因此这里仍使用"受教育程度"这个显性指标来体现文化（见识）对农户借贷意愿的影响。

农户的收入水平主要反映了农户所经营项目的价值。一般地说，农户所经营项目的收入水平越高、收入流量越稳定，其家庭与户主基本状况对其借贷意愿的影响越小，农户的借贷意愿越强烈。此外，农户资金需求的缺口越大，其他融资渠道越艰难，其参与信用互助的意愿越强烈。

信用互助业务本身的特性当然是影响农户参与意愿的重要因素。首先，若无信贷需求，则参与信用互助业务的问题也就无从谈起；其次，设若其他借贷途径（例如自正规金融机构或自其他民间金融途径借入资金）很便捷且利率相对可接受，则农户参与信用互助业务的意愿就不可能很高。不过，上述两个因素都是用于刻画资金需求者的态度。但若从资金供给者的角度来看，风险是其最为关切的因素。资金供给者参与信用互助业务的风险主要就是违约风险。显然，信用风险越高，资金富裕农户参与互助业务的意愿就会越低；设若信用互助业务的风险能像将钱存入银行那样等于零，则资金富裕农户参与信用互助业务的意愿就会达到最高。最后，无论是缺乏资金的农户，还是有剩余资金的农户，设若其对信用互助业务模式的发展前景缺乏信心，自然都不会有很高的参与意愿。

社会资本水平对农户参与信用合作的意愿有着重大影响。设若农户的亲属数量多且不乏财力雄厚者，则亲属间的资金融通便可有效化解其融资需求。设若农户的朋友较多且不乏财力雄厚者，则其缓解资金紧张的途径就会相应增多。这两个因素若与合作社无关，亦即那些资金相对富裕的亲戚或朋友均非合作社成员，则会降低农户参与合作社信用互助的意愿。反之，设若农户的亲属或朋友也多为合作社员，则其参与合作社信用互助的意愿就会增强。上述思路同样适用于资金相对富裕的农户。例如，设若绝大部分亲戚朋友均非合作社员，则其参与合作社信用互助业务的积极性就不会很高。因为该农户有亲情压力，其有限的剩余资金势必要有所取舍，顾此失彼。而在当今农村熟人社会背景下救助亲朋通常都是首要的选择。反之，设若合作社成员当中有很多亲戚朋友，则救助亲朋与参与信用互助合二为一，其参与合作社信用互助业务的积极性自然大大提高。

集体经济组织（村委会）的权威是一种特殊的集体社会资本，具有隐性担保的功效。一般地说，集体经济组织（村委会）的权威的威信越高，其对合作社的影响力就越大，从而农户参与合作社信用互助的意愿就会越高。不过笔者在调研过程中也发现反例：一些集体经济组织（村委会）只有权威，没有信誉口碑；另有一些集体经济组织（村委

201

会）则形同虚设，几无权威。这些村落人心涣散，合作社本身尚且艰难度日，信用互助的发展自然也就很困难了。

各级地方政府切实有力的支持扶助政策也是一种特殊的集体社会资本。尤其一些地方政府有针对性推出的财政支持政策、担保机制与体系建设、涉农保险机制与体系建设，更是具有显性担保的功效。近年来各地方大力推动的社会征信（信用）体系建设也有助于农户积累社会资本，从而可发挥隐性担保的功效。显然，政府财政或担保支持的力度越强，农户参与信用互助的意愿就会越高。此外，政府鼓励开展信用互助业务，积极帮助合作社完善相关规章制度，协助其理顺具体业务规程，并在区域宏观层面健全相关监管制度，也能在一定程度上刺激农户参与信用互助的兴趣。

关于农户参与信用合作意愿的主要影响因素及其赋值如表 6 – 17 所示。

表 6 – 17　　农户参与信用合作意愿的主要影响因素及其赋值

变量	变量名称及符号	变量定义
因变量	Y：是否愿意参与信用互助	愿意参与 =1，不愿意参与 =0
自变量	X_1：农户年龄（岁）	30 及以下 =0，31～40 =1，41～50 =2，51～60 =3，61 及以上 =4
	X_2：受教育程度	小学以下 =0，初中 =1，高中 =2，大专以上 =3
	X_3：是否有抵押物	没有 =0，有 =1
	X_4：储蓄水平（元）	5000 以下 =0，5000～2 万 =1，2 万～5 万 =2，5 万～10 万 =3；10 万以上 =4
	X_5：收入水平（元）	3 万及以下 =0，3 万～5 万 =1，5 万～10 万 =2，10 万及以上 =3
	X_6：信用互助利率	比银行利率高 =0，不比银行利率高 =1
	X_7：有无信贷需求	有需求 =1，无需求 =0
	X_8：其他借款途径难易度	不难 =0，难 =1
	X_9：对信用互助的信心	无信心 =0，无把握 =1，比较看好 =2，很看好 =3
	X_{10}：参与信用互助的风险	风险较低 =1，风险较高 =0
	X_{11}：血缘与亲缘社会资本	无利用价值 =0，较有价值 =1，很有价值 =2

续表

变量	变量名称及符号	变量定义
自变量	X_{12}：拟亲缘社会资本	无朋友资源 = 0，朋友资源较有价值 = 1，很有价值 = 2
	X_{13}：村委会威信	村委会无权威 = 0，较有权威 = 1，很有权威 = 2
	X_{14}：政府政策支持	支持力度较强 = 1，支持的力度较弱 = 0

2. 调研问卷的设计及其样本数据的描述性统计分析

在 2017 年 7～8 月的调研活动中，笔者实地调研了 5 家参与信用互助业务试点的农民专业合作社以及 6 家由供销社主导开展信用互助业务的合作社；面向这些合作社社员发放调查问卷 126 份。与此同时，在调研对象合作社的周边面向尚未参加合作社的农户发放调查问卷 319 份；共计发放了 445 份问卷，收回确认有效问卷 432 份。

（1）信度检验。

调研问卷中事实陈述性项目的信度最高，因此无须实施信度检验。本次调研的事实陈述性问项涉及指标 $X_1 \sim X_5$。而与指标 $X_6 \sim X_{14}$ 相关的问项基本上都属于态度或意愿性问项，因此可采用 Cronbach's α 系数实施内部一致性检验。

使用 Stata 软件算得这几个可测指标的 Cronbach's α 系数值均大于 0.7，说明相关问项的调研结果显著具有一致性/稳定性/可靠性。因此调研问卷和数据的信度较高，检测通过。

（2）效度检验。

本次调研问卷首先由调研小组成员分别独立设计初稿；然后相互交流讨论，达成一致，形成统一初稿；最后由带队教师审议通过，形成调研问卷的正式稿。由于调研队员们根据调研问卷设计的基本原理，借鉴相关调研文献的通常调研方法，并充分考虑本次调研的具体情况，才最终编制得出调研问卷正式稿，因此具有较好的内容效度，其各项指标应能正确体现调研目的。

（3）样本数据的描述性统计分析。

在初步汇总整理有效问卷的基础上，使用 Stata 软件计算各指标的几个描述性统计量。相关结果如表 6-18 所示。

表 6 – 18   各指标的描述性统计

变量	最大值	最小值	均值	标准差
Y：是否愿意参与信用互助业务	1	0	0.46	0.52
X_1：农户年龄	4	1	2.37	1.20
X_2：受教育程度	2	0	1.57	0.64
X_3：是否有抵押物	1	0	0.41	0.32
X_4：储蓄水平	4	0	1.89	1.43
X_5：收入水平	3	0	0.75	1.56
X_6：信用互助利率	1	0	0.03	0.37
X_7：有无信贷需求	1	0	0.78	0.23
X_8：其他借款途径的难易程度	1	0	0.82	0.25
X_9：对信用互助业务的发展是否有信心	2	0	1.64	0.85
X_{10}：参与信用互助业务的风险	1	0	0.76	0.41
X_{11}：血缘与亲缘社会资本	2	0	1.45	0.57
X_{12}：拟亲缘社会资本	1	0	0.87	0.34
X_{13}：村委会威信	2	1	1.92	0.54
X_{14}：政府财政支持	1	0	0.24	0.45

由表 6 – 18 可以看出，样本农户愿意参与信用互助的均值为 0.46。说明参与意愿并不强烈。该指标的标准差为 0.52，取值较高，说明样本农户在参与信用互助意愿上的分歧较大。

样本农户的年龄均值为 2.37，说明样本农户的年龄均值接近 50 岁。但标准差为 1.20，取值较小，说明样本农户的年龄分布相对集中。目前山东省农村地区的青壮年劳动力多数外出打工，很少居家务农，因此务农人口的年龄普遍偏高。这就使得农户的经营思想偏于守成，进取意识普遍不强。这种状况在很大程度上影响了农户的信贷决策。

样本农户多数高职（高中）毕业；但初中毕业生也大有人在。少数年龄偏大者小学毕业，甚或小学肄业。受教育程度均值为 1.57，标准差为 0.64，说明样本农户的受教育程度普遍不高，且差异不大。受教育程度的高低直接或间接地影响农户的价值观念、经营视野和决策能力，从而在很大程度上影响了农户的信贷意愿。

　　样本农户抵押品的均值为 0.41，标准差为 0.32，说明样本农户普遍缺乏担保。因此金融机构向农户投放信贷的意愿不会很高，而借贷利率却会倾向于提高。这就为信用互助腾挪出生存空间。因此抵押担保缺乏的状况应该有助于提高农户对信用互助业务的兴趣。

　　样本农户储蓄水平的均值为 1.89，标准差为 1.43，说明样本农户的储蓄额多数在 2 万元以上至 5 万元以下。根据我们的调研观察，样本社员互助借入的资金通常不超过 5 万元。这说明大部分农户自己的储蓄额实际上足以应付日常经营的需要。但确实有相当部分农户希望借入资金。这就意味着除了少数农户希望扩大再生产或者新上经营项目，因而资金确实不足之外，绝大多数农户的储蓄具有备用金性质，不敢轻易动用，于是才有了把钱存入银行不用，然后以借款来应付日常经营之需的现象。设若能把这些备用金汇聚起来，专款专用以资金互助，并把互助金使用的期限严格规定在 1 年以内，则既可不耽误农户原本设置备用资金的目的，同时又能满足一些农户融通经营资金的需求。这就是信用互助模式的本质。应该也是山东省政府设计信用互助相关规程制度时所想定的场景。

　　样本农户年均收入的均值为 0.75，标准差为 1.56，说明样本农户的年均收入在 3 万元以下，但差距较大。年均收入是农户还本付息的直接资金来源。年均收入较低意味着农户借贷融资的规模不能太大，平均说来不能超过 3 万元。否则信贷风险就会偏大。山东省农民专业合作社信用互助业务试点方案要求自然人社员出资额原则上不超过所在县（市、区）上一年度农民人均纯收入的 5 倍，最高不得超过 10 万元。其政策意图正在于此。

　　样本农户信用互助利率的均值为 0.03，标准差为 0.37，说明样本农户信用互助的利率普遍低于银行贷款利率。究其原因，主要有四：一是信用互助重视社会资本，以社会资本为隐性担保。而农村熟人社会的关系网络密实且链条粗短，农户间非亲即友，大家都知根知底，社会资本价值相对较高，信贷风险较低。二是合作社信用互助业务的业务费率较低。三是信用互助模式属于合作金融范畴，不以营利为目的。四是政府鼓励，无税费负担。

　　样本农户信贷需求的均值为 0.78，标准差为 0.23；而其他借款途径难易程度的均值为 0.82，标准差为 0.25。这说明样本农户多数存在信贷需求，并且正规金融机构以及信用互助以外的其他民间金融途径都难以满足样本农户的融资需求，因而信用互助模式拥有一定的生存与发展空间。

不过，样本农户对信用互助业务的发展信心均值为 1.64，标准差为 0.85。说明样本农户对信用互助业务的发展不甚乐观。依据我们的调研经验，这主要是由于样本农户普遍担心再次出现行政命令"运动式"一阵风现象，担心政府政策不持久，信用互助模式最终会无疾而终。

样本农户对信用互助业务风险的赋值均值为 0.76，标准差为 0.41。说明样本农户总体认为信用互助业务的风险较低。基于调研的经验，农户间知根知底，借贷金额不高，借贷期限较短，应是造成这一结果的三个主要因素。实际上自 2015 年山东省开展农民专业合作社信用互助业务试点工作以来，迄今（2019 年末）尚未发生违约事件。这就间接印证了本次调研的有效性。

样本农户血缘与亲缘社会资本的均值为 1.45，标准差为 0.57。说明样本农户的宗族意识普遍强烈，亲戚间比较团结，家族内互助的气氛比较浓郁。不过，样本农户拟亲缘社会资本的均值却仅为 0.87，标准差为 0.34。说明样本农村地区农户诸如街邻与朋友之类拟亲缘社会资本的价值较低。这两个指标相互对照，其实并不矛盾。因为在诸如自然村落这样相对封闭的小社会里，亲戚与朋友资源有限，因此亲戚与朋友的价值在一定程度上具有互斥性。具体地，一个自然村落中的姓氏通常不会很多，村民的总量也很有限。这样一来，其中一个宗族抱团互助的举动会极大地刺激其他姓氏各自归队，从而激化宗族间的互斥。于是异姓间单纯的朋友关系很难生存。一般地，亲戚间抱团互助的意识越强，该宗族对异姓的排斥就越强烈、越明显。我们的调研经常发现这种现象：设若两家异姓农户间关系特别好，则其中至少一个农户与本家族内部的矛盾很尖锐。换句话说，这两家关系较好的异姓农户很可能同时被本家族所排斥。但尽管如此，亲缘关系＋拟亲缘关系的均值很高，说明样本农户的社会资本总起来说较为丰厚，这就为其发挥拟担保的效能创造了很好的条件，从而成为合作金融赖以生存的主要基础。

尽管从法理角度来说，农村集体经济组织与村委会有着质的不同，但目前农村集体经济组织与村委会都是一个班子、两块牌子，且农民都习惯于村委会这种称呼。本次调研的样本农户为"村委会威信"这个指标赋值的均值为 1.92，标准差为 0.54，说明村委会在样本农户中的威信很高。当然，这种威信既可能主要源于村委会的克己奉公，也有可能主要源于政府赋予村委会的行政权力。此外，村委会成员在宗族中的地位或者相对经济实力也是影响村委会威信的重要因素。长期以来山东省农村地区基层政权建设和村民自治组织建设卓有成效，多数村委会能正常承担义务和履行职责，这是村委会威信较高的前提。村委会威信较高也是一项重要的村落集体社会资本，其拟担保的效能甚或远高过源于亲缘关系 + 拟亲缘关系的农户个体社会资本。很可惜现行信用互助模式未能充分地利用"村委会威信"这一村落集体社会资本的价值。

样本农户为"政府财政支持"这个指标赋值的均值为 0.24，标准差为 0.45。说明样本农户普遍认为政府支持信用互助的政策力度不够强。根据我们调研的体会，样本农民的这种情绪一方面体现了其对政府继续加大相关政策支持力度的期待，另一方面也体现了其对继续发展合作社信用互助业务的期待。总体而言体现了农户对合作社信用互助模式的肯定。这一判断与农户参与意愿不高的调研结论并不矛盾。当然从中也能体味到样本农户对现行信用互助模式所隐含风险的顾虑。

3. 实证分析过程及其主要结论评价

（1）因子分析。

因子分析的主要目的就是从有效问卷中提炼出公因子，分析每一个公因子所蕴含的信息以及诸公因子间的结构特性是否与调研意图（或者设计调研问卷时所想定的逻辑架构）相吻合。

在因子分析中，因子负荷和方差贡献率是评价有效问卷架构效度的主要指标。其中，因子负荷用于反映因子与原始指标的相关度；共同度反映由因子解释原始指标的有效程度；累积贡献率反映因子对调研问卷的累积有效程度。

①KMO 与 Bartlett 球度检验。在实施因子分析之前，首先要对样本数据实施 KMO 检验和 Bartlett 球度检验。其中 KMO（Kaiser – Meyer – Olkin）检验统计量主要用于比较指标变量间的简单相关系数和偏相关系数。其值域为 [0，1]。设若所有指标变量间的简单相关系数平方和远大于偏相关系数平方和，则 KMO 得值将接近 1。一般地，KMO 值越

接近于 1，提示指标变量间的相关性越强、偏相关性越弱，从而因子分析的效果越好。

Bartlett 球度检验的零假设为相关系数矩阵是一个单位阵。设若原始指标间的相关系数矩阵果真是单位阵，则表示这些指标间不相关，因此没必要实施因子分析或主成分分析。Bartlett 球度检验的统计量基于相关系数矩阵的行列式计算而得。如果该取值较大，且其对应的相伴概率值小于给定的显著性水平，则应拒绝零假设，从而认定原始指标变量间存在相关性，可以实施因子分析或主成分分析。

根据经验，只要 KMO 检验统计量 >0.7，且 Bartlett 球度检验统计量的显著性概率小于指定的水平（例如 P 值 <0.05），便可对调研指标的样本数据实施因子分析，以判断调研问卷是否具有结构效度。基于 Stata 软件本次调研数据的 KMO 值为 0.835，Bartlett 球度检验的近似卡方为 674.492，Sig = 0.000 < 0.05，说明指标变量间的相关性较强，适宜因子分析。

②为消除各指标在量纲和数量级上的差异，首先对样本数据进行标准化处理，亦即用每一指标样本数据与其均值之差除以该指标样本数据的标准差，于是无量纲化后各指标的平均值为 0，标准差为 1。

因子分析的实质就是对 14 个互为相关的指标变量进行正交降维处理。各因子的载荷、方差贡献率以及累积方差贡献率如表 6-19 所示。

从 6-19 表中不难看出，调研问卷的总体结构基本能体现调研目的。而且农户的社会资本水平、村委会的威信和政府相关政策的支持力度等广义社会资本水平主导了样本农户参与信用互助的意愿。是否拥有抵押品的重要性显著较低。其他因素的影响则相对小得多。

表 6-19　　　　　　　　　　因子分析主要结果

因子	原始指标	负荷	方差贡献率	累积方差贡献率
因子 1	X_{11}	0.95	34.231	34.231
	X_{10}	0.83		
	X_{12}	0.87		
	X_{13}	0.91		
	X_{14}	0.78		

续表

因子	原始指标	负荷	方差贡献率	累积方差贡献率
因子2	X_3	0.79	14.6481	48.879
	X_6	0.76		
	X_8	0.73		
因子3	X_4	0.75	11.7463	59.6253
	X_5	−0.70		
因子4	X_7	0.53	9.1558	68.781
	X_9	0.43		
因子5	X_1	0.38	5.4638	74.245
	X_2	−0.27		

（2）农户参与信用合作意愿的主要影响因素分析。

这里以农户是否愿意参与信用互助为因变量，以其他变量为解释变量，构造 logit 模型来评价农户参与信用互助模式的意愿及其主要影响因素。模型估计具体结果如表5.20所示。

①Hosmer – Lemeshow 拟合优度检验。Hosmer – Lemeshow 拟合优度检验的基本思路就是先基于预测概率将样本数据分成几组（例如10组），然后依据观测频数和期望频数构造卡方统计量，最后再计算相对应的 P 值，凭以检验 logit 模型的拟合度。由于其原假设为"被解释变量的观测值与模型预测值不存在显著差异"，因此设若 P 值小于给定的显著性水平，则应拒绝原假设，亦即认定 logit 模型对原始数据的拟合效果不佳；反之，设若 P 值大于给定的显著性水平，则应接受原假设，亦即不拒绝 logit 模型对原始数据拟合效果较好的原假设。

基于 Stata 软件可算得与本模型卡方统计量相对应的 P 值大于0.05，因此不能拒绝原假设，从而认定本 logit 模型对原始数据的拟合效果较好。

②显著性检验。

（a）模型整体显著性似然比检验。似然比统计量刻画的是零假设模型（该模型假设所有自变量的系数均为零）与 logit 模型在 −2ln 上的差距，并近似服从以 logit 模型自变量个数为自由度的卡方分布。它可用来检验 logit 模型所采用的自变量在整体上是否能很好地解释因变量

的变化。具体地，设若该似然比统计量统计显著，则应拒绝零假设，从
而认定 logit 模型所采用的自变量集合足以解释因变量的变化，亦即这
些自变量的 logit 函数式可以很好地预测事件（因变量）发生的概率。

基于 Stata 软件可算得与本模型似然比统计量 LR 检验值为 73.68，
相应的 Sig. 值小于 0.05，因此说明本 logit 模型在 0.05 的显著性水平上
很好地解释了因变量。

（b）回归系数显著性 Wald 检验。Wald 和似然比 LR 这两个统计量
都可用于判断任意一个自变量是否显著。但相较而言，Wald 具有计算
简单的优点；不过，Wald 检验也有一个缺点，就是当回归系数的绝对
值较大时，其标准误易于膨胀，导致 Wald 统计量偏小，从而发生第二
类错误（错误接受原假设）。结合本案例的实际，决定采用 Wald 检验，
相关结果如表 6 – 20 所示。

表 6 – 20　　　信用合作参与意愿影响因素 Logit 模型分析的主要结果

变量	系数	标准误差	wald 值	P 值
C（常数项）	4.5172	1.4572	15.9936	0.0002
X_1	−0.4547	0.1879	5.85592	0.0195
X_2	0.3153	0.1378	5.23402	0.0202
X_3	0.8735	0.4375	3.98641	0.0588
X_4	0.4853	0.2367	4.20373	0.0305
X_5	0.5371	0.2582	4.32723	0.0283
X_6	0.6738	0.1862	13.0950	0.0018
X_7	0.3718	0.1574	5.57952	0.0128
X_8	0.6325	0.3638	3.02273	0.0560
X_9	0.4132	0.2475	2.78723	0.0627
X_{10}	1.4157	0.2451	33.3622	0.0000
X_{11}	2.6483	1.1945	4.91553	0.0276
X_{12}	2.4057	0.6513	13.6434	0.0007
X_{13}	1.5432	0.3257	22.4496	0.0000
X_{14}	1.2847	0.5516	5.42471	0.0156
LR statistic	73.68	Prob（LR statistic）	0.0000	

　　显然，除了少数变量略有超出之外，大部分变量的 P 值均小于显著性水平 0.05，因此应拒绝原假设，亦即不能否定这些解释变量与 Logit（P）存在显著线性关系的判断。

　　（3）对 logit 模型实证分析主要结论的评价。

　　样本农户愿意参与信用互助的均值仅为 0.46，说明样本农户参与信用互助的意愿并不算高。并且该指标的标准差为 0.52，取值较高，说明样本农户在参与信用互助意愿上的分歧较大。

　　观察 logit 模型各变量的回归系数估计值可以看出，各变量对农户参与合作社信用互助意愿的影响与经验判断基本一致。例如农户年龄变量的回归系数估计值为负，这一实证结果印证了此前我们关于年长农户对信用合作较为谨慎的判断。此外，农户的年龄和受教育程度对其参与信用合作意愿的影响总起来说很小，这一结论与我们在调研过程中的体会以及前述因子分析的结果是一致的，且互为印证。

　　本 logit 模型分析最为突出的收获就是不仅印证了农户的社会资本水平、村委会的威信和政府相关政策的支持力度等广义社会资本对农户参与信用互助意愿的决定性影响，而且还得到了影响程度的具体排序。例如，设若农户的亲缘社会资本增加一个单位，则其参与信用合作的意愿比将发生 exp（2.6483）倍的变化；设若农户的拟亲缘社会资本增加一个单位，则其参与信用合作的意愿比将发生 exp（2.4057）倍的变化；设若村委会威信集体社会资本增加一个单位，则农户参与信用合作的意愿比将发生 exp（1.5432）倍的变化；设若政府支持集体社会资本增加一个单位，则农户参与信用合作的意愿比将发生 exp（1.2847）倍的变化。由此可见，社会资本确实是信用互助赖以生存与发展的基础。但亲缘社会资本仍是影响农户参与信用互助意愿最为主要的因素，这应是阻碍信用互助模式拓展的重要因素。

　　外在力量很难干预亲缘社会关系网络，此外农民专业合作社的成员不可能仅限于某个特定家族，因此应把培育合作社信用互助社会资本的重点放在强化农户拟亲缘社会资本的效能上。为此，应着力强化社会诚信制度建设，充分利用村委会的威信。政府相关政策的支持力度一方面应加大，另一方面应把村委会作为政策施力的接口，由村委会出面制定落实政府政策的具体方案，凭以厚植村落集体社会资本。最终将村落集体社会资本有效输入合作社，使之与合作社集体社会资本以及社员个人社会资本相结合，共同发挥信用互助隐性担保的效能。

6.3　山东省农民专业合作社信用
互助模式存在的主要问题

原本依照试点规划，截至 2017 年末山东省农民专业合作社信用互助业务试点工作应取得重大阶段性成果，但实际成效并不令人满意（刘晓，2019）。具体地，山东省现有登记注册的农民专业合作社 131554 个，出资总额 3022 亿元。但截至 2019 年 7 月全省只有 444 家农民专业合作社获批参与新型农村合作金融试点。其中有 201 家合作社迄今没有实质开展互助业务。其余合作社的互助业务量也很少。例如菏泽市成武县金桥菜豆种植专业合作社自 2016 年 2 月获得信用互助业务试点资格以来的累计互助金额仅有 58 万。

依据笔者的调研体会，参与意愿普遍不高是山东省农民专业合作社信用互助现行模式的最大问题。至于造成这种局面的原因，最为关键的深层次因素有三个：一是现行模式下的风险管控机制及其相关政策与法规等配套制度过于严格，从而抑制了信用互助的活力；二是互助金供给不足；三是现行信用互助模式所赖以生存与发展的社会资本基础仍不夯实与稳固。

1. 风险管控过于严格

由于山东省农民专业合作社信用互助现行模式高度重视风险管控机制及其相关政策与法规等配套制度的建设，因此风控记录良好，迄今为止尚未发生违约案例。不过，依据笔者的调研体会，现行风控制度实质上过于严格，从而抑制了信用互助的活力。主要表现在如下两个方面。

首先，政府监管部门将参与试点农民专业合作社的资格标准定得过高。被授予信用互助业务开办资格的农民专业合作社普遍资金雄厚，运营良好。然而即便如此优质的合作社获得了试点资格，其内部仍须择优选拔参与信用互助业务的社员。由此造成了"社员财力较强，都不需要资金"或者"种大棚的都不缺钱"的尴尬局面。

其次，在信用互助业务的具体办理上，同样出于防范风险的考虑，监管部门所设计的业务流程和风险管控机制也过于苛刻，手续过于烦琐。例如菏泽市成武县金桥菜豆种植专业合作社开办的每一笔信用互助业务都需要专程跑到县农行开具手写收据，生成纸质凭证。

现行模式不仅只允许在被授权农民专业合作社内部的一部分优质成员间开展信用互助业务，而且对互助金的借出与借入、互助期限、互助金用途等都做出了具体严格的规定。例如不仅不允许过多地借入，甚至也不允许过多地借出。如此规定，"怕出事"的心态很明显。这就使得现行模式虽能有效防范风险，却也造成了互助圈子太小以及资金供求不匹配等问题。最终造成了"农民有钱都不借（出）钱，农民缺钱也都不借（入）钱"的状况。广大农户参与信用互助的意愿普遍不高，相关业务自然很难开展了（张稳，2019）。

关于监管过于严苛这个问题，除了来自我们调研的亲身感受之外，还有一个旁证：迄今为止山东省农民专业合作社信用互助业务试点尚未出现违约现象。然而一个从未发生过坏账的企业，或者一个从未发生过不良贷款的金融机构，其经营理念一定过于保守，其实际经营业绩肯定没有达到最优的状态。正是基于这种理念，现行企业财务制度才规定所有企业都要设置坏账准备账户，现行银行财务监管制度才规定所有商业银行都要设置贷款损失准备和坏账准备等账户。

正是由于监管过于严苛，使得社员的互助金借出意愿与借入意愿都偏低。而业务规模上不去，其业务费率较低的优点自然突显不出来。这才是造成调研样本合作社信用互助业务效率普遍不高的关键原因。

风险管控过于严格这一事实表明：在具体设计农民专业合作社信用互助业务模式时，在关于实施这一金融创新的战略意图上，山东省有关部门的理解出现了偏差。亦即过于忌惮风险，从而忽视了实施这一合作金融创新的本意。农村金融创新的核心目的就是"要从根本上缓解农村地区居民融资难的问题"；而解决该问题的基本思路就是"要构造农村地区资金流动的闭循环有机系统"；至于构造该系统的基本做法则是"鼓励发展合作金融＋强制要求现有股份企业性金融机构合理承担扶助农村经济与社会可持续发展的社会责任"。相较而言，管控风险只是达成上述战略目标的必然要求之一。因此，对合作金融系统性风险的管控要讲究科学与适度，不能抑制合作金融机制的良性发育。

2. 社会资本基础不雄厚

依笔者观察，除了上述因素之外，股东或社员不愿承担风险也是其不同意开展互助业务的重要原因。这很可能意味着目前农民专业合作社社员间相互知根知底的程度其实并没有想象得那么高，社员所拥有的社会资本其实很有限，因此隐性担保的效能并没有想象得那么突出。依笔者的调研所见，互助金借贷的利率普遍高于同期银行存款利率。这是农民专业合作社信用互助业务模式社会资本基础不雄厚的有力证据。

根据本书的观点，农民专业合作社信用互助业务模式可依托的社会资本基础有三个：农户间的个人社会资本、合作社集体社会资本和村落集体社会资本。但从目前的实践来看，现有模式所依托的主要是社员个人社会资本以及合作社集体社会资本，而村落集体社会资本则被完全忽略。况且由于合作社实行自愿退出制度，因此合作社对成员的约束力很低，合作社集体社会资本的价值并不高。此外，合作社本身的存续期也极不确定。我国的农民专业合作社肇始于20世纪80年代初的农村联产承包责任制和供销社改革，并在80年代中后期一度快速发展（毕美家，1997）。2007年颁布《农民专业合作社法》之后，农民专业合作社又迎来了新一轮快速发展期。但纵观40年来的发展历程，普遍存在存续期较短、运营机制不完善、对成员的凝聚力不强等问题。这都极大地抑制了合作社集体社会资本的形成。

由此可见，个人社会资本实际上仍是现行信用互助模式的主要隐性担保。实质上，正是由于这种隐性担保并不可靠，只是略高于典型的民间借贷，况且农户个人社会资本也显著弱化（姚志友，2016；吕炜，2017），所以现行模式才不得不高度重视信用互助参与资格的认定以及对业务流程的监管。

本书认为，相较于农民专业合作社，农村集体经济组织（或村委会）掌握诸多攸关农户经济利益或社会福利的政策制定与实施权力，对农户的约束要强有力得多，因此基于农村集体经济组织（或村委会）生成的集体社会资本含金量较高，可以有效威慑农户的恶意违约行为。由此可见，现行模式未能很好地发挥农村基层社会（经济）组织的作用，这应当是制约其发展的重要因素。

3. 互助金供给不足

在现行模式下，互助金主要来自社员认缴。这在参与意愿不高的背景下必然造成互助金供给不足的问题。

从互助金供给方的角度来理解，其参与意愿之所以不高，除了顾虑风险之外，互助金借出的收益较低也是一个重要原因。套用笔者曾亲耳听到农户们的一句话：互助借出"不如存入银行牢靠"。

基于合作金融的固有属性，信用互助当然不能以营利为目的，从而不能承诺支付固定回报；与此同时，为确保合作金融的可持续性，信用互助的收益首先必须用于弥补既往亏损，然后必须提出盈余公积金，最后才能用于分配；并且同样基于合作经济的基本原则，信用互助业务的可分配盈余也应当主要按照交易额比例返还的原则在社员间进行分配。由此可见，互助金借出收益率较低的问题实质上无解。

此外，农民专业合作社成员间所经营的事业都相同或者高度相关，这就造成其在资金供求角色上的高度同质性，亦即社员们要么绝大多数均为资金需求者，要么绝大多数均为资金剩余者。并且总起来说最常见的是绝大多数社员均为资金需求者。这样一来，以资金需求者为主体而建立起来的资金互助机制自然就容易陷入互助资金供给不足的困境。再加上山东省农民专业合作社信用互助现行模式对互助借入和借出的限制性规定太多，使得社员互助借出与借入的意愿都不高。两项结合，自然极大地束缚了信用互助业务的拓展。

在现行模式下，尽管试点方案允许农民专业合作社与托管银行开展资金融通合作，但仍须经监管部门批准，且只能用于满足合作社成员的季节性临时资金需求，因此合作社打通该融资渠道的意愿不高。与此同时，由于这种资金融通合作的收益率太低，且缺乏相关配套措施，再加上相关业务琐碎、费效比太高，与传统涉农信贷业务相比并无比较优势，因此正规金融机构的参与意愿也很低。

互助资金供给不足并非笔者调研的孤证，其实长期以来便是制约农村合作金融事业发展的大问题（李中华、姜柏林，2008）。根据我们在调研中的感受，正是由于互助金借出收益偏低且不稳定，再加上样本合作社资金互助的手续普遍烦琐，社员颇嫌麻烦，因此样本合作社成员互助借出的意愿普遍不高。

笔者认为，迄今为止主流观念对农村合作金融的理解太机械，亦即均以农户或农村地区特定行为主体为对象，将农村合作金融仅仅理解为这些融资弱势群体间的资金互助。但其实设若站在整个国民经济系统这个最为宏观的视角来观察，则整个农村地区居民都属于融资弱势群体，于是农村合作金融的终极目的应该是建立农村地区资金闭循环系统，以确保农村地区的资金归农村地区的居民使用。这时，把现有银行业存款类金融机构引入农村合作金融系统便是件很容易联想到的事情了。

只有引入银行信贷资金供给，农村合作金融模式才有可能获得足够的资金支持。因此本文认为，在现行模式下，农民专业合作社信用互助机制与正规金融体系的信贷供给机制之间尚未建立起稳定可靠的资金供求合作关系，是造成农民专业合作社信用互助模式资金供给不足的关键原因，也是造成现行信用互助模式活力不足的重要原因。

6.4　本章小结

山东省农民专业合作社信用互助业务试点显著影响山东农户的投资意愿。山东省各级政府积极推动信用互助模式试点工作，应是近年来山东省农户投资逐步增加的显著影响因素。

农户的社会资本水平、村委会的威信和政府相关政策的支持力度等广义社会资本对农户参与信用互助意愿具有决定性影响。

亲缘社会资本仍是农户个人社会资本的主要构成部分，且是影响农户参与信用互助意愿最为主要的因素。这一特性阻碍了信用互助模式的发展。因此应着力提高并充分利用农村集体经济组织（村委会）的威信，加大政府相关政策的支持力度，强化社会诚信制度建设，凭以厚植村落集体社会资本，并使之与合作社集体社会资本以及社员个人社会资本相结合，共同发挥信用互助隐性担保的效能。

目前山东省农民专业合作社资金互助业务的经营效率普遍较低，农户参与意愿也不高。造成这一状况的原因主要有两个：一是互助资金来源不足；二是监管过于严苛。

第7章 农民专业合作社信用互助模式的优化

针对山东省农民专业合作社信用互助业务现行模式存在的信用互助资金来源不足以及信用互助活力不足两个问题,本书将提出主要包含如下两个要点的优化思路:一是将存款类金融机构的信贷投放业务与农民专业合作社信用互助业务联结,凭以缓解合作社信用互助业务资金供给不足的问题;二是将农村集体经济组织(村委会)嵌入农民专业合作社信用互助业务模式,凭以夯实合作社信用互助业务的社会资本基础,从而为适当放松监管创造条件。本章将深入分析这两个优化思路的效应及其可行性。

7.1 优化农民专业合作社信用互助现行模式的总体构想

7.1.1 鼓励专业合作社模式创新,优化其运营,凭以夯实信用互助的载体

以专司农业生产与经营的(非金融)合作组织为依托开展合作金融业务,是农民专业合作社信用互助模式的核心特征。显然,农民专业合作社的健康发展是附着其上的信用互助模式赖以生成与发展的前提。由此,作为优化农民专业合作社信用互助模式的首要之策,应鼓励农民专业合作社模式创新,优化其运营,凭以夯实信用互助模式的载体。

目前我国农民专业合作社的发展主要存在两个问题:一是空壳合作

社问题；二是合作社异化问题。不过，空壳合作社不可能生成信用互助模式，因此第一个问题超出了农民专业合作社信用互助模式的研究范围。但对于合作社异化现象的认识则将影响到对专业合作社信用互助模式的价值判断，因此必须厘清。

目前国内的相关文献普遍把"所有者与惠顾者同一""一人一票式民主管理"以及"依照惠顾交易量分配合作社剩余"等原则视作合作社的根本属性，并作为判断特定经济组织是否属于合作组织的基本依据。由此，许多学者认为我国几乎不存在真正意义上的合作社（邓衡山，2016）。既如此，农民专业合作社信用互助模式也就无从谈起了。但本文认为这种思维颇为僵化，有可能窒息合作组织的正常发育。

总起来说，合作组织肯定不属于公益组织，因此不负有向社会提供公共品的义务。但如同独资企业或股份企业，合作组织属于创立者的自益（自利）组织。因此向社会提供私人品，凭以追求其所有者效用（经济利益）的最大化，既是合作组织运营的根本目的，同时也是评判其运营是否稳健良好的基本依据。

实际上，任何经济行为主体都是基于自身效用（经济利益）最大化的原则自主选择加入股份企业或合作组织的。正如同智猪博弈模型所阐述的逻辑，除非可以获取垄断利益，或者可以获取分散风险的好处，强者不会选择与弱者结盟。因此通常只有那些经济实力相对较弱的行为主体才会萌生加入合作组织的强烈意愿。例如，正是由于农民阶级的经济能力与抗风险能力相对弱势，所以才有必要建立永久性的经济合作组织（亦即农村集体经济组织）。同样基于提高经济实力或抗风险能力的需要，农村集体经济组织的部分成员农户会萌生组建或加入农民专业合作社的愿望。

由此可见，正如同本书 2.3 节所阐述的逻辑，合作组织首先是难分伯仲的弱者间的自愿结盟，然后才衍生出"所有者与惠顾者同一""一人一票式民主管理"以及"依照惠顾交易量分配合作社剩余"等合作组织原则。

既然合作组织是弱者间的互助联盟，则其本质属性就应该是"经济实力相对弱者间的互助互益与联合对外"，而不是诸如"所有者与惠顾者同一"之类的衍生属性。由此，不能以衍生属性来约束合作组织的运作；任何有助于合作组织生存与发展的行为都符合该合作组织的宗旨，因而都值得鼓励和推广。

以"合作社成员的异质性"为例，我国农村地区合作社成员的异质性主要表现为"能人"农户的加入。这种情况通常会削弱乃至于终结合作社的民主管理机制；与此同时，合作社既有的"依照惠顾交易量分配合作社剩余"的分配制度也会被股权分配机制侵蚀。许多学者认为这将淡化乃至于消灭合作社的合作性。但基于笔者的观察，这些"能人"社员要么拥有较多的资金实力，要么拥有更多的社会关系"人脉"，要么拥有较高的生产经营能力或者市场前瞻能力。而这些能力普遍为其他社员所倚重，实际上是许多弱势农户愿意加入合作社的重要原因，因此合作社成员的异质性通常有助于增强合作社集体社会资本，有助于提高合作社经营效率，有助于增进合作组织的稳定性。

一方面，对于合作组织中的弱势社员来说，"能人"进入合作组织的利通常远大于弊；另一方面，"能人"毕竟也是自利的理性人，其加入合作社的利必须远大于弊，否则不可能萌生加入的意愿。合作社的异化实质上是弱势社员与"能人"间博弈的结果，是弱势社员必须付出的代价，具有双赢性。因此，农民专业合作社与寄生其中的信用互助模式应积极吸引和善用"能人"农户，积极借鉴股份制企业的经营机制，而不应拘泥于合作组织的纯洁性。

7.1.2　联结金融机构的涉农信贷业务与农民专业合作社的信用互助业务

2007 年，中国农业银行曾制定《农业银行服务三农总体实施方案》，确立了"一行两制"的城乡金融业务经营模式。亦即在一级法人体制下，城乡金融业务分别采用不同的制度规则和运行机制。例如改变传统的省级分行以上集权式信贷审批模式，将大部分三农和县域贷款的审批权限下放到二级分行甚或县域支行等。仔细研读该方案可发现，尽管其涉农信贷业务"仍要坚持商业化和可持续性发展等原则"，但其中已隐含了"建立农村地区（县域）资金闭循环系统"的思想。

本书认为，我国现有银行业存款类金融机构坐享行业垄断利润，再加上国家控股，从而具有国有企业属性，因此其涉农信贷业务不应局限于恪守惯常的商业准则，而有义务承担更多的社会责任，将从农村地区

219

吸收的资金如数反哺到农村地区去。基于此，农村地区现有银行业存款类金融机构的信贷投放业务应作重大调整。具体思路如下：

（1）对接农村集体经济组织（村委会），以该农村集体经济组织（村委会）及其成员（包括成员农户、附属企业或机构、附属农民专业合作社等）在银行业存款类金融机构的年度平均存款余额为最大授信额度，按照以需定支、随时支用的原则，向经农民专业合作社审核同意并经农村集体经济组织（村委会）推荐的本合作社（或本组织）成员无条件投放信用贷款。

银行业存款类金融机构以农村集体经济组织（村委会）为对象定期评估其资信状况。对于其成员无违约记录且其他资信条件均考核达标的农村集体经济组织（村委会），银行业存款类金融机构可适当增加其授信额度，或降低其适用贷款利率；反之，对于其成员发生违约记录的农村集体经济组织（村委会），银行业存款类金融机构可适当降低其授信额度，或提高其适用贷款利率；对于其成员严重违约且触犯其他合约预定条款的农村集体经济组织（村委会），银行业存款类金融机构可在规定期间内注销其授信额度，拒绝向该农村集体经济组织（村委会）的所有成员投放信用信贷。

（2）当农村集体经济组织（村委会）在一个会计年度中推荐的信用贷款申请总额超过其既定授信额度时，对于超出的那一部分贷款申请，银行业存款类金融机构应转而依据惯常商业原则来审核裁量是否同意投放信贷，并酌定信贷投放的具体条件（例如贷款额、贷款利率、担保要求等）。

（3）对于农村集体经济组织（村委会）、农民专业合作社或者成员农户个人可以提供足额抵押担保的贷款申请，可以不计入该农村集体经济组织（村委会）的既定授信额度。银行业存款类金融机构原则上不得拒绝此类抵押贷款申请。

（4）对于贫困村或者经济条件较差的农村集体经济组织（村委会），银行业存款类金融机构可依照普惠金融的理念和业务规则，向其投放普惠金融专项信贷；或者执行国家金融扶贫政策，向其投放金融扶贫专项信贷。此类贷款不计入该农村集体经济组织（村委会）的既定授信额度。

（5）银行业存款类金融机构放弃上述授信额度内涉农信贷业务的

贷前审查与贷中监督等工作，转而只负责农村集体经济组织（村委会）所提供的授信额度内贷款申请材料的形式要件审核工作，并定期以农村集体经济组织（村委会）为单位评议授信额度内信贷合同的履行情况，据以调整对该农村集体经济组织（村委会）的信贷政策。

这样一来，存款类金融机构就可以节省传统涉农信贷投放业务项下的大部分费用，甚至有可能精简涉农信贷部门。与此同时，涉农信贷资产的质量则有可能显著提高。

在将银行业存款类金融机构的信贷投放业务与农民专业合作社的信用互助业务联结起来之后，现有信用互助模式将新增社员间对银行信贷的联保联贷机制，从而不再局限于现行狭义的社员间资金互助机制。

7.1.3　将农村集体经济组织（村委会）嵌入农民专业合作社信用互助模式

银行业存款类金融机构可将面向农村集体经济组织成员的信贷业务委托给该农村集体经济组织（村委会）办理，并在授信额度之内赋予农村集体经济组织（村委会）面向其成员是否投放贷款的自由裁量权。这样一来，农村地区银行业存款类金融机构就能摆脱现有大部分涉农小额信贷业务的工作量。具体思路如下：

1. 农村集体经济组织（村委会）将贷款审批权下放给农民专业合作社

由农民专业合作社具体负责本社成员贷款申请的审批工作，具体承担本社成员每一笔信贷资金的贷前审查、贷中监督与贷后评议的责任。

2. 农村集体经济组织（村委会）负责定期审查和监督附属农民专业合作社的资信状况

对于其成员无违约记录且其他资信条件考核达标的农民专业合作社，农村集体经济组织（村委会）可适当增加其授信额度；反之，对于其成员发生违约记录的农民专业合作社，农村集体经济组织（村委会）可适当降低其授信额度；对于其成员严重违约且达到规定条件的农民专业合作社，农村集体经济组织（村委会）可在规定期间内拒绝向其所有成员投放信贷。

3. 农村集体经济组织可向金融机构提供担保

农村集体经济组织可以本组织依法享有的资产权益向金融机构提供担保，承诺承担本组织成员违约的连带责任。

农村集体经济组织（村委会）可要求其附属组织（附属企业或机构、附属农民专业合作社等）承诺承担本组织成员违约的连带责任。

农村集体经济组织（村委会）的附属农民专业合作社等附属组织可要求其成员承诺相互间联保互保，共同承担本社成员违约的连带责任。

7.1.4　完善支持体系与机制

农村集体经济组织是我国农村经济制度中的主要法律关系主体。根据宪法和农村土地承包法，我国农村地区实行"土地集体所有，农户承包经营"的基本经济制度。习近平总书记在 2016 年 4 月主持召开的农村改革座谈会上特别强调农村改革绝对不能削弱农村土地集体所有制基础。中共中央办公厅与国务院办公厅在 2016 年 10 月联合印发的《关于完善农村土地所有权承包权经营权分置办法的意见》中提出农村集体土地实行所有权、承包权、经营权分置并行的办法；并在 2019 年 4 月联合印发的《关于统筹推进自然资源资产产权制度改革的指导意见》中指出农村集体经济组织应以特别法人的身份具体行使农村集体所有资产的所有权。由此可见，农村集体经济组织的发展和壮大攸关农村经济与社会的可持续发展，是完善乡村治理、实现乡村振兴战略的关键环节。正是基于这一逻辑，2019 年 10 月 28 日召开的中共中央十九届四中全会要求深化农村集体产权制度改革，发展农村集体经济，完善农村基本经营制度，健全充满活力的基层群众自治制度。然而依照笔者的调研观察，在我国目前实行的村党支部、村委会与集体经济组织的"三位一体"乡村治理体制下，普遍存在农村集体经济组织（村委会）虚化的现象，导致其在农村经济与社会生活中的权威性不足。在这种局面下，即便将农村集体经济组织（村委会）引入农民专业合作社信用合作模式，其增强该模式集体社会资本基础的作用也将很有限。因此应考虑完

善乡村治理结构，尽可能地强化农村集体经济组织（村委会）在农村
地区经济与社会生活中的主要法律关系主体地位。

例如，为强化农村集体经济组织（村委会）的权威，尽可能提高
其社会资本价值，政府、保险机构、担保机构、其他金融机构等外在社
会行为主体应改变主要直接面向农民专业合作社或农户的现行做法，转
而尽可能直接与农村集体经济组织（村委会）对接，由后者协助达成
政策目标或完成工作任务，从而尽可能强化对农村集体经济组织（村委
会）的支持力度。具体思路如下：

1. 政府的涉农政策应尽可能经由农村集体经济组织（村委会）管道发挥作用

目前政府的许多支农政策（例如财政补贴政策或扶贫政策）直接
与农户和农民专业合作社衔接，今后应考虑与集体经济组织（村委会）
对接，由后者负责具体达成政府的政策目标。政府则建立健全社会公众
监督举报机制，以确保农村集体经济组织（村委会）正确理解政策、
切实落实政策，圆满实现政策目标。这样做的好处有三：一是强化农村
集体经济组织（村委会）的功能，从而有助于完善农村基础社会管理
机制；二是借助集体经济组织（村委会）的力量，提高政策效力；三
是强化农村集体经济组织（村委会）的权威，厚植村落集体社会资本。

2. 鼓励非银行业金融机构以农村集体经济组织（村委会）为单位拓展业务

建立健全农村地区的保险体系和担保体系，并鼓励保险机构和担保
机构以农村集体经济组织（村委会）为单位，为其全体成员打包量身
定做一揽子保险或担保解决方案。鼓励由农村集体经济组织（村委会）
统一缴纳保险费或担保费用，并协助保险机构或担保机构具体完成保险
或担保业务。

3. 完善农村地区社会征信体系与机制，并把农村集体经济组织（村民自治组织）作为一个独立单元，列入农村地区社会征信体系的考核对象范畴之内

目前我国农村地区的社会征信体系尚不健全。今后一方面应加快农

村地区社会征信体系建设的步伐，另一方面也应在现行注重考核个人或机构信用水平的基础上增加考核农村集体经济组织（村委会）的信用水平。并且应把针对农村集体经济组织（村民自治组织）的信用评估分解成两个层次：一是针对农村集体经济组织（村委会）特别法人的信用水平评估；二是针对农村集体经济组织（村民自治组织）所有附属机构以及成员个人的信用水平综合评估。这样一来，在审核农户个人的信用水平时，既要参考其本人的信用水平，同时还要参考其所属农村集体经济组织（村民自治组织）的综合信用水平。如此，可强化农村集体经济组织（村民自治组织）成员间的相互监督和约束，从而进一步夯实村落集体社会资本。

4. 供应链金融模式也应考虑引入农村集体经济组织（村委会）的力量

所谓供应链金融，就是金融机构围绕着某个经济实力相对雄厚从而信用等级较高的核心企业，将其产业链上下游与之业务关系密切的中小微企业或个体生产经营者的资金流（乃至于物流）都纳入信用风险管理范畴，以求能将其上下游诸多中小微企业或个体生产经营者的显著不可控信用风险转变为产业链整体的相对可控信用风险，然后依据产业链整体的资信状况，统筹安排核心企业、中小微企业以及个体生产经营者的信贷供给计划与具体实施方案。

供应链金融模式的实质就是将核心企业的较高信用向其上下游中小微企业或个体生产经营者延伸，从而显著提高中小微企业以及相关个体生产经营者的信用水平。不过，由于农业产业的特殊性，农业企业的经营风险普遍高于其他产业企业，因此农业供应链金融模式化解信贷违约风险的能力较低。此外，农民专业合作社以及农户经营的专一性普遍较低，这就使得其对特定农业核心企业的依附程度显著低于其他行业的中小微企业或个体生产经营者。正是由于自觉农民专业合作社和农户对自己的忠诚度较低，因此许多农业核心企业不愿意与农民专业合作社和农户搭建供应链金融模式。

在实践中，为提高农业核心企业参与供应链金融模式的意愿，普遍的做法就是政府主动介入撮合，专门制定配套鼓励政策，并在实质上向农业核心企业和金融机构提供了政府信用担保。

目前农业供应链金融模式的实践普遍忽略了农村集体经济组织（村委会）的作用。但考虑到其作为农村地区基层经济（自治）组织的永续存在性，再考虑到其对成员农民专业合作社和农户的强大经济与社会约束力，将其引入农业供应链金融模式，从而借用其雄厚的社会资本，能显著地提升农业核心企业的参与意愿，降低整个供应链金融的信用风险水平，进而刺激金融机构增加信贷供给。

在另一方面，农村集体经济组织（村委会）参与农业供应链金融模式可以强化其社会资本，从而巩固其在农村合作金融体系与机制中的地位。

5. 适度发展涉农期货期权套期保值业务

适度发展涉农期货期权套期保值业务，有助于帮助农户或农民专业合作社规避市场风险，从而间接协助农村集体经济化解违约风险。

不过，考虑到衍生金融工具交易的特殊性，期货公司等非银行业金融机构应以相关农户或农民专业合作社（而不应以农村集体经济组织或村委会）为对象开展经纪业务。并且要严格约束农户或农民专业合作社只能开展与主业相关的套期保值业务。

总而言之，如图 7-1 所示，基于本书建议的优化模式思路，最终我国农村地区将生成一个拟内生化的农村金融体系与机制：将现有外生银行业存款类金融机构与农村集体经济组织及其内生合作金融组织和机制联结；银行业存款类金融机构既从农村经济吸储，又经由农村地区内生合作金融体系和机制向农村经济提供信贷资金；由于银行业存款类金融机构依据农村集体经济组织及其全体成员的存款余额确定授信额度，并在授信额度内依照以需定支的原则及时便捷地满足农村集体经济组织成员的信贷资金需求，因此农村地区的资金流动得以达成闭循环，从而能从根本上扭转农村地区资金大量外流的局面。

与此同时，由于农民专业合作社及其成员的社会资本并不雄厚，因此上述拟内生化农村金融体系与机制十分重视农村集体经济组织（村委会）的作用。并且要求各级政府、各类金融机构（例如保险机构或担保机构等）都尽可能地直接与农村集体经济组织（村委会）对接开展工作，凭以支持巩固后者的权威。此外，农村地区社会征信体系与机制的建设也应充分考虑农村集体经济组织（村民自治组织）的作用，例如可将农村地区居民个人的信用与其所属农村集体经济组织（村民自治

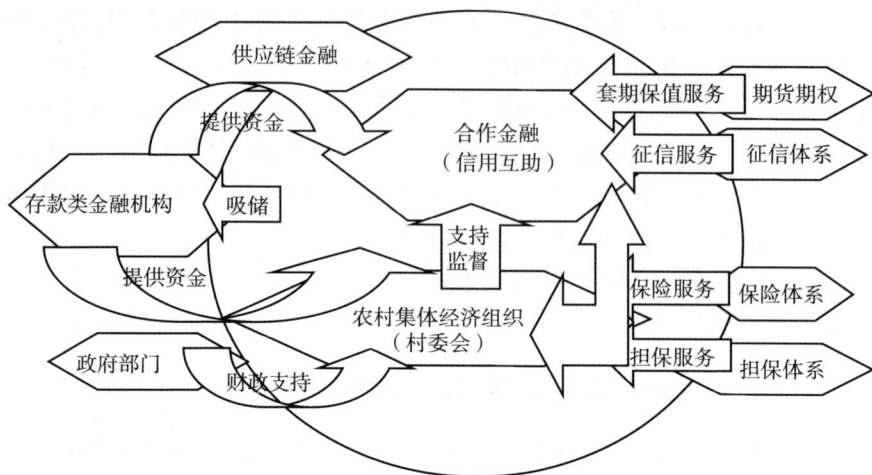

图 7 - 1　拟内生化的农村金融体系与机制

组织）的综合信用结合起来。这样一来，农村合作金融凭以生存的社会资本就会得到极大提升。再辅以农业产业链金融（供应链金融）以及期货（期权）公司提供的期货期权套期保值服务，农村合作金融的系统性风险将会得到有效控制。

　　由此可见，建立健全农村保险体系、担保体系和农村社会征信体系，推广供应链金融模式，可直接降低合作金融的违约风险；适度发展涉农期货或期权市场，为农村地区的生产经营者提供套期保值服务可间接降低合作金融的违约风险。所有这些工作都间接地强化了对农村集体经济组织（村委会）的支持，从而为农村合作金融的发展创造良好的环境。这就为政府相关监管部门放松对信用互助模式的风险管控创造了有利条件，从而为其模式创新与业务拓展开拓出崭新空间。

7.2　金融机构涉农信贷业务与合作社信用互助业务联结的效应分析

　　本节将证明：银行业存款类金融机构涉农信贷业务与农民专业合作社信用互助模式的联结，既可以有效缓解金融机构涉农信贷信息不对称以及缺乏担保等问题，从而有效降低涉农信贷的信用风险，又可以解决其涉农信贷业务效费比太低的问题；同时还可以有效缓解农民专业合作社信用互助模式资金来源不足的问题，因此是一个双赢的办法。

7.2.1 联结机制效应分析模型的基本假设

为简便起见，这里仅将金融机构给予农户的贷款划分为两种类型：一是可按期收回本息的贷款，相当于正常贷款；二是不能按期还本付息的贷款，相当于损失类贷款。从而不考虑与关注、次级和可疑三种贷款资产相对应的情景。

1. 一个简化的联结机制

假设合作社与存款类金融机构签署协议，承诺其成员间将相互无条件地承担银行贷款的连带责任。

设若信用互助组织整体未违约（亦即其中投资成功的成员农户完全承担了其他违约成员农户的连带责任），则金融机构将承诺继续基于信用互助贷款机制向该信用互助组织的成员农户提供贷款。

设若某个投资成功的农户违约，则信用互助组织内的其他成员可在足额承担违约连带责任的基础上把该违约农户开除出该信用互助组织。假设该违约农户因此产生的信誉社会资本损失现值为 s_P。

设若某个成员农户因投资失败而违约，则在其他成员承担起连带责任之后该农户仍可维持合作社成员资格，从而继续参与信用互助贷款机制。并且由于该农户非主观违约，因此不会在成员农户间产生信誉社会资本损失。

设若信用互助组织内所有农户均因投资失败而违约，则金融机构将终止与该信贷互助组织签署的协议，不再提供贷款支持，但不因此降低所有成员农户的信用评价。

设若投资成功农户积极承担还本付息连带责任，则该农户的信誉社会资本将显著提高。假设该投资成功农户在成员农户间信誉社会资本的增值现值为 s_{PV}。

设若信用互助组织中投资成功的成员农户作为整体未能完全承担起其他违约成员农户的连带责任，则金融机构将把该信用互助组织内的所有农户都认定为低信用客户，从而废止与合作社签署的信贷协议，并且不再向该信用互助组织及其成员提供贷款。

2. 模型分析的其他假设

在信用互助组织内部，就任意一个成员农户而言，其逻辑思维的核心目标就是理性处理自身和其他农户间的互动关系。而作为理性思考的必然结果，投资风险（从而客观违约风险）较低的农户不会情愿与投资风险（从而客观违约风险）较高的农户建立信用互助合作关系。这样一来，信用互助组织成员农户间的投资风险就不会存在明显的差异。换句话说，合作社成员的属性应该有雷同的长期倾向。由此，这里假设信用互助组织成员农户经营失败的可能性（市场风险）均相同，例如均为 p，$0 < p < 1$。相应地，每一位成员农户投资成功的可能性均为 $1 - p$。

同样基于信用互助组织成员农户性质趋同的判断，假设成员农户投资成功时的自有资金利润均为 $R > 0$；再假设每个成员农户贷款的金额均为 $A > 0$，借贷利率均为 i，$0 < i < 1$。

为简便起见，假设合作社各成员农户要么选择按期足额还本付息并且完全承担连带责任（no-default，ND），要么选择完全不还本付息且不承担连带责任（default，D），从而不存在部分违约的可能性（具体包括部分还本付息、部分承担连带责任、延期还本付息等情景）。

设若投资成功的农户违约，则假设金融机构可强制收回的本息占该违约农户自有资金利润的比例为 $\beta > 0$。因而金融机构可强制收回的本息为 $\beta R > 0$，农户的实际（剩余）收益为 $(1 - \beta)R$。设若农户因投资失败而违约，则假设金融机构可强制收回的本息为 0。

假设金融机构均在每一个借贷合同期的期末催收本息；并且假设合作社成员农户在决定自己是否如约还本付息之前有机会掌握其他成员农户是否将还本付息的准确信息。因此信用互助组织成员农户间的还本付息博弈可归类于完美信息博弈的范畴。又由于信用互助组织成员农户都处在同一个社会关系网络之内，相互间具有紧密的血缘关系或乡亲邻里关系，在社会身份上通常都属于同一个村庄（农村集体经济组织或社区），且都日常居住生活在地理空间狭小的同一个社区，相互间都"很熟悉"，因此也可把信用互助组织成员农户间的博弈归类于完全信息博弈的范畴。

7.2.2 金融机构涉农信贷业务与合作社信用互助模式联结的效应分析

1. 两个社员农户间信用互助机制下的联结效应分析

金融机构与信用互助模式联结的实质就是将农户与金融机构之间的信贷合作博弈转换成合作社成员农户间的信誉博弈。若用 n 表示信用互助组织成员的数目，则这里将考察的是 n = 2 时的联结效应。

（1）完全且完美信息静态博弈分析。

两个信用互助农户间的博弈环境有三种可能：一是两个农户均投资成功情景下的博弈；二是只有一个农户投资失败情景下的博弈；三是两个农户均投资失败情景下的博弈。

首先考察两个农户均投资成功情景下的博弈。这时给定农户 1 不违约 ND，则农户 2 不违约的支付为 R；农户 2 违约的支付为 $R(1-\beta) + A(1+i) - s_P$。给定农户 1 违约 D，则农户 2 不违约的支付为：

$$R - [A(1+i) - \beta R] + s_{PV} = R(1+\beta) - A(1+i) + s_{PV}$$

农户 2 违约的支付为：

$$R(1-\beta) + 2A(1+i) - \beta R - s_P = R(1-2\beta) + 2A(1+i) - s_P$$

由于农户 1 的支付与农户 2 的支付对称，因此两个农户均投资成功的博弈支付矩阵如表 7 - 1 所示。

表 7 - 1　　　　　两个投资成功农户间的博弈支付矩阵

		农户 2	
		不违约 ND	违约 D
农户 1	不违约 ND	R, R	$R(1+\beta) - A(1+i) + s_{PV}$, $R(1-\beta) + A(1+i) - s_P$
	违约 D	$R(1-\beta) + A(1+i) - s_P$, $R(1+\beta) - A(1+i) + s_{PV}$	$R(1-2\beta) + 2A(1+i) - s_P$, $R(1-2\beta) + 2A(1+i) - s_P$

再考察一个农户投资失败情景下的博弈。具体地，假设农户 1 投资成功，但农户 2 投资失败。则农户 1 不违约的支付为 $R - A(1+i) + s_{PV}$；

农户 1 违约的支付为 $R(1-\beta)+2A(1+i)-s_P$。这时两个农户博弈的支付矩阵如表 7-2 所示。

表 7-2　　农户 1 投资成功且农户 2 投资失败时的博弈支付矩阵

		农户 2	
		违约 D	
农户 1	不违约 ND	$R-A(1+i)+s_{PV}$, 0	
	违约 D	$R(1-\beta)+2A(1+i)-s_P$, 0	

类似地，假设农户 1 投资失败，但农户 2 投资成功。则其博弈支付矩阵如表 7-3 所示。

表 7-3　　农户 1 投资失败但农户 2 投资成功的博弈支付矩阵

		农户 2	
		不违约 ND	违约 D
农户 1	违约 D	0, $R-A(1+i)+s_{PV}$	0, $R(1-\beta)+2A(1+i)-s_P$

最后考察两个农户均投资失败情景下的博弈。这时两个农户均将违约。其博弈支付矩阵如表 7-4 所示。

表 7-4　　　　　　两个农户均投资失败的博弈支付矩阵

		农户 1	
		违约 D	
农户 2	违约 D	0, 0	

设若两个农户都偏爱短期利益，从而均不注意维护自身的信誉社会资本，则 s_P 和 s_{PV} 的取值都将趋近于零。这时两个农户信用互助模式下的信贷决策将退化到完全且完美信息静态博弈模型的分析框架之内。于是除非金融机构的强制回收本息机制切实有效且有力，则无论投资成功与否，农户都将倾向于违约。并且应还本息的金额越大，农户违约的意愿越强烈。实际上在完全且完美信息静态博弈的框架下，

信用互助机制不仅不能抑制或扭转违约的冲动，反而强化了投资成功农户违约的意愿。

由此可见，金融机构与信用互助机制联结的有效性至少必须基于如下两个前提条件：一是信贷供求合作的长期化；二是信贷本息小额化。具体地，可以从三个方面来达成信贷合作的长期化：

一是要尽可能地缩短每一笔贷款的借贷期限，尽可能地增加每一个农户的信贷次数，每一个农户的剩余序贯信贷次数不得小于2。

二是将农户的信贷履约行为与其在社区邻里间的声誉挂钩。

三是将每一个农户获得信贷的可能性与其他农户还本付息的状况挂钩。至于信贷本息的小额化，一则必须尽可能地压低农户每一笔贷款的本金额度；二则必须尽可能地降低贷款利率。当然，这里所谓的信贷本息小额化，不仅意指农户的应还本息在绝对金额上要尽可能地少，更是意指农户的应还本息绝对金额相对于其自有投资额、收入或者自有资产价值要尽可能地小。

（2）动态博弈分析。

经由上述分析可以看出，信用互助机制的有效性只能置于动态博弈模型的分析框架内来讨论。

在动态博弈分析框架下，信用互助组织的成员农户将分化成珍惜信誉（重视长期利益）的农户与不珍惜信誉（漠视长期利益）的农户两种类型。这里假设珍惜信誉农户的时间价值折现因子均为 δ，$0 < \delta < 1$；显然，随着对长远利益重视程度的提高，相应地应有 $\delta \to 1$。但这里简化地假设所有不珍惜信誉农户的时间价值折现因子均为 $\delta = 0$。

假设某信用互助组织任意成员农户在第 t 个信贷（博弈）期的支付（既包括投资收益，也包括信誉损益）为 u_t。显然 u_t 是该农户在第 t 的投资经营状况以及所有农户在当期所采取的行动策略组合的函数。于是在无限重复动态博弈模型下，若将任意珍惜信誉成员农户（从而不恶意违约）的期均支付记做 V，则有：

$$V = (1 - \delta) \sum_{t=0}^{\infty} \delta^t u_t$$

其中，u_0 表示农户在 $t = 0$ 期（亦即当前时期）的支付。

综合考虑农户 1 和农户 2 在任意一个借贷投资期的经营前景，无非三种可能性：一是均投资成功，概率为 $(1 - p)^2$；二是均投资失败，概率为 p^2；三是其中一个农户投资失败，但另一个农户投资成功，这两种可能情景发生的概率均为 $p(1-p)$。由此可见，设若两个农户均只在投资失败时才违约（亦即不会恶意违约），则就其中任意一个农户来说，该农户在任意一个借贷期将面临四种可能的局面：一是两个农户均不违约，记做 w_0；二是自己不违约，但另一个农户违约，记做 w_1；三是自己违约，但另一个农户不违约，记做 w_2；四是两个农户均违约，记做 w_3。再记 s_{B1} 为信用互助组织全体违约时的期均信用价值损失，于是该农户在任意一个借贷期的期望期均支付为：

$$V = (1-p)^2 V(w_0) + p(1-p)V(w_1) + p(1-p)V(w_2) + p^2 V(w_3)$$

其中，$V(w_0) = (1-\delta)\left(R + \dfrac{\delta V}{1-\delta}\right) = (1-\delta)R + \delta V$

$$V(w_1) = (1-\delta)[R - A(1+i) + s_{PV}] + \delta V$$

$$V(w_2) = \left(0 + \dfrac{\delta V}{1-\delta}\right)(1-\delta) = \delta V$$

$$V(w_3) = \dfrac{\delta(V - s_{B1})}{1-\delta} \times (1-\delta) = \delta(V - s_{B1})$$

不过，投资成功的农户实际上也有违约的可能（亦即可能恶意违约），相应的阶段博弈支付矩阵如表 7-5 ~ 表 7-8 所示。

表 7-5　　　　　　　投资均成功农户间的阶段博弈支付矩阵

		农户 2	
		不违约 ND	违约 D
农户 1	不违约 ND	$(1-\delta)R + \delta V,\ (1-\delta)R + \delta V$	$(1-\delta)[R(1+\beta) - A(1+i) + s_{PV}] + \delta V,$ $(1-\delta)[R(1-\beta) + A(1+i) - s_P] - \delta s_{B2}$
	违约 D	$(1-\delta)[R(1-\beta) + A(1+i) - s_P] - \delta s_{B2},$ $(1-\delta)[R(1+\beta) - A(1+i) + s_{PV}] + \delta V$	$(1-\delta)[R(1-2\beta) + 2A(1+i) - s_P] - \delta s_{B2},$ $(1-\delta)[R(1-2\beta) + 2A(1+i) - s_P] - \delta s_{B2}$

表 7-6　农户 1 投资成功且农户 2 投资失败的阶段博弈支付矩阵

		农户 2	
		违约 D	
农户 1	不违约 ND	$(1-\delta)[R - A(1+i) + s_{PV}] + \delta V,\ \delta V$	
	违约 D	$(1-\delta)[R(1-\beta) + A(1+i) - s_P] - \delta s_{B2},\ \delta(V - s_{B1})$	

表7-7 农户1投资失败且农户2投资成功的阶段博弈支付矩阵

		农户2	
		不违约 ND	违约 D
农户1	违约 D	δV, $(1-\delta)[R-A(1+i)+s_{PV}]+\delta V$	$\delta(V-s_{B1})$, $(1-\delta)[R(1-\beta)+A(1+i)-s_P]-\delta s_{B2}$

表7-8 两个农户均投资失败的博弈支付矩阵

		农户1	
		违约 D	
农户2	违约 D	$\delta(V-s_{B1})$, $\delta(V-s_{B1})$	

其中的 s_{B2} 意指农户投资成功时违约的期均信用价值损失。由于投资成功时违约的行为具有主观恶意，金融机构对其惩戒的力度应显著高于投资失败时的被迫（客观）违约，因此这里假设 $s_{B2} > s_{B1}$。依据我们所约定的信用互助机制，设若农户恶意违约，则该农户将被剔除信用互助组织，因此其在未来各期的期均支付将为 $0 - s_{B2} = s_{B2}$，进而折现期均支付为 $\dfrac{-s_{B2}\delta}{1-\delta} \times (1-\delta) = -\delta s_{B2}$。

显然，设若两个农户均投资失败，则这两个农户都违约（客观违约）将是一个子博弈精炼纳什均衡解。但在并非所有农户都投资失败的情况下，要使得不恶意违约成为所有农户的子博弈精炼纳什均衡策略，下列三个不等式必须同时成立：

$$(1-\delta)R + \delta V > (1-\delta)[R(1-\beta)+A(1+i)-s_P]-\delta s_{B2}$$

$$(1-\delta)[R(1+\beta)-A(1+i)+s_{PV}]+\delta V > (1-\delta)[R(1-2\beta)+2A(1+i)-s_P]-\delta s_{B2}$$

$$(1-\delta)[R-A(1+i)+s_{PV}]+\delta V > (1-\delta)[R(1-\beta)+A(1+i)-s_P]-\delta s_{B2}$$

从中不难求得能使得上述三个不等式同时成立的 δ 的阈值 δ^*。

分析上述不等式不难看出，设若 $\beta R < \dfrac{A(1+i)}{2}$，则第三个不等式较第二个不等式严格；反之，设若 $\beta R > \dfrac{A(1+i)}{2}$，则第二个不等式较

第三个不等式严格；而当 $\beta R = \dfrac{A(1+i)}{2}$ 时，第三个不等式与第二个不

等式等价。不过，在实践中金融机构能强制收回的本息通常都很有限，

亦即通常有 $\beta R < \dfrac{A(1+i)}{2}$，因此一般说来第三个不等式总是较第二个

不等式严格。也就是说，只要投资成功的农户不会在其他农户投资失败

时违约，则更不可能在所有农户均投资成功时违约。

进一步地，在 $\beta R < \dfrac{A(1+i)}{2}$ 的前提下，只要 $A(1+i) < \dfrac{s_{PV}}{2}$，则第

三个不等式又较第一个不等式严格。只要 $A(1+i) > \dfrac{s_{PV}}{2}$ 时，则第一个不

等式较第三个不等式严格。由此可见，只要还本付息的金额足够少，或

者积极履约的信誉社会资本增值足够大，则只要投资成功的农户不会在

其他农户投资失败时违约，则更不可能其他农户均履约时违约。

（3）金融机构与信用互助模式联结的激励相容条件。

在实践中，农户间对违约的信誉损失价值评估不会相同。对于那些

重视长远利益从而珍惜信誉的农户来说，违约的价值为负。但对于那些

专注眼前利益从而不珍惜信誉的农户来说，违约是一件增益价值的决

策。因此设若信用互助组织的成员数目相对不足（例如在最极端情况下

仅有两个成员农户），则成员农户未来收益的时间折现因子（该指标刻

画农户对信贷供求持久合作的珍惜程度）便是金融机构最关心的因素之

一。而伴随着成员农户数目的增加，单个农户时间折现因子的重要性逐

步下降，信用互助组织成员农户珍惜信誉的可能性（或者重视长远利益

农户的占比）便成为激励金融机构开展信用互助业务的重要因素。

现在考虑一个由两个农户构成的信用互助组织。设若其成员农户珍

惜信誉的可能性为 α，$0 < \alpha < 1$；相应地，不珍惜信誉（从而漠视长期

利益）的可能性为 $1 - \alpha$。再假设金融机构的基准利润率（机会成本率）

为 $r_0 > 0$。则当这两个成员农户的投资均成功时，金融机构源自信用互

助业务的期望价值为：

$$2A(1+i)\alpha^2 + 2\alpha(1-\alpha) \times 2A(1+i) + 2[\beta R - A(1+i)](1-\alpha)^2$$
$$= 2\beta R(1-\alpha)^2 + 2A(1+i)(4\alpha - 2\alpha^2 - 1)$$

当只有一个农户投资成功时，金融机构源自信用互助业务的期望价

值为：

$$2A(1+i)\alpha^2 + \alpha(1-\alpha)\{2A(1+i) + [\beta R - 2A(1+i)]\}$$
$$+ [\beta R - 2A(1+i)](1-\alpha)^2$$
$$= \beta R(1-\alpha) + 2A(1+i)(2\alpha - 1)$$

当两个农户的投资均失败时，金融机构源自信用互助业务的期望价值为 $-2A(1+i)$。于是金融机构针对这两个农户开展信用互助业务的期望价值最终为：

$$[2\beta R(1-\alpha)^2 + 2A(1+i)(4\alpha - 2\alpha^2 - 1)](1-p)^2$$
$$+ 2p(1-p)[\beta R(1-\alpha) + 2A(1+i)(2\alpha - 1)] - 2A(1+i)p^2$$

为简化分析起见取 $\beta = 0$，于是金融机构在这两个农户间开展信用互助业务的激励相容条件为：

$$2A(1+i)(4\alpha^2 p - 2\alpha^2 p^2 - 2\alpha^2 - 4\alpha p + 4\alpha - 1) \geq 2A(1+r_0)$$

从中不难确定出能使得上述不等式成立的 α 的（下限）阈值 α^*：

$$\alpha^* = \frac{1}{1-p}\left(1 - \sqrt{\frac{i - r_0}{2(1+i)}}\right)$$

综上所述，一方面，从金融机构的角度来考虑，对于任意给定的客观违约风险 p、贷款利率 i 和基准利率 r_0，只要 $\alpha \geq \alpha^*$，亦即金融机构对农户不恶意违约（或者对信用互助组织当中重视长远利益农户占比）的判断较为乐观，它就会生成开展农户信用互助业务的意愿。

而另一方面，如前所述，从农户的角度来考虑，只要 $\delta \geq \delta^*$，亦即农户对自身信誉足够珍惜，不恶意违约就会成为该信用互助组织成员农户履约情况的子博弈精练纳什均衡解。由此可见，只要 $\alpha \geq \alpha^*$ 和 $\delta \geq \delta^*$ 同时成立，信用互助机制便可生成并持久地维持下去。

经由上述分析可以看出，在金融机构与信用互助模式联结的信贷市场上，只要 $\alpha \geq \alpha^*$ 和 $\delta \geq \delta^*$ 同时成立，低风险（亦即仅包含客观违约风险）信贷需求与高风险（亦即包含恶意违约风险）信贷需求就能被成功地分离开来，信用风险较高的农户（恶意违约农户）将被剔除，金融机构的信贷风险因而大大降低（亦即仅包含客观违约风险）。

具体地，在上述金融机构与信用互助模式联结的机制下，金融机构信贷风险的降低源于两个原因：一是恶意违约农户被成功剔除，于是基于恶意违约的信贷风险为零；二是客观违约概率也显著降低。以由两个农户构成的信用互助组织为例，当 $\delta \geq \delta^*$ 时，金融机构向这两个农户同时投放信贷的信用风险（客观违约风险）将由 p 下降为 p^2。

对于任意给定的 $0 < \alpha < 1$，都可经由上式确定出金融机构关于信用互助业务可容忍的投资风险（上限）为：

$$p^* = 1 - \frac{1}{\alpha}\left(1 - \sqrt{\frac{i - r_0}{2(1 + i)}}\right)$$

这就意味着金融机构与信用互助模式联结的适用性也是有限的，它并不能解决所有风险程度农户的融资难问题。这就再次证明了建立与不同风险偏好相匹配的多种类农村资金市场体系的必要性。

特别地，当 $p = 0$ 时，应有：

$$\alpha \geq 1 - \sqrt{\frac{i - r_0}{2(1 + i)}}$$

这是金融机构可以接受的最低水平的 α。一般地，由于

$$\frac{dp^*}{d\alpha} = \frac{1}{\alpha^2}\left(1 - \sqrt{\frac{i - r_0}{2(1 + i)}}\right) > 0$$

因此伴随着重视长远利益农户占比 α 的提高，金融机构可承受的客观违约风险呈递增的趋势。极端地，设若 $\alpha = 1$，则有：

$$p^* = \sqrt{\frac{i - r_0}{2(1 + i)}}$$

这是金融机构可承受的最高客观违约风险。又由于

$$\frac{dp^*}{di} = \frac{1 + r_0}{4\alpha(1 + i)^2}\sqrt{\frac{2(1 + i)}{i - r_0}} > 0$$

因此，基于给定的 α，金融机构与信用互助组织签署的协议中所约定的借贷利率越高，金融机构愿意承受的客观违约风险越高。

再考虑到下式成立：

$$\frac{dp^*}{dr_0} = -\frac{1}{2\alpha}\frac{1}{\sqrt{2(1 + i)(i - r_0)}} < 0$$

因此，金融机构的基准利率（信贷资金使用的机会成本率）r_0 越高，其在信用互助业务中所愿意承受的客观违约风险越低。

由此可见，在上述金融机构与信用互助模式联结的机制下，金融机构所愿意承受的客观违约风险 p 实质上是农户的信誉水平 α、借贷利率 i 以及信贷资金的机会成本率 r_0 三个因素综合作用的结果。总的来说与前两个因素（α 和 i）正相关，与最后一个因素（r_0）负相关。

（4）联结机制与传统信贷投放模式效应比较。

为了与联结机制相比较，这里假设金融机构依照传统信贷模式同时向两个农户提供信贷。

在传统信贷模式下，设若两个农户均投资成功，仍假定每一位农户珍惜信誉的可能性均为 α，则金融机构所投放贷款的期望价值为：

$$2A(1+i)\alpha^2 + 2\alpha(1-\alpha)\{A(1+i)+[\beta R - A(1+i)]\}$$
$$+2[\beta R - A(1+i)](1-\alpha)^2$$
$$=2A(1+i)(2\alpha-1)+2(1-\alpha)\beta R$$

这个期望价值水平小于联结机制下相同情景时的期望价值。

设若只有一个农户投资成功，则金融机构所投放贷款的期望价值为：

$$\{A(1+i)\alpha+[\beta R - A(1+i)](1-\alpha)\}-A(1+i)$$
$$=[\beta R - 2A(1+i)](1-\alpha)$$

这个期望价值水平也小于联结机制下相同情景时的期望价值。

设若两个农户均投资失败，则金融机构所投放贷款的期望价值为 $-2A(1+i)$。这个期望价值水平与联结机制下相同情景时的期望价值相等。

由此可见，金融机构在传统信贷模式下提供信贷的期望价值必定小于联结机制下提供信贷的期望价值。具体地，金融机构在传统信模式下向这两个农户发放贷款的期望价值为：

$$[2A(1+i)(2\alpha-1)+2(1-\alpha)\beta R](1-p)^2 + 2p(1-p)$$
$$[\beta R - 2A(1+i)](1-\alpha)-2A(1+i)p^2$$

类似地，可求得金融机构在传统信贷模式下开展信贷业务的激励相容条件为：

$$[2A(1+i)(2\alpha-1)+2(1-\alpha)\beta R](1-p)^2 + 2p(1-p)$$
$$[\beta R - 2A(1+i)](1-\alpha)-2A(1+i)p^2 \geq A(1+r_0)$$

基于上式，可算得激励相容条件成立的 α 的阈值（下限）$\bar{\alpha}$。例如为简化分析起见，姑且取 $\beta=0$，于是上述激励相容条件简写为：

$$2A(1+i)(2\alpha-1)(1-p)^2 - 4p(1-p)A(1+i)(1-\alpha)$$
$$-2A(1+i)p^2 \geq A(1+r_0)$$

$$\bar{\alpha}=\frac{3+2i+r_0}{4(1+i)(1-p)}$$

对于任意给定的 $0 < \alpha < 1$，金融机构传统信贷业务可容忍的最高市场风险水平（客观违约风险）为：

$$\bar{p} = \frac{4\alpha(1+i) - 3 - 2i - r_0}{4\alpha(1+i)}$$

特别地，设若 $\alpha = 1$，则有：

$$p = \frac{1 + 2i - r_0}{4(1+i)}$$

这是在传统信贷业务模式下金融机构可以承受的最高客观违约风险水平。

为简化分析起见取 $\alpha = 1$ 和 $r_0 = 0$，再分别取 $\bar{p}$ 和 p^* 的 2 次方，从而有：

$$p^{*2} - \bar{p}^2 = \frac{3 - 4i^2}{16(1+i)^2} > 0 \Rightarrow p^* > \bar{p}$$

由此可见，在联结机制下金融机构可以承受的借款农户投资经营风险要高于在传统信贷业务模式下金融机构可承受的水平。这就拓展了可授信农户的范围，从而为增加农村金融供给创造了条件。

不过，给定借款农户投资经营风险水平 p，在传统信贷模式下金融机构所面临着的客观违约风险为 p；但在联结机制下金融机构所实际承受的客观违约风险为 p^2。由于 $p^2 < p$，因此在联结机制下金融机构所面临着的客观违约风险实际上低于在传统信贷业务模式下金融机构所面临着的客观违约风险水平。

同样为简化分析起见再取 $p = 0$ 和 $r_0 = 0$，再分别取 $1 - \alpha^*$ 和 $1 - \bar{\alpha}$ 的 2 次方，从而有：

$$(1 - \alpha^*)^2 - (1 - \bar{\alpha})^2 = \frac{8 - (1 - 2i)^2}{16(1+i)^2} > 0$$

$$\alpha^* < \bar{\alpha}$$

由此可见，在联结机制下金融机构对珍惜信誉农户占比的要求低于在传统信贷业务模式下所要求的水平。

由于 $p^* > \bar{p}$ 且 $\alpha^* < \bar{\alpha}$，亦即在联结机制下金融机构不仅对珍惜信誉农户的比例要求较低，而且可承受的市场风险较高，因此联结机制有效地降低了银行信贷门槛，从而更好地适应了农户恶意违约风险以及农业生产经营市场风险均相对较高的现实状况，有助于增加涉农信贷供给，缓解农户融资难的问题。

不过，联结机制对成员农户的信誉要求较高。与此同时，联结机制还要求成员农户对持久稳定的信贷供求合作关系有更高的期待。

在传统信贷业务模式下，由于借款农户不恶意违约的期望期均收益为 $R(1-\delta)+V\delta$，恶意违约的期望期均收益为 $[R(1-\beta)+A(1+i)-s_p](1-\delta)-s_{B2}\delta$，因此该农户不恶意违约的前提条件是：

$$(1-\delta)R+\delta V>(1-\delta)[R(1-\beta)+A(1+i)-s_p]-\delta s_{B2}$$

这个条件式与联结机制下确保该农户像其他农户那样不恶意违约的前提条件相同。但如前所述，在联结机制下这个条件较弱。

此外，相较于联结机制，在传统信贷业务模式下借款农户恶意违约对其自身民间信誉的消极影响 s_p 相对较小。这是因为在联结机制下借款农户恶意违约将伤害其他成员农户的利益，自然会激起后者的剧烈反应；而在传统信贷模式下借款农户恶意违约并不会直接伤害其他农户的利益，因此后者多半秉持观望态度，对违约农户的观感影响不大。

换个角度来理解，与在传统信贷模式下借款农户自扫门前雪不同，在联结机制下投资成功农户不仅要按期归还自己所借款项的本息，而且还要对其他违约农户承担连带责任。这就不仅要求农户更加珍惜自己的信誉，而且还要求其对构建与金融机构之间的持久稳定信贷供求合作关系有着更高的期待。这实际上是联结机制能否有效运行的关键因素。

2. 信用互助组织成员数目 n > 2 时的联结效应分析

假设投资失败的农户数量为 m，$0 \leqslant m < n$。于是投资成功农户的数量为 $n-m$。这时，任意两个投资成功农户间的博弈支付矩阵如表 7 - 9 所示。

表 7 - 9　　　　　　　　投资成功农户间的博弈支付矩阵

		农户 2	
		不违约 ND	违约 D
农户 1	不违约 ND	$R-\dfrac{mA(1+i)}{n-m}$, $R-\dfrac{mA(1+i)}{n-m}$	$R-\dfrac{A(1+i)(m+1)-\beta R}{n-m-1}+s_{PV}$, $R(1-\beta)+A(1+i)+\dfrac{A(1+i)m}{n-m}-s_p$

		农户2	
		不违约 ND	违约 D
农户1	违约 D	$R(1-\beta) + A(1+i) + \dfrac{A(1+i)m}{n-m} - s_P,$ $R - \dfrac{A(1+i)(m+1) - \beta R}{n-m-1} + s_{PV}$	$R(1-\beta) + A(1+i) + \dfrac{A(1+i)(m+1) - \beta R}{n-m-1} - s_P,$ $R(1-\beta) + A(1+i) + \dfrac{A(1+i)(m+1) - \beta R}{n-m-1} - s_P$

类似地，任意一个投资成功农户（例如农户1）与任意一个投资失败农户（例如农户2）之间博弈的支付矩阵如表7–10所示。

表7–10　农户1投资成功且农户2投资失败的博弈支付矩阵

		投资失败农户2
		违约 D
投资成功农户1	不违约 ND	$R - \dfrac{mA(1+i)}{n-m},\ 0$
	违约 D	$R(1-\beta) + A(1+i) + \dfrac{A(1+i)m}{n-m} - s_P,\ 0$

由此可知，不恶意违约成为阶段博弈纳什均衡解的条件为：

$$R - \frac{A(1+i)m}{n-m} > R(1-\beta) + A(1+i) + \frac{A(1+i)m}{n-m} - s_P$$

$$R - \frac{A(1+i)(m+1) - \beta R}{n-m-1} + s_{PV} >$$

$$R(1-\beta) + A(1+i) + \frac{A(1+i)(m+1) - \beta R}{n-m-1} - s_P$$

$$R - \frac{A(1+i)m}{n-m} > R(1-\beta) + A(1+i) + \frac{A(1+i)m}{n-m} - s_P$$

（1）信用互助组织成员数目的效应。

从上述条件式可以看出，只要善于经营的农户足够多，则不违约也有可能成为纳什均衡解。这就意味着，适当地扩大信用互助组织的规模有利于信用互助业务的持久稳定开展。具体地，以函数关系式较为简单的第一个条件为例，为使得不恶意违约能成为阶段博弈的纳什均衡解，该信用互助组织的成员数目 n 应满足下列条件：

$$n > m + \frac{2A(1+i)m}{\beta R - A(1+i) + s_P}$$

（2）投资失败成员农户数目的效应。

一旦信用互助组织的成员数目 n 给定，则投资失败成员农户的数量不能太多，否则信用互助组织就会崩溃。具体地，以函数关系式较为简单的第一个条件为例，为使得不恶意违约能成为阶段博弈的纳什均衡解，该信用互助组织当中投资失败成员农户的数目 m 应满足下列条件：

$$m < n \times \frac{\beta R - A(1+i) + s_P}{A(1+i) + \beta R + s_P}$$

（3）单笔借贷本金和借贷利率的效应。

信用互助组织成员农户每一笔借贷的本金金额、借贷利率以及金融机构的强制回收本息机制也是影响信用互助机制有效运行的重要参数。仍以函数关系式较为简单的第一个条件为例，为使得不恶意违约能成为阶段博弈的纳什均衡解，该信用互助组织成员农户的平均借贷本金 A、借贷利率 i 以及回收系数 β 分别应满足下列条件：

$$A < \frac{(\beta R + s_P)(n-m)}{(n+m)(1+i)} \, ; \quad i < \frac{(\beta R + s_P)(n-m)}{(n+m)A} - 1$$

总的来说，基于信用互助机制的单笔信贷投放金额不能太大、利率不能太高。并且在其他条件给定的前提下，无论单笔信贷投放的本金，还是利率，都应随着信用互助组织成员数目的增多而减少或降低。只有在金融机构的强制回收本息机制有效且强有力的前提下，或者在成员农户的信誉损失足够高昂的情况下，才可考虑适度增加单笔信贷的投放金额，或者适度提高借贷利率。

（4）借款农户社会资本的效应。

信用互助组织成员农户对社会资本的珍惜程度影响信用互助机制的运行效率。以第二个条件式为例，设若给定主动承担连带责任农户的社会资本增益 s_{PV}，则为使得不恶意违约能成为阶段博弈的纳什均衡解，该信用互助组织恶意违约成员农户的信誉损失应满足下列条件：

$$s_P > A(1+i) - \beta R + \frac{2A(1+i)(m+1) - 2\beta R}{n-m-1} - s_{PV}$$

设若给定恶意违约农户的信誉损失 s_P，则为使得不恶意违约能成为阶段博弈的纳什均衡解，主动承担连带责任的社会资本增益应满足的条件为：

$$s_{PV} > A(1+i) - \beta R + \frac{2A(1+i)(m+1) - 2\beta R}{n-m-1} - s_P$$

由于这两个条件互为前提，因此信用互助组织成员农户间社会资本的相对损益变化对信用互助机制效能的发挥影响更大些。考虑到我国农村社会相对封闭，农民对相互间相对社会地位的变化尤为敏感，因此信用互助机制有效运行所要求的这一条件恰好与我国农村社会的现实相符。从现实操作的层面来考虑，在提高信守合同成员农户社会资本的同时，剥夺恶意违约成员农户的社会资本，这种做法相较于单方面地提高信守合同成员农户的社会资本，或者相较于单方面地剥夺恶意违约成员农户的社会资本，相对更具有可行性。

不过，关于农户社会资本损益对信用互助机制效能的影响也不能估计过高。从前面我们所给出的完全信息静态博弈支付矩阵可以看出，只要恶意违约农户的信誉损失 s_P 以及主动承担连带责任的社会资本增益 s_{PV} 足够大，则在每一个借贷周期不恶意违约既是帕累托最优解，同时也是纳什均衡解。如此便不存在借款农户恶意违约的问题了。但这显然与现实情况不相符，因此逆向推理，我们只能推定恶意违约农户的信誉损失 s_P 以及主动承担连带责任的社会资本增益 s_{PV} 都不大。

（5）金融机构贷后监管与强制回收制度的效应。

由于信用互助模式内嵌成员农户之间相互担保的机制，因此一些金融机构的从业者认为这种信贷模式可以减轻金融机构贷前考察与贷后监管的压力。但这是对信用互助模式的误解。实际上，除非信用互助组织成员农户的投资经营效益普遍良好，或者信用互助组织所在地民风淳朴，成员农户普遍珍惜信誉，信用互助机制并不必然降低金融机构贷后监管工作的重要性。相反，缜密有效且强有力的贷后监管机制有助于信用互助模式的有效运行。

仍以函数关系式较为简单的第一个条件为例，为使得不恶意违约能成为阶段博弈的纳什均衡解，金融机构的本息强制回收系数应满足下列条件：

$$\beta > \frac{1}{R}\left(\frac{A(1+i)(m+n)}{n-m} - s_P\right)$$

可见，为使得不恶意违约能成为阶段博弈的纳什均衡解，单笔借贷的本息额越大、信用互助组织的成员数目越多，强制回收本息机制的力度就应该越大。只有在信用互助组织当中投资失败成员的占比很小的前提下，或者在成员农户的信誉损失足够高昂的情况下，强制回收本息机制的重要性才会相对下降。

减少金融机构信贷投放业务的工作量，提高其信贷投放业务的效费比，是我们建议金融机构与信用互助模式联结的理由之一。但上述分析表明，单靠信用互助组织本身的内在机制尚不足以降低金融机构涉农信贷业务的信用风险。因此有必要引入农村集体经济组织（或村委会）的力量，凭以显著增大农户违约的社会资本损失。其中的内在逻辑将在下一节深入讨论。

（6）金融机构最优违约惩戒制度的设计。

违约惩戒机制是确保金融机构按期收回本息的必要制度安排与重要业务（工作）流程设置，是金融机构任何一种信贷模式都不可或缺的内容。不过，在不同的信贷模式下违约惩戒机制的具体制度安排或业务流程不会完全相同。

例如，设若在传统信贷模式下金融机构与借款客户签订信贷合同，则该借款客户作为贷款合同的甲方，其履约情况是金融机构判断应否启动违约惩戒机制的充要条件。但在金融机构与信用互助模式联结的机制下，金融机构必须先与信用互助组织签订信贷供求合作协议，从而搭建起信用互助信贷模式的具体实施框架。然后金融机构才与信用互助组织成员农户签署信贷合同。在联结机制下金融机构判断应否启动违约惩戒机制的依据并不是某个特定的借款农户是否违约，而是信用互助组织作为一个整体是否违约。亦即该信用互助组织的其他成员农户是否切实地履行了违约连带责任。如果信用互助组织作为一个整体违约，则无论某个特定成员农户是否履行自己的那部分按期还本付息责任，金融机构都将惩戒该信用互助组织的全体成员农户。正是基于此，联结机制下的恶意违约行为将会产生更为恶劣的影响，更为严重地损害其他成员农户的利益，从而更为严重地损害违约农户的民间信誉。

由此可见，在传统信贷模式下违约惩戒机制只影响恶意违约农户的征信。这种征信损失只会在未来其与金融机构打交道的过程中显现出来。例如金融机构从此不再向其授信等。但恶意违约行为对其民间信誉的影响微不足道。在社会风气崩坏的情况下，赖账（尤其抵赖金融机构等"公家"的账）甚至会被视作"能人"的行为，会被其他农户羡慕或模仿，从而增加违约农户的社会资本。这种情景我们在第 6 章已做深入阐述。

而在联结机制下，违约惩戒机制不仅影响恶意违约农户的征信，金融机构从此不再向其授信，而且还会由于金融机构向其他成员农户催促履行连带责任，从而影响其与其他成员农户间的邻里亲情关系，恶化其与邻里亲戚间的互动生活，进而显著降低恶意违约农户的社会资本。也就是说，在信用互助机制下恶意违约农户不仅会像其在传统信贷模式下那样产生征信信誉损失 s_{B2}，而且还会产生民间信誉损失 s_P。因此信用互助机制下的违约惩戒力度要明显强过传统信贷模式。

在实践中，金融机构对违约行为都是采取一概惩戒的做法。但其实借款农户的违约存在客观违约与恶意违约之别，因此金融机构的违约惩戒制度应该被分解成两个层面上的范畴：一是客观违约的信用评级调整制度；二是恶意违约的惩戒制度。

于是当借款农户因投资经营失败而丧失还本付息能力时，金融机构的工作重点应该不是对违约农户的惩戒，而是调整相关农户的信用等级，并重新分析研究与评估相关产业或产品经营的现状、前景及其风险。一般地说，金融机构不应放弃与该客观违约农户继续合作的可能，而只应降低该违约农户的信用等级。这样，其后继获取信贷的可能性随之降低，或者信贷融资成本上升。与此同时，由于金融机构重新定位相关产业或产品经营的风险，因此借款农户的客观违约也会连累到经营状况类似的其他农户，使得这些农户获得贷款的难度提高，或者贷款利率上涨。

而当借款农户恶意违约时，金融机构应在未来相当长的时期内排除与该农户发生任何信贷供求合作的可能。

无论是传统的信贷模式，还是将信贷与信用互助联结模式，都可以做上述违约性质的区分。但二者的区别是：在信贷与信用互助联结模式下，金融机构不仅将在未来相当长的时期内排除与该农户发生任何信贷供求合作的可能，而且也将拒绝与信用互助组织其他成员开展信贷供求合作。因此信贷与信用互助联结模式可以显著提高针对恶意违约行为的震慑力。

在本章的分析中，我们已对违约的性质做出了上述区分。因此在本章所给出的信贷与信用互助联结模式中，金融机构实质上惩戒的是恶意违约，而不是客观违约。客观违约实质上只是触发了金融机构的信用评级调整机制以及市场（行业）分析研究机制。正是基于此，我们将信用互助组织成员全部投资经营失败时的期均信用价值损失记做 s_{B1}，而将信用互助组织全体成员恶意违约的期均信用价值损失记做 s_{B2}。

农户投资成功时违约的期均信用价值损失 s_{B2}，又被称作信誉成本（reputation cost，RC），实际上就是农户是否参与信用互助组织的期均收益之差，相当于违约农户退出信用互助组织的机会成本。如前所述，只要投资成功的农户不会在其他农户投资失败时违约，则更不可能在所有农户均投资成功时违约。因此基于确保不恶意违约成为子博弈精炼纳什均衡解的第三个条件式，金融机构惩戒恶意违约的阈值（下限）为：

$$V + s_{B2} > \frac{1 - \delta}{\delta}\left[2A(1 + i) - \beta R - s_P - s_{PV}\right]$$

显然，由于 $\dfrac{d(V + s_{B2})}{d\delta} < 0$，因此足够沉重的信誉成本可以显著降低对 δ^* 或 s_P 的要求。

3. 最优信用互助组织成员数量的确定

从上述两个表达式可以看出，影响信用互助机制运行效果的实质上并不是信用互助组织的成员总数 n 以及投资失败成员的总数 m，而是这两个数目（n 与 m）之间的相对关系。

具体地，假设在信用互助组织成员数目为 n≥2 时，只要投资失败的农户数量不超过 m_0，$0 \leq m_0 < n$，其他农户都会依约承担连带责任。再假设金融机构依据资产负债风险管理的规章制度和原则，将信用互助业务的正常类贷款占比设定为 g，$0 < g \leq 1$。于是有：

$$\begin{cases} (1 - p)^n + \displaystyle\sum_{i=1}^{m_0} C_n^i p^i (1 - p)^{n-i} \geq g \\ (1 - p)^{n+1} + \displaystyle\sum_{i=1}^{m_0} C_{n+1}^i p^i (1 - p)^{n+1-i} \leq g \end{cases}$$

给定 p 和 g，即可求得信用互助组织的成员数量上限 n。

4. 金融机构与信用互助模式联结机制有效运行的前提条件

信用互助机制的有效实施依赖于两个关键条件：一是农户与金融机

构之间信贷供求合约签署行为的多频次化，或者称之为信贷供求合作关系的长期稳定化；二是设置真实可信且力度足够大的信用违约成本（信誉成本）。从实践来看，信用违约成本的真实可信且给力主要就是基于连坐惩戒机制来实现的。并且连坐惩戒机制又可分解为两个层次：一是信用互助组织成员间的连坐惩戒机制；二是金融机构对全体信用互助组织成员的连坐惩戒机制。

正是在这两个关键条件的作用下，理性农户在权衡其短期利益的同时，不得不考虑其当期决策对长远利益的影响，从而避免采取违约的行为。不过这两个关键条件在逻辑上并非呈并列关系，而是互为前提条件：信贷供求合作关系的长期稳定化是信用违约成本得以存在的前提条件；而信用违约成本的真实可信且力度足够大则又使得农户与金融机构之间信贷供求合作关系的长期稳定化成为可能。

真实可信且力度足够大的信用违约成本可以降低合意子博弈精炼纳什均衡解对时间价值折现因子 δ 的要求。

7.3 农村基层组织嵌入农民专业合作社信用互助模式的效应分析

如前所述，农户间足够缜密的社会关系网络以及足够雄厚的社会资本是信用互助得以产生的基本前提条件。例如严太华和刘志明（2015）的调研便证实社会关系网络具有隐性偿债担保的作用，因此家庭社会网络的维系和"关系"的存在能有效缓解农户信贷约束。而关系贷款更是被普遍认可为缓解中小企业或农户融资难的重要信贷机制。

不过，随着传统农村熟人社会的逐步解体，农户间信用互助的基础实际上正趋于弱化。根据本书作者在山东省潍坊地区寿光市所获得的问卷调查资料（调研期间为2018年6~7月，回收有效问卷127份，被调研对象限于种植经济作物、蔬菜或从事非农经营的农户），发现几乎所有的被调研对象都不情愿以民间金融方式贷出资金（占比为98.73%）。但当碍于情面不得不向他人贷出资金时，被调研对象最重视的因素是借入方的经营风险（占比为75.32%），其次为拟借贷金额的大小（占比为17.12%），再次为友情（占比为5.2%），最后是亲缘或邻居关系

（占比为 2.36%）。从中可体会到，随着农村社会的逐步开放以及农村经济的市场化，样本农户亲缘社会资本的价值显著贬值。农户不愿意向投资风险高于自己的他人贷出资金，无论对方与其亲缘关系或乡缘关系等传统农村熟人社会关系曾经多么地深厚。此外，诸如赵岩青、何广文（2007）以及谢世清、李四光（2011）等学者的相关研究也都证实或认可这一判断。

实质上，合作社毕竟只是一种俱乐部组织。由于奉行自愿参与、自主退出的组织原则，因此不仅成员的稳定性不高，其组织本身也不可能永续存在，从而不堪作为建立持久稳定合作金融机制的组织载体。相较而言，农村集体经济组织（村委会）具有永久性，其成员也固定得多。因此，将农村集体经济组织（村委会）引入农民专业合作社资金互助模式，不仅可以有效克服合作组织的持久性与稳定性不足的缺陷，从而实现合作金融机制的永续性，并有效增强合作金融机制的稳定性，同时也有助于夯实合作金融机制的社会资本基础。

7.3.1　农村基层组织参与金融机构联结信用互助模式的效应分析

在实践中信用互助组织的成员数目不会很多，因此不论是在合作社与成员间，还是在合作社与银行业存款类金融机构之间，都很难真正建立起持久稳定且频次较高的信贷供求合作关系。但如果将农村集体经济组织或村委会等农村基层组织引入金融机构联结信用互助模式，由农村集体经济组织或村委会先与成员农户或者附属农民专业合作社签署信用保障协议，其中约定农村集体经济组织（村委会）、附属农民专业合作社、成员农户各自的权益和义务；然后农村集体经济组织或村委会再与金融机构签署信贷服务合作协议，则很容易在农村基层组织与金融机构之间建立起持久稳定且频次较高的信贷供求合作关系。基于农村基层组织的增信，金融机构向农民专业合作社、信用互助组织和农户提供信贷的愿望相应增强，容易生成"关系贷款"，从而可以有效化解农户融资难的问题。

1. 基于触发战略的分析

例如，银行业存款类金融机构可在其与农村集体经济组织等农村基层组织签署的长期信贷供求合作协议中设立如下内容的条款：

银行业存款类金融机构：在第一个信贷供求合同期，将在预定授信额度内向农村集体经济组织内所有拟借款合作社成员或者农户投放信贷；但自第二个合同期开始，如果上一期双方合作愉快，亦即以农村集体经济组织为单位顺利如期回收本息，则本合同期继续在预定授信额度内向该农村集体经济组织内所有拟借款合作社成员或者农户投放信贷；否则就永久终止与该农村集体经济组织及其附属合作社和农户的信贷供求合作关系。

农村集体经济组织等农村基层组织：在第一个合同期监督所属合作社和农户按期还本付息。但自第二个合同期开始，如果上一期双方合作愉快（金融机构依约投放贷款，农户都按期还本付息），则本借贷合同期继续监督所属合作社和农户按期还本付息；否则就永久终止与该金融机构的合作关系。

为简便起见，假设农村集体经济组织成员农户拟借款投资项目的经济寿命均仅为一期（期初投资，期末收益）；假设每一期均只有一位成员农户申请贷款；假设农村集体经济组织全体成员依次周而复始循环申请贷款，因此该农村集体经济组织与金融机构间的信贷供求合作周期可以无穷多；假设所有项目的投资额均为1，预期收益率均为 $r>0$；假设所有项目的负债融资占比均为 w（$0<w<1$）；假设金融机构每期贷款的利率始终为 $i>0$，且 $i<r$；假设每一期借款农户均要么按时足额还本付息，要么完全违约，不偿还支付任何本金和利息；最后假设农户的违约行为不会带来社会资本损失。

于是金融机构与该农村集体经济组织之间的永久期限（无数次信贷供求）合作关系就存在两个子博弈：一是双方始终维持合作愉快局面，从而金融机构在每一期的收益为 wi，农户在每一期的收益 $r-wi>0$；二是至少在上一个合同期双方采取了不合作的态度。

显然，在第二类子博弈下金融机构与该农村集体经济组织之间的信贷合作关系实际上终结了。

但在第一类子博弈下则有两种可能情景。第一种情景，假设借款农户决定本期将违约，而农村集体经济组织、所属农民专业合作社以及其他成员农户既未能阻止该农户的违约行为，也无人承担连带责任，则该违约农户在本合同期的收益将是 $r+w$。但由于此后金融机构将终止与该农村集体经济组织及其所属农民专业合作社其他成员农户的信贷供求合作关系，因此该农村集体经济组织成员农户此后的收益将是 0。于是该农村集体经济组织的收益为 r + w。

第二种情景，假设该借款农户决定将如约还本付息，再假设该农村集体经济组织成员农户的贴现因子为 δ，于是该农村集体经济组织的收益现值为：

$$(r - wi)(1 + \delta + \delta^2 + \delta^3 + \cdots) = \frac{r - wi}{1 - \delta}$$

因此只有当下式成立时该农村集体经济组织成员农户才会在第一类子博弈下始终如约还本付息：

$$\frac{r - wi}{1 - \delta} > r + w \Rightarrow \delta > \frac{w(1 + i)}{r + w}$$

这就意味着只要该农村集体经济组织成员农户对自己与金融机构间的这种长期信贷供求合作关系足够珍惜，亦即其折现因子足够高，则该农村集体经济组织与金融机构签署的信贷供求合约便是子博弈精炼 Narsh 均衡解。

由此可见，只要将农村集体经济组织等农村基层组织与金融机构之间的信贷服务合作期限尽可能地延长，并且合作双方都足够重视这种合作关系，就可以达成 Pareto 最优的局面，金融机构的涉农信贷投放将会显著增加。

考虑到农村集体经济组织等农村基层组织永不消逝，因此不难与金融机构建立起这种永久且高频次的信贷供求合作关系。

2. 基于两期战略的分析

农村集体经济组织与金融机构签署的上述协议过于严苛。因为依据该协议，只要一方违约，双方间就将永久终止信贷供求合作关系。这在实践中会极大损害相关农村集体经济组织及其成员农户的利益。而之所以要依托农村集体经济组织等农村基层组织持久维持金融机构与农户间的信贷供求关系，其中一个重要的思路就是要利用农村社会强大的人情世故与道德监督力量来督促农户切实履约。上述协议其实并未做到这一点，亦即并未充分利用农村集体经济组织等农村基层组织的社会资本价值。基于此，可以适当修正协议内容，以便为金融机构与农村集体经济组织及其成员农户间的合作提供更多机会。例如可在金融机构与农村集体经济组织等农村基层组织的信贷服务合作协议中设置如下内容的条款：

金融机构：在第一个信贷合同期，将在预先设定的授信额度内向该农村集体经济组织所有符合条件的申请农户发放贷款；但自第二个合同期开始，如果在此前紧邻的合作期该农村集体经济组织按期还本付息，则本期继续在预先设定的授信额度内向其成员农户投放贷款（这对双方来说是一个 Pareto 最优策略组合）；如果在此前紧邻的合作期该农村集体经济组织未能完全还本付息，则本期将拒绝向其成员投放贷款；如果该农村集体经济组织在上一个合同期已因其违约而被拒绝投放贷款，则本期将重新履行协议在预先设定的授信额度内向其成员农户投放贷款。

农村集体经济组织等农村基层组织：在第一个合同期敦促所属专业合作社及其成员农户按期还本付息或切实履行连带责任；自第二个合同期开始，如果上一期双方合作愉快（金融机构发放贷款，成员农户按时还本付息或切实履行连带责任），或者成员农户只是因为不符合客观条件而被拒绝贷款，则应继续维持与金融机构间的合作关系，协助并督促金融机构和农户继续履行合同；自第三个合同期开始，如果借款农户在上一个合同期因违约而被拒绝投放贷款，但本期经筛选确认符合条件后金融机构如约向其投放了贷款，则应继续维持与金融机构间的合作关系，继续协助并督促金融机构和农户履行合同；否则，亦即那些在上一个合同期因违约而被拒绝投放贷款的农户尽管在本期符合条件，但金融机构仍拒绝向其投放贷款，则应永久终止与金融机构所签署的长期信贷合作协议。

可见，与初始协议相比，修订后的新协议对农村集体经济组织未履行协议的处罚相对宽容些，仅惩罚一个合同期。这就为借贷双方重新精诚合作创造了条件。

在新协议下双方间的永久信贷合作关系存在两个子博弈：一是双方在上一个合同期合作愉快，或者因成员农户不符合客观条件而被拒绝贷款，或者已因其未能按期还本付息而被拒绝贷款，于是金融机构在本期继续向该农村集体经济组织符合条件的成员农户投放信贷；另一个是在上一合同期某一方违约（金融机构未向符合条件的成员农户发放贷款或该农村集体经济组织未能还本付息），于是双方进入不合作的惩罚型子博弈。

基于我们的研究目的，假设金融机构始终遵守协议。再假设农村集体经济组织成员农户在第一类子博弈和第二类子博弈下的最大收益现值分别为 v_1 和 v_2。

第一类子博弈有两种可能的情景：在第一种情景下，假若农村集体经济组织在本期违约（借款农户未按期还本付息且其他成员农户拒绝承担连带责任），则进入第二类子博弈。这时该农村集体经济组织的收益现值为 $r + w + \delta v_2$；在第二种情景下，假若农村集体经济组织继续履约（借款农户在本期继续如约还本付息或其他农户继续切实承担连带责任），则再次进入第一类子博弈。这时该农村集体经济组织的收益现值为 $r - wi + \delta v_1$。显然有：

$$v_1 = \text{Max.} \ \{ r + w + \delta v_2, \ r - wi + \delta v_1 \}$$

不难理解，在假设金融机构始终遵守合同的前提下只有当下式成立时该农村集体经济组织才会遵守合同：

$$\begin{cases} r - wi + \delta v_1 > r + w + \delta v_2 \\ v_1 = r - wi + \delta v_1 \end{cases}$$

在第二类子博弈下只有一种可能的情景：由于在两期战略下金融机构当期将拒绝发放贷款，于是再次进入第一类子博弈。这时该农村集体经济组织的最大收益现值为 $v_2 = \delta v_1$。

联立求解这三个方程式，可求得该农村集体经济组织始终遵守合同的折现因子 δ：$\delta > \dfrac{w(1 + i)}{(r - wi)}$。

当这个条件满足时，双方遵守协议将是第一个合同期初（第一类子博弈）的纳什均衡战略。另已知双方遵守协议是第二类子博弈的纳什均衡策略。因此新协议构成金融机构与农村集体经济组织的子博弈精炼纳什均衡解。

对比初始协议作为子博弈精炼纳什均衡解的贴现因子，可以看出新协议作为子博弈精炼纳什均衡解所要求的贴现因子较高。这就意味着新协议适用于那些对长期稳定合作有较高期待的金融机构、农村集体经济组织与成员农户。在实践中，政府可以建立健全相关配套法规，并且提供相关优惠政策，协助农村集体经济组织与金融机构建立持久稳定的信贷供求合作关系，依靠政府的行政力量提高农村集体经济组织和金融机构对维持长久信贷供求合作关系的期待。

当然了，无论触发战略还是两期战略，都只是我们用来论证农村集体经济组织等农村基层组织可协助建立持久稳定农村信贷市场的两个具体例子。实际上根据博弈理论，只要博弈双方的贴现因子足够大（说明双方对持久稳定且高频次的信贷供求合作关系足够重视），则对于任意可行帕累托效率改进收益组合，双方都能协商构造出相对应的子博弈精炼纳什均衡战略组合。这就意味着将有足够多的协商谈判空间供农村集体经济组织等农村基层组织与金融机构选择，关键是双方都要有足够的合作意愿以及谈判耐心。

7.3.2 农村基层组织参与金融机构联结信用互助模式的可行性分析

1. 农村集体经济组织与村委会

仔细体会现有法律的立法本意，农村集体经济组织与村民自治组织具有不同的性质，分属不同的法律实体。

根据《宪法》第 8 条和第 111 条，村民自治组织是基层群众性自治组织；而农村集体经济组织具有经济性，肯定不是群众性自治组织。

村委会是村民自治组织的执行机构。依据《村民委员会组织法》，村民自治组织并无经济职能，从而并非经济组织。

2017 年 3 月颁布的《民法总则》第 1 章第 3 条以及第 3 章第 4 节第 99 条正式将村民自治组织（行政村）、农村集体经济组织与农民合作经济组织区隔成三个相互独立的特别法人民事法律实体。其中农村集体经济组织成为特别法人中的专门子类别；村民自治组织（行政村）被归类于特别法人中的另一个专门子类别基层群众性自治组织法人中；农民合作经济组织则被归类于特别法人中的城镇农村合作经济组织法人。

根据农业农村部、中国人民银行与国家市场监督管理总局 2018 年 5 月联合发布的《关于开展农村集体经济组织登记赋码工作的通知》，农村集体经济组织的名称应含有"经济合作（经济联合）"或"股份经济合作"字样。由此农村集体经济组织被赋予了相对具体、更能体现其经济性质的名称。

不过，现有法律仍存在将农村集体经济组织与村民自治组织合二为一的混同问题。例如根据《物权法》第 60 条第 1 款以及第 62 条的规定，村委会也具有经济职能。这就与《村民委员会组织法》的立法精神不一致。

从实际情况来看，目前农村集体经济组织与村民自治组织普遍实行"一班人马、两个牌子"的做法。这种将村民自治组织（行政村）与农村集体经济组织混淆的做法既不利于村民自治组织正常发挥作用，也不利于农村集体经济组织的稳健经营与发展。

2. 农村集体经济组织更适合嵌入金融机构联结信用互助模式

（1）村委会的局限性。

根据《担保法》第 8 条的规定，乡镇等各级政府都不得以担保人身份参与构造金融机构与农户间的长期稳定信贷供求合作关系。

尽管现行法规并未明确禁止，但村委会也不宜作为农户借贷的担保人。因为根据《村民委员会组织法》第 36 条的规定，当村委会做出侵害村民合法权益的决定时应由责任人而非村委会承担相应的法律责任。此外，根据《公安部关于村民委员会可否构成单位犯罪主体问题的批复》，村委会不属于《刑法》第 30 条列举的范围，因此对以村委会名义实施犯罪的不应以单位犯罪论，但可依法追究直接负责主管人员和其他直接责任人员的刑事责任。这就意味着基于现行法规村委会不能对外独立承担民事责任。

不过，也有与之相矛盾的法规。根据 2015 年 2 月施行的《最高人民法院关于适用〈中华人民共和国民事诉讼法〉的解释》第 52 条，"可作为诉讼主体的其他组织，是指合法成立、有一定的组织机构和财产，但又不具备法人资格的组织。"这又意味着村委会可成为诉讼主体。

由此可见，现行法规对村委会的法律定位并不完善，不能排除一些村干部恶意借壳村委会谋取非法利益，逃避违法责任的现象。而一旦发生了这种情况，金融机构很容易陷入困境。所以金融机构不能把村委会当做担保人。

不过，尽管村委会不能直接作为担保人，但可作为中间人撮合金融机构与农户建立持久稳定的信贷关系。在这里，村委会可承诺一旦成员农户违约，便限制其作为村民本应享有的一部分权益。村委会应就这一承诺分别与金融机构和农户签订合同。并且相关合同都须经村民大会表决通过。

（2）农村集体经济组织更适合嵌入金融机构联结信用互助模式。

根据《宪法》第 17 条，集体经济组织"在遵守有关法律的前提下有独立进行经济活动的自主权"。又根据《宪法》第 10 条，"任何组织或者个人不得侵占、买卖或者以其他形式非法转让土地，但土地的使用权可以依照法律的规定转让"。

由此可见，依据现行法规农村集体经济组织和农民专业合作经济组织可作为担保人。但都不得使用集体土地所有权担保。且农民专业合作经济组织提供担保的集体土地使用权不得超过其与所属农村集体经济组织签署承包协议时所约定的（剩余）期限。

此外，除了农村集体土地的使用权之外，农村集体经济组织和农民专业合作经济组织也可将其合法拥有的其他资产用于担保。

不过，目前我国农村集体经济组织可用于担保的资产有限。根据农业农村部的统计，截至 2016 年末我国农村集体的账面资产总额为 3.1 万亿元（不包括土地等资源性资产）。这些资产分布于 50 多万个村和 490 多万个村民小组，村均 555.4 万元。其中东部地区村均集体资产总额 1027.6 万元，中部地区村均 271.4 万元，西部地区村均 175 万元。截至 2016 年末我国共有 23.8 万个村、75.9 万个村民小组建立了集体经济组织，占总村数的 40.7%，村民小组占比超过 15%。在纳入统计的 55.9 万个村中，经营收益 5 万元以上的村达到 14 万个，占总数的 1/4。集体没有经营收益或者经营收益在 5 万以下的村有 41.8 万个，占总数的 74.9%。

由此可见，不能单纯指望农村集体经济组织所拥有的资产作抵押担保，而应转而主要依靠其对农户的综合约束力，对贷款农户发挥独有的监督与催促作用，间接提供信用担保。这应是更为可行的途径。这时发挥农村集体经济组织的作用实质上就相当于编制社会关系网络，据以构造持久稳定的信贷供求合作关系，凭以增信，进而生成相对高效的关系信贷投放机制和模式。

在实践中，本书目前尚未发现村委会、农村集体经济组织或农民专业合作经济组织出面撮合建立持久稳定农村金融供求关系的典型案例。2011 年江苏姜堰农村商业银行推出的"金阳光富民担保"模式是一个性质相近的尝试。

江苏姜堰农村商业银行推出的"金阳光富民担保"模式以村干部个人的名义入股，而不是以村委会的名义入股组建担保公司，为农户贷款提供担保，确实很好地规避了相关法律风险。这个经验值得推广。不过，村委会干部个人提供担保，除了以其入股资金为限之外，其他担保力的来源是否合法存在很大的疑问。因此必须高度关注并切实约束村干部履行担保义务的方式，防止滋生违法乱纪的问题。

7.4　本章小结

本章建议构建拟内生化的农村金融体系与机制：现有农村存款类金融机构仍然负责完成农村地区的吸储任务，但农村地区的小额信贷投放业务主要由信用互助机制完成；在这一过程中农村银行业存款类金融机构在授信额度内应恪守以需定支的原则，确保满足合作金融的对外信贷融资需求。

不过，合作社的集体社会资本毕竟有限，从而隐性担保效能不足。而作为法定农村基层经济（社会）组织，农村集体经济组织（或村委会）永久存续，且拥有诸多法定权力，可以有效抑制农户的违约行为，因此农村集体经济组织（或村委会）的参与将极大地夯实信用互助模式的社会资本基础。

为增加农村集体经济组织（或村委会）的权威，政府、金融机构所有面向合作金融的支持政策或措施，尤其是财政支持政策或措施，都应尽可能地经由农村集体经济组织（或村委会）这个渠道具体落实到合作社与农户。

第8章 主要结论与政策建议

8.1 主要结论

1. 农村内生金融必须具备三个特点：一是金融机构的组织方式和运营机制必须适应农村社会环境与经济状况，具有顽强的生命力，从而能构成农村经济与社会系统的有机组成部分；二是该金融生态子系统必须有助于促成农村经济与社会系统内在资金流动的闭循环；三是该金融生态子系统的可持续良性发展必须有助于促成农村经济的可持续增长与农村社会的长治久安。

与金融自由化的观点正相反，政府必须在农村内生金融体系与机制的建设过程中发挥主导作用。

2. 现有的以股份企业性银行业存款类金融机构为主体的农村金融机构体系与资金融通机制不可能内生化，从而不可能从根本上扭转农村地区资金大量外流的局面，最终不可能达成基本满足农村地区居民有效融资需求的目标。

于是合作金融组织体系与机制就成为农村金融机构体系与机制不可或缺的核心构成要素。

3. 合作金融一定产生于担保不充分从而融资困难的弱势资金需求群体中。其中，社会资本发挥了隐性担保的作用，并且可以有效缓解信息不对称的问题，从而成为合作金融机制赖以生存和发展的基础。

合作金融存在诸多组织形式与运作机制，但相较于农村信用合作社、农村资金互助社等专门的农村合作金融组织，农民专业合作社信用互助模式对社会资本的利用效率更高，因此管控信用风险的能力更强；

与此同时，农民专业合作社信用互助模式还具有"三位一体"的特点，可以有效避免"使命漂移"问题，因此更为符合农村金融内生发展的要求。

在农民专业合作社信用互助模式下，合作社社员可借助的社会资本具体包含该社员的个人社会资本、合作社集体社会资本和村落集体社会资本三大组成部分。进一步地，集体社会资本又可区分为集体内部集体社会资本和集体外部集体社会资本两种类型。其中，集体内部集体社会资本是该集体赖以生成与持续的基础；而集体外部集体社会资本则是该集体得以发展的重要条件。

4. 山东省农民专业合作社信用互助模式主要存在互助金供给不足、社会资本基础不够夯实、模式运行活力不足等问题。

将现有银行业存款类金融机构的信贷投放机制与农民专业合作社信用互助模式有机联结起来，是有效缓解互助金供给不足的唯一出路。

监管过严是造成山东省农民专业合作社信用互助模式活力不足的重要原因。尽可能地降低信用互助模式的系统性风险，从而为放松监管创造条件，则是强化农民专业合作社信用互助模式活力的重要途径。为此，应着力厚植农民专业合作社信用互助模式赖以生存与发展的社会资本基础，并辅以建立健全农村担保体系、农村保险体系以及农村社会信用体系等农民专业合作社信用互助模式的外在保障体系与机制。

5. 尽管以银行业存款类金融机构为主体的现有农村金融机构体系与资金融通机制不可能内生化，但其仍将是我国农村信贷供给体系与机制的基础。再考虑到合作金融组织体系与机制应成为我国农村金融机构体系与机制不可或缺的核心构成要素，因此我国农村地区只能建立起拟内生化金融机构体系与机制。

该拟内生化金融机构体系与机制有如下六个特点：一是现有银行业存款类金融机构继续承担在农村地区的吸储任务；二是现有银行业存款类金融机构有义务在授信额度内依照以需定支的原则向合作金融组织提供涉农信贷资金；三是具体的小额涉农信贷业务（具体包括贷前审查、贷中监管、贷后评估等信贷业务工作）交由合作金融组织完成；四是现有银行业存款类金融机构仍可基于惯常商业原则在农村地区拓展信贷业务；五是建立健全农村保险体系、农村担保体系和农村社会征信体系，凭以直接降低信用风险；六是适度发展涉农期货或期权市场，为农村地区的生产经营者提供套期保值服务，凭以间接降低信用风险。

6. 未能充分发挥农村集体经济组织（村委会）的作用，是山东省农民专业合作社信用互助模式的重大缺憾。

将农村集体经济组织（村委会）嵌入农民专业合作社信用互助模式，可以有效强化信用互助机制所赖以生存和发展的社会资本基础，从而为适度放松或优化针对合作金融的监管创造有利条件。

我国农村经济与社会改革的政策与措施都应着力于强化农村集体经济组织（村委会）的权威，着力于夯实农村集体经济组织（村民自治组织）在农村经济（社会）系统中的基础性作用，凭以最大限度地厚植农民专业合作社信用互助模式的集体社会资本基础。

8.2　主要政策建议

1. 银行业存款类金融机构对接农村集体经济组织，以该农村集体经济组织在该存款类金融机构的年度平均存款余额为授信额度，按照以需定支、随时支用的原则，向经农民专业合作社审核同意并经农村集体经济组织推荐的本组织成员无条件投放信用贷款。

2. 对于农村集体经济组织（村委会）、农民专业合作社或者成员农户个人可以提供足额抵押担保的贷款申请，可以不计入该农村集体经济组织（村委会）的既定授信额度。银行业存款类金融机构原则上不得拒绝此类抵押贷款申请。

3. 对于贫困村或者经济条件较差的农村集体经济组织（村委会），银行业存款类金融机构可依照普惠金融的理念和业务规则，向其投放普惠金融专项信贷；或者执行国家金融扶贫政策，向其投放金融扶贫专项信贷。此类贷款不计入该农村集体经济组织（村委会）的既定授信额度。

4. 当农村集体经济组织（村委会）在一个会计年度中推荐的信用贷款申请总额超过其既定授信额度时，对于超出的那一部分贷款申请，银行业存款类金融机构应转而依据惯常商业原则来审核裁量是否同意投放信贷，并酌定信贷投放的具体条件（例如贷款额、贷款利率、担保要求等）。

5. 在授信额度内，银行业存款类金融机构将所有小额涉农信贷业务的贷前审查、贷中监督以及贷后评估等具体信贷业务工作都转交给农村集体经济组织；银行业存款类金融机构只负责该农村集体经济组织所提供的申请贷款相关材料的形式要件审核工作，并定期以农村集体经济组织为单位评议与其所签署的信贷供求合作协议的履行情况及其信贷资产质量，据以调整对该农村集体经济组织的授信额度与信贷政策。

6. 在所获得的授信额度内，农村集体经济组织将贷款审批权下放给农民专业合作社。由农民专业合作社具体负责本社成员贷款申请的审批工作，并具体承担本社成员每一笔信贷资金的贷前审查、贷中监督与贷后评议的责任。

7. 农村集体经济组织可以本组织合法享有的资产或权益向金融机构提供担保，或承诺承担本组织成员违约的连带责任。农村集体经济组织可要求其附属组织以本附属组织依法享有的资产权益向金融机构（或该农村集体经济组织）提供担保，或承诺承担本附属组织成员违约的连带责任。农民专业合作社可要求其成员以该成员合法享有的资产权益向金融机构（或该合作社，或该农村集体经济组织）承诺相互间联保互保，从而共同承担本社成员违约的连带责任。

8. 农村集体经济组织具体负责定期审查和监督附属农民专业合作社的资信状况，据以调整对该附属合作社的授信额度与信贷政策，或者采取其他奖罚措施。农村集体经济组织的附属农民专业合作社具体负责定期审查和监督本社社员的资信状况，据以调整对该社员的授信额度与信贷政策，或者采取其他奖罚措施。

9. 为厚植农村集体经济组织（村委会）的权威，政府的农村（涉农）政策应尽可能经由农村集体经济组织（村委会）管道发挥作用，精准落实到合作社或农户。

政府应鼓励保险机构和担保机构以农村集体经济组织为单位，为其全体成员量身定做"一揽子"保险或担保解决方案；保险机构和担保机构可与农村集体经济组织协商签署合作协议，由后者统一缴纳本组织附属合作社或其成员农户的保险费或担保费用，并协助保险机构或担保机构完成保险或担保业务。

可以在现行供应链金融模式的基础上引入合作金融模式；而供应链金融模式也应该借用农村集体经济组织（村委会）的威信。例如，农

259

村集体经济组织或农民专业合作社可以自己的名义动用授信额度，申请贷款，用以垫付资金，向成员农户赊销农业生产资料，最终通过代销成员农户产品的方式收回垫付赊销款的本息。

应完善农村地区社会征信体系与机制，并把农村集体经济组织（村民自治组织）作为一个独立单元，列入农村地区社会征信体系的考核对象范畴之内。在审核农户个人的信用水平时，既要参考其本人的信用水平，同时还要参考其所属农村集体经济组织（村民自治组织）的综合信用水平。如此，可强化农村集体经济组织（村民自治组织）成员间的相互监督和约束，从而进一步夯实村落集体社会资本。

10. 现有银行业存款类金融机构继续独揽在农村地区的吸储业务和兑现业务；并有权基于惯常商业准则在农村地区开展信贷业务。

政府应立法要求进入农村地区的全国性（非本地）金融机构经营本地化。亦即其所吸收的本地资金必须应用于本地，并鼓励其调动外来资金投资于该分支机构所在地项目。

由此，农村地区现有的银行业存款类金融机构就被定位成农村地区的"资金（蓄水）池"以及农村地区的清算中心和现金出纳中心。

11. 应立法要求地方金融机构做大做强的目的不得意图跨出本地乡土，走向全国，而是要更好地扎根本土，动员本土资金，吸引外来资金，投资于本乡土。

参 考 文 献

［1］保虎.冲突与协调：中国农村社会关系网络变迁反思［J］.原生态民族文化学刊，2018（10）：94－102.

［2］边燕杰.城市居民社会资本的来源及作用：网络观点与调查发现［J］.中国社会科学，2004（3）：136－146.

［3］白澄宇.浅谈合作金融的发展方向［N］.中国县域经济报，2019－07－25.

［4］包亚明.布尔迪厄访谈录——文化资本与社会炼金术［M］.上海：上海人民出版社，1997：202.

［5］布迪厄.文化资本与社会炼金术［M］.上海：上海人民出版社，1997：202.

［6］崔巍.社会资本、信任与经济增长［M］.北京：北京大学出版社，2017.

［7］丁玉，汪小亚.山东潍坊市信用互助试点的经验和启示［J］.清华金融评论，2016（12）：69－72.

［8］董蕊，彭凯平，喻丰.积极情绪之敬畏［J］.心理科学进展，2013（11）：1996－2005.

［9］董新兴.村委会、村镇银行与农户融资难的化解［J］.东岳论丛，2018（3）：62－69.

［10］段春晖，尤庆国.浅论合作制对于构建和谐社会的重要意义［J］.北方经济，2006（6）：76－77.

［11］段洪波，孟皓月，李梦娜.社会网络与农村非正规金融研究：基于衡水市饶阳县的调查分析［J］.经济研究参考，2017（32）：87－92.

［12］方晓燕，刘蕾.内外生双重约束下农村外生与内生金融的融合［J］.西部论坛，2012（1）：14－20.

［13］方亚琴，夏建中.社区、居住空间与社会资本——社会空间

视角下对社区社会资本的考察 [J]. 学习与实践, 2014 (11): 83-91.

[14] 房付洋. 我国农村资金测量与外流问题研究 [D]. 南昌: 江西农业大学, 2016: 20-25.

[15] 费孝通. 乡土中国 [M]. 北京: 人民出版社, 2008.

[16] 费孝通. 乡土中国生育制度 [M]. 北京: 北京大学出版社, 1998.

[17] 费孝通. 费孝通文集 (第五卷) [M]. 北京: 北京群言出版社, 1999.

[18] 黄光国. 人情与面子: 中国人的权力游戏 [M]. 北京: 中国人民大学出版社, 2010.

[19] 吉登斯. 现代性的后果 [M]. 南京: 译林出版社, 2002.

[20] 凯恩斯. 就业、利息和货币通论 [M]. 北京: 商务印书馆, 2005.

[21] 科尔曼. 社会理论的基础 [M]. 北京: 社会科学文献出版社, 2008.

[22] 李惠斌, 杨雪冬. 社会资本与社会发展 [M]. 北京: 社会科学文献出版社, 2000.

[23] 林南. 社会资本: 关于社会结构与行动的理论 [M]. 上海: 上海人民出版社, 2005.

[24] 刘少杰. 后现代西方社会学理论 [M]. 北京: 社会科学文献出版社, 2002.

[25] 刘松博. 企业社会资本的生成: 基于组织间非正式关系的观点 [M]. 上海: 复旦大学出版社, 2008.

[26] 罗伯特·D. 帕特南. 使民主运转起来 [M]. 江西: 江西人民出版社, 2001.

[27] 米歇尔·巴德利. 盲从与叛逆: 从众、反从众行为与决策的智慧 [M]. 北京: 中信出版集团, 2019.

[28] 明恩溥. 中国人的特性 [M]. 上海: 光明日报出版社, 1998.

[29] 牛若峰. 也论合作制 (上) [J]. 调研世界, 2000 (8): 12-17.

[30] 弗拉季米尔·伊里奇·列宁. 论合作制 [J]. 列宁选集第二版, 第四卷, 1972 (10): 682-683.

［31］弗朗西斯·福山.信任：社会道德与繁荣的创造［M］.呼和浩特：远方出版社，1998.

［32］高杨，薛兴利.扶贫互助资金合作社试点运行状况分析——以山东省为例［J］.农业经济问题，2013（6）：43－49.

［33］桂勇，黄荣贵.社区社会资本测量：一项基于经验数据的研究［J］.社会学研究，2008（3）：122－142.

［34］韩丽娟.银行资助与农村内生金融的形成——20世纪20～30年代对培育中国农村信用社的探讨［J］.贵州社会科学.2012（2）：98－102.

［35］侯东栋.差序格局、信息传递与农村治理现代化［J］.电子政务，2018（3）：102－109.

［36］胡必亮.村庄信任与标会［J］.经济研究，2004（10）：115－125.

［37］胡卫东.发展我国农村金融的误区：一个内生分析框架［J］.农村经济，2013（5）：75－79.

［38］胡卫东.金融发展与农村反贫困：基于内生视角的分析框架［J］.金融与经济，2011（9）：60－64.

［39］黄翠萍.公共物品供给中的农民合作何以成为可能？——M村个案研究［J］.社会科学论坛，2016（6）：236.

［40］卞桂平.儒家伦理中的公共精神困境与超越径路——以"差序格局"为视角的分析［M］.江汉论坛，2012（8）：69－72.

［41］景奉杰，胡静，杨艳.消费者敬畏情绪对从众购买意愿的影响——基于社会联结视角的实证分析［J］.企业经济，2020（2）：76－83.

［42］李保平.社会资本消极功能的社会排斥分析［J］.内蒙古民族大学学报（社会科学版），2006（4）：32－34.

［43］李德荃.优化融资观念 充分利用好企业债发行的政策机遇［J］.山东国资，2019（10）：34－35.

［44］李德荃.有效投资是经济增长的强力支撑［J］.山东国资，2019（11）：17－18.

［45］李德荃，于豪谅，姜月胜.信息的不确定性与中小企业的信贷配给：基于信号博弈模型的分析［J］.山东社会科学，2017（11）：139－146.

[46] 李庆海, 吕小锋, 李锐. 社会资本能够缓解农户的正规和非正规信贷约束吗? 基于四元 Probit 模型的实证分析 [J]. 南开经济研究, 2017 (5): 77 - 98.

[47] 李艳霞. 何种信任与为何信任? ——当代中国公众政治信任现状与来源的实证分析 [J]. 公共管理学报, 2014 (2): 16 - 26.

[48] 李友梅, 肖瑛, 黄晓春. 当代中国社会建设的公共性困境及其超越 [J]. 中国社会科学, 2012 (4): 125 - 139.

[49] 李中华, 姜柏林. 资金来源渠道不畅严重制约农村资金互助社发展 [J]. 中国金融, 2008 (4): 70 - 71.

[50] 林建浩, 吴冰燕, 李仲达. 家庭融资中的有效社会网络: 朋友圈还是宗族? [J]. 金融研究, 2016 (1): 130 - 144.

[51] 林毅夫, 孙希芳. 信息, 非正规金融与中小企业融资 [J]. 经济研究, 2005 (7): 35 - 44.

[52] 陈红, 高阳. "互联网 + 价值链": 农村内生金融新模式 [J]. 学术交流, 2016 (5): 131 - 135.

[53] 刘成玉, 黎贤强, 王焕印. 社会资本与我国农村信贷风险控制 [J]. 浙江大学学报 (人文社会科学版), 2011 (2): 106 - 115.

[54] 刘春霞, 郭鸿鹏. 乡村社会资本、收入水平与农户参与农村环保公共品合作供给——基于分层模型的实证研究 [J]. 农业技术经济, 2016 (11): 56 - 65.

[55] 刘金菊, 孙健敏. 社会资本的测量 [J]. 学习与实践, 2011 (9): 110 - 118.

[56] 刘民权, 徐忠, 俞建拖. 信贷市场中的非正规金融 [J]. 世界经济, 2003 (7): 61 - 80.

[57] 刘天军, 马橙. 人际信任、制度信任与农民就业决策——基于陕西省杨凌区农户微观调研数据 [J]. 农业经济与管理, 2019 (5): 25 - 34.

[58] 刘西川, 陈立辉, 杨奇明. 中国贫困村互助资金研究述评 [J]. 湖南农业大学学报 (社会科学版), 2013 (8): 16 - 23.

[59] 陆奇斌, 张强, 胡雅萌. 乡村社区社会资本对农村基层政府灾害治理能力的影响 [J]. 中国农业大学学报 (社会科学版), 2015 (4): 118 - 127.

［60］罗家德，李智超．乡村社区自组织治理的信任机制初探——以一个村民经济合作组织为例［J］．管理世界，2012（10）：83－106.

［61］罗家德．关系与圈子——中国人工作场域中的圈子现象［J］．管理学报，2012（2）：165－178.

［62］米运生，廖祥乐，石晓敏，曾泽莹．动态激励、声誉强化与农村互联性贷款的自我履约［J］．经济科学，2018（3）：102－115.

［63］陈雨露．中国农村金融论纲［M］．北京：中国金融出版社，2010.

［64］南永清，周勤，黄玲．社会网络、非正规金融与农户消费行为［J］．基于中国家庭追踪调查数据的经验证据［J］．农村经济，2018（6）：80－86.

［65］牛喜霞，汤晓峰．农村社区社会资本的结构及影响因素分析［J］．湖南师范大学社会科学学报，2013（4）：66－77.

［66］裴志军．村域社会资本：界定、维度及测量——基于浙江西部37个村落的实证研究［J］．农村经济，2010（6）：92－96.

［67］秦海林，李超伟，万佳乐．社会资本能降低农户的非正规借贷成本吗？基于农户异质性与社会资本结构的实证研究［J］．农村经济，2018（9）：70－75.

［68］青岛西海岸新区．解读《山东省农民专业合作社信用互助业务试点管理办法》，［EB/OL］．http：//www. huangdao. gov. cn/n10/n27/n2410/n2501/n2567/n2570/191118100219668050. html.

［69］山东省地方金融监督管理局．关于促进新型农村合作金融健康发展的建议的办理意见［Z］．http：//dfjrjgj. shandong. gov. cn/articles/ch05608/201911/a34878cd－c613－428f－b05d－882c58cbbf5c. shtml.

［70］搜狐网．山东：首个农产品出口超千亿省份，连续20年领跑全国，［EB/OL］．https：//finance. sina. com. cn/chanjing/cyxw/2019－01－17/doc－ihqhqcis6984063. shtml.

［71］搜狐网．山东农民专业合作社累计信用互助近3亿元，［EB/OL］．https：//www. sohu. com/a/356921505_100023701.

［72］搜狐网．问政山东：新型农村合作金融试点有的成了空壳．局长：设计上存在缺陷，［EB/OL］．https：//www. sohu. com/a/327796998_100023701.

［73］谭燕芝，张子豪．社会网络、非正规金融与农户多维贫困［J］．财经研究，2017（3）：43－56.

［74］程郁．引导金融资源向农村回流的政策性机制研究［J］．经济纵横，2019（11）：58－69.

［75］陶芝兰，王欢．信任模式的历史变迁——从人际信任到制度信任［J］．北京邮电大学学报（社会版），2006（4）：20－23.

［76］童馨乐，褚保金，杨向阳．社会资本对农户借贷行为影响的实证研究——基于八省 1003 个农户的调查数据［J］．金融研究，2011（12）：177－191.

［77］王超恩，刘庆．社会资本与农民工创业融资方式选择［J］．西北农林科技大学学报（社会科学版），2015（3）：43－50.

［78］王晨光．从众行为在企业管理中的应用［J］．全国流通经济，2019（24）：55－56.

［79］王露璐．从"熟人社会"到"熟人社区"——乡村公共道德平台的式微与重建［J］．湖北大学学报（哲学社会科学版），2020（1）：25－31.

［80］王维骃．救济农村应调剂农村金融之商榷［J］．银行周报，1934，18（22）.

［81］王伟，朱一鸣．普惠金融与县域资金外流：减贫还是致贫——基于中国 592 个国家级贫困县的研究［J］．经济理论与经济管理，2018（1）：98－108.

［82］王雅杰，张黎曼，李沛．社会资本对农户借贷的影响——基于河南与黑龙江省的调查数据［J］．农村经济与科技，2019（5）：120－124.

［83］韦伯．经济、诸社会领域及权力［M］．北京：三联书店，1998.

［84］魏真瑜．博弈中的亲社会从众行为研究［D］．成都：西南大学，2017.

［85］褚保金，卢亚娟，张龙耀．信贷配给下农户借贷的福利效果分析［J］．中国农村经济，2009（6）：51－61.

［86］吴宝，李正卫，池仁勇．社会资本、融资结网与企业间风险传染：浙江案例研究［J］．社会学研究，2011（3）：84－105.

266

[87] 吴申淇. 中国都市金融与农村金融之病态及其救济 [J]. 银行周报, 1933, 17 (16).

[88] 肖为群, 王迎军. 集群社会资本与集群内企业成长——一个经验案例研究 [J]. 中国软科学, 2013 (2): 134 - 143.

[89] 新浪网. 山东获批全国新型农村合作金融唯一试点省 [EB/OL]. https://finance.sina.com.cn/money/bank/bank _ hydt/20150206/085521492267. shtml.

[90] 熊海斌, 谢元态, 田丽娜. 合作金融本质坚守与功能创新研究——运用马克思主义合作理论评析农村信用合作社改革 [J]. 农村金融研究, 2018 (1): 65 - 69.

[91] 徐凤江, 宋征宇, 韩春玲. 社会资本对农民专业合作社的影响分析 [J]. 理论观察, 2013 (12): 82 - 83.

[92] 阎云翔. 差序格局与中国文化的等级观 [J]. 社会学研究, 2006 (4): 201 - 213.

[93] 杨华, 杨姿. 村庄里的分化: 熟人社会、富人在村与阶层怨恨——对东部地区农村阶层分化的若干理解 [J]. 中国农村观察, 2017 (4): 116 - 129.

[94] 崔鹤川. 金融机构如何破解农村资金外流 [J]. 中国外资, 2014 (4): 70 - 72.

[95] 杨汝岱, 陈斌开, 朱诗娥. 基于社会网络视角的农户民间借贷需求行为研究 [J]. 经济研究, 2011 (11): 116 - 129.

[96] 杨卫忠. 农户宅基地使用权流转中的羊群行为: 私人信息还是公共信息? [J]. 中国土地科学, 2017 (4): 43 - 51.

[97] 杨彦龙, 郭苏文. 社会资本对于农户非正规金融行为的影响: 来自中部省份的经验证据 [J]. 财政监督, 2016 (1): 106 - 110.

[98] 杨玉珍. 宅基地腾退中农户行为决策的理论解析 [J]. 农业技术经济, 2014 (4): 53 - 62.

[99] 叶敬忠, 朱炎洁, 杨洪萍. 社会学视角的农户金融需求与农村金融供给 [J]. 中国农村经济, 2004 (8): 31 - 43.

[100] 叶万全, 全志成, 黄远辉. 内生金融视阈下的农村互联网金融产品和服务问题研究 [J]. 金融经济, 2018 (4): 61 - 62.

[101] 易远宏. 农村空心化趋势的资金外流综合测度与分析 [J].

统计与决策，2013（19）：91-94.

[102] 余俊宣，寇彧. 自私行为的传递效应 [J]. 心理科学进展，2015（6）：1061-1069.

[103] 张建杰. 农户社会资本及其对信贷行为的影响——基于河南省397户农户调查的实证分析 [J]. 农业经济问题，2008（9）：28-34.

[104] 张梦，施同兵. 浅析农村信用社资金外流问题 [J]. 经济研究导刊，2019（11）：146-148.

[105] 崔晓芳. 社会资本视阈下农民内生性合作机制探究——基于山西省C村合作修路的分析 [J]. 生产力研究，2017（7）：50-55.

[106] 张群梅. 村庄重构中的社会资本情境与个体选择行为分析 [J]. 经济研究导刊，2014（3）：21-24.

[107] 张晓明，陈静. 构建社会资本：破解农村信贷困境的一种新思路 [J]. 经济问题，2007（3）：99-100.

[108] 张秀娥，张皓宣. 社会网络理论研究回顾与展望 [J]. 现代商业，2018（20）：154-157.

[109] 章裕峰. 论我国新型农村合作金融体系的构建 [D]. 广州：暨南大学，2011.

[110] 赵羚雅. 社会资本、民间借贷与农村居民贫困 [J]. 经济经纬，2019（9）：33-40.

[111] 赵天荣. 西部农村经济发展方式转变的金融约束基于内生视角的理论与实证 [J]. 经济问题，2015（2）：96-125.

[112] 赵旭东. 闭合性与开放性的循环发展——一种理解乡土中国及其转变的理论解释框架 [J]. 开放时代，2011（12）：99-112.

[113] 赵延东，罗家德. 如何测量社会资本：一个经验研究综述 [J]. 国外社会科学，2005（2）：18-24.

[114] 周广肃，谢绚丽，李力行. 信任对家庭创业决策的影响及机制探讨 [J]. 管理世界，2015（12）：121-129，171.

[115] 周敏倩，谢呈阳. 苏南地区农业内生金融发展分析 [J]. 东南大学学报，2008（4）：37-41.

[116] 周治富. 内生性金融的演进逻辑与契约本质——兼论中国民营银行的制度属性 [J]. 当代财经，2014（4）：53-64.

[117] 庄渝霞. 社会资本理论的演进及跨域运用 [J]. 社会学，

2019（5）：43 - 49.

[118] 邹吉忠. 自由与秩序 [M]. 北京：北京师范大学出版社，2003：223.

[119] 左世翔. 新经济社会学理论之比较研究社会网络与社会资本的异同 [J]. 商业时代，2014（34）：40 - 43.

[120] 山东省地方金融监督管理局. 山东省农民专业合作社信用互助业务试点方案 [Z].2015 年 1 月 29 日.

[121] 山东省地方金融监督管理局. 山东省农民专业合作社信用互助业务试点管理办法 [Z].2019 年 7 月 11 日.

[122] 山东省地方金融监督管理局. 山东省农民专业合作社信用互助业务试点监管细则 [Z].2016 年 9 月 1 日.

[123] 山东省金融工作办公室. 山东省农民专业合作社信用互助业务试点管理暂行办法 [Z].2015 年 1 月 29 日.

[124] 宋官东. 从众的"目的归因理论"及其调查研究 [C].2005 年第十届全国心理学学术大会论文摘要集.

[125] 托马斯大林·福特·布朗. 社会资本理论综述 [J]. 马克思主义理论与现实，2002（2）.

[126] 王建红，张娜. 信用本质的两种观点：基于卢曼的信任理论 [J]. 征信，2013（11）：7 - 12.

[127] 王琳，李珂珂. 我国金融扶贫的长效机制构建研究 [J]. 学习与探索，2020（2）：1 - 6.

[128] 吴玉，杨姗，张蔚怡. "互联网 + 产业链"：农村金融内生化的新路径 [J]. 西部论坛，2015（9）：12 - 19.

[129] 殷浩栋，宁静，李睿娟，汪三贵，郭子豪. 村级社会资本与项目"抓包"——来自贫困地区的新证据 [J]. 农业经济问题，2018（5）：8 - 17.

[130] 翟学伟. 信任的本质及其文化 [J]. 社会，2014（1）：1 - 27.

[131] 詹姆斯·S. 科尔曼：社会理论的基础 [M]. 北京：社会科学文献出版社，1999.

[132] 郑渝川. 从众行为也可以有理性的选择 [N]. 文汇报，2019.8.19，W03.

[133] 中国统计信息网，2018 年潍坊市国民经济和社会发展统计

269

公报［Z］. http：//www. tjcn. org/.

　　［134］中国银行业监督管理委员会. 农村资金互助社管理暂行规定
［Z］. 2007 年 1 月 22 日.

　　［135］周振，伍振军，孔祥智. 中国农村资金净流出的机理、规模
与趋势：1978 - 2012 年［J］. 管理世界，2015（1）：63 - 74.

　　［136］胡金焱，袁力. 宗族网络对家庭民间金融参与的影响和作用
机制［J］. 财贸经济，2017（6）：33 - 46.

　　［137］蒋耀辉，林孔团，刘相龙. 家庭财富、社会资本与民间借贷
供给的异质性——基于 CHFS2015 的实证研究［J］. 金融监管研究，
2019（9）：66 - 82.

　　［138］戴菊贵，何祥勇. 中国乡村社会关系的变迁与民间借贷
［J］. 南方金融，2018（4）：41 - 50.

　　［139］董诗涵，丁从明. 社会信任与关系型融资的供给行为——基于
CFPS2014 微观数据的实证研究［J］. 农村金融研究，2020（1）：60 - 71.

　　［140］张维迎. 产权、政府与信誉［M］. 北京：三联书店，2001.

　　［141］郭丽婷. 社会信任、政治关联与中小企业融资［J］. 金融论
坛，2014（4）：34 - 42.

　　［142］赵丽芳，孙佟，陈素平. 政治关联缓解了中小企业的债务融
资约束吗？［J］. 2019（30）：125 - 128.

　　［143］李庆海，吕小锋，李锐，孙光林. 社会资本有助于农户跨越
融资的双重门槛吗？——基于江苏和山东两省的实证分析［J］. 经济评
论，2016（6）：136 - 149.

　　［144］黄钰涵，李凌飞. 我国农村非正规金融机构发展的特点及其
路径依赖［J］. 金融经济，2012（1）：56 - 58.

　　［145］张洪振，钏阳. 社会信任提升有益于公众参与环境保护
吗？——基于中国综合社会调查（CGSS）数据的实证研究［J］. 经济
与管理研究，2019（5）：102 - 112.

　　［146］秦海林，李超伟，万佳乐. 社会资本、农户异质性与借贷行
为——基于 CFPS 数据的测度分析与实证检验［J］. 金融与经济，2019
（1）：33 - 40.

　　［147］童馨乐，褚保金，杨向阳. 社会资本对农户借贷行为影响的
实证研究——基于八省 1003 个农户的调查数据［J］. 金融研究，2011

（12）：177-191.

[148] 张维迎，柯荣住. 信任及其解释：来自中国的跨省调查分析 [J]. 经济研究，2002（10）：59-70.

[149] 马光荣，杨恩艳. 社会网络、非正规金融与创业 [J]. 经济研究，2011（3）：83-94.

[150] 徐隆，张文棋. 基于社会资本的小微企业非正规信用互助融资研究 [J]. 东南学术，2014（3）：75-84.

[151] 邱建新. 信任文化的断裂——对崇川镇民间"标会"的研究 [M]. 北京：社会科学文献出版社，2005.

[152] 罗党论，黄有松，聂超颖. 非正规金融发展、信任与中小企业互助融资机制——基于温州苍南新渡村互助融资的实地调查 [J]. 南方经济，2011（5）：28-42.

[153] 胡金焱，袁力. 宗族网络对家庭民间金融参与的影响和作用机制 [J]. 财贸经济，2017（6）：33-48.

[154] 胡必亮. 村庄信任与标会 [J]. 经济研究，2004（10）：115-125.

[155] 姚志友，张诚. 培植社会资本：乡村环境治理的一个理论视角 [J]. 学海，2016（6）：48-53.

[156] 吕炜，姬明曦，杨沫. 人口流动能否影响社会信任——基于中国综合社会调查（CGSS）的经验研究 [J]. 经济学动态，2017（12）：61-72.

[157] 杨良军. 农村信用社农户贷款违约影响因素及对策建议分析 [J]. 科教导刊（电子版），2015（1）：125.

[158] 孙彪. 文景县农村信用社农户贷款违约风险控制研究 [D]. 吉林：吉林大学，2017.

[159] 李庆海，孙光林，何婧. 社会网络对贫困地区农户信贷违约风险的影响：抑制还是激励？[J]. 中国农村观察，2018（9）：45-66.

[160] 李德荃，曹文，曹原，宓彬. 关于节能减排达标申报制度的信号博弈分析 [J]. 中国人口·资源与环境，2016（12）：108-116.

[161] 程郁，罗丹. 信贷约束下中国农户信贷缺口的估计 [J]. 世界经济文汇，2010（2）.

[162] 黄建军，郑莉雯. 三农金融事业部支农效率研究——基于

Yaron 业绩评估框架和 DEA - BCC 模型的实证 [J]. 福建金融, 2019 (7): 12 - 18.

[163] 黄岩. 大型银行基层行开展普惠金融的问题及建议 [J]. 北方金融, 2018 (3): 54 - 57.

[164] 黄岩. 国有商业银行基层行的普惠金融路 [J]. 当代金融家, 2018 (7).

[165] 李德荃. 企业融资难的原因及其缓解办法 [J]. 山东国资, 2018 (12): 26 - 27.

[166] 李卫荣. 关于在创新变革中增加农村信贷供给的思考 [J]. 现代营销, 2019 (9): 153.

[167] 梁虎, 罗剑朝. 供给型和需求型信贷配给及影响因素研究——基于农地抵押背景下 4 省 3459 户数据的经验考察 [J]. 经济与管理研究, 2019 (1): 29 - 40.

[168] 罗剑朝, 曹瓅, 罗博文. 西部地区农村普惠金融发展困境、障碍与建议 [J]. 农业经济问题, 2019 (8): 94 - 107.

[169] 孙金岭. 金融支持承接京津产业转移研究——以京津冀协同发展背景下的河北省沧州市为例 [J]. 河北金融, 2018 (11): 6 - 31.

[170] 仝爱华, 姜丽丽, 蔡子刚. 农户创业现状及风险分析——基于宿迁市 190 户典型农户创业的调查分析 [J]. 农村经济与科技, 2018 (5): 223 - 225.

[171] 仝爱华, 周里, 胡志飞, 毕彦辉. 创业农户融资需求及金融支持建议 [J]. 合作经济与科技, 2018 (20): 53 - 56.

[172] 王克强, 蒋涛, 刘红梅, 刘光成. 中国农村金融机构效率研究——基于上市农商行与村镇银行对比视角 [J]. 农业技术经济, 2018 (9): 20 - 29.

[173] 王睿. 自我信贷配给、农村家庭财务能力与非正规借贷——基于江苏省 495 户农村家庭的调查 [J]. 财经理论与实践, 2016 (11): 35 - 41.

[174] 赵洪丹, 朱显平. 农村金融、财政支农与农村经济发展 [J]. 当代经济科学, 2015 (9): 96 - 128.

[175] 周雷, 秦菲, 杨帆. 股权众筹融资与大学生创业的契合性研究基于 21 家江苏省创业企业和 301 位投资者的调查 [J]. 金融理论探

索，2018（1）：51－56.

［176］俎宪才，魏新平.应关注经济新常态下农民对农村金融机构信贷服务的期盼［J］.经济师，2016（2）：139－140.

［177］罗云峰.博弈论教程［M］.北京：清华大学出版社，北京交通大学出版社，2007.

［178］岳超源.决策理论与方法［M］.北京：科学出版社，2003.

［179］李德荃.计量经济学［M］.北京：对外经贸大学出版社，2014.

［180］李德荃.金融经济学［M］.北京：对外经贸大学出版社，2011.

［181］马光荣，杨恩艳.社会网络、非正规金融与创业［J］.经济研究，2011（3）：83－94.

［182］Adler P S, Kwon, Seok－Woo. Social Capital：Prospects for a New Concept ［J］. Academy of Management Review, 2002, 27（1）：17－40.

［183］Aldrich K H E, Phillip H. Social capital and entrepreneurship ［J］. Foundations and Trends? in Entrepreneurship, 2005, 1（2）：55－104.

［184］Alejandro Ports. Social Captial：Its Origins and Applications in Modern Sociology ［J］. Annual Rev. Social, 1998（2）：2.

［185］Alesina, A. & E. La Ferrara. Who trust others ［J］. Journal of Public Economics, 2002, 85（2）：207－234.

［186］Beugelsdijk S, T Van Schaik. Social Capital and Growth in European Regions：An Empirical Test ［J］. European Journal of Political Economy, 2005（21）：301－324.

［187］Biggart N. W. and Castanias R. P.. Collateralized Social Relations：The Social in Economic Calculation ［J］. American Journal of Economics and Sociology 2001, 60（2）：471－500.

［188］Bonner, E. T. & Friedman, H.. A conceptual clarification of the experience of awe：An interpretative phenomenological analysis ［J］. The Humanistic Psychologist, 2011（3）：222－235.

［189］Brown, Elea P. Altruism Towards Groups：The Charitable Provision of Private Goods ［J］. Nonprofit and Voluntary Sector Quarterly, 1997（26）.

［190］Burt, R. N. Structure Holes. The Social Structure of Competition ［M］. Harvard University Press, Cambridge, 1992.

［191］Burtr. Structural Holes: The Social Structure of Competition ［M］. Cambridge: Harvard University Press, 1992. Cambridge University Press, 1994.

［192］Coleman, J. Foundations of social theory ［M］. Cambridge: Belknap Press of Harvard University Press, 1990.

［193］Deutsch, M. Trust and suspicion ［J］. The Journal of Conflict Resolution, 1958 (2): 265 – 279.

［194］Fukuyama, F. Trust: The Social Virtues and the Creation of Prosperity. New York: The Free Press, 1995. Granovetter M. The Strength of Weak ties ［J］. American Journal of Sociology, 1973, 78 (6): 1360 – 1380.

［195］Guiso L. Trust and insurance markets ［J］. Economic Notes, 2012, 41 (1 – 2): 1 – 26.

［196］Hardinr. Conceptions and Explanations of Trust ［M］. COOk K S. Trust in Society. New York: Russell Sage Foundation, 2001: 3 – 39.

［197］Hodgson, G. M. . Economics and Institutions ［M］. Polity Press, 1988.

［198］Huber F. Social Capital of Economic Clusters: Towards a Network-based Conception of Social Resources ［J］. Tijdschrift voor Economishe en Sociale Geografie, 2009, 100 (2): 160 – 170.

［199］Hwang K K. The Chinese Power Game ［M］. Taopei: Linking books, 1988.

［200］Keltner, D. , & Haidt, J. . Approaching awe, a moral, spiritual, and aesthetic emotion ［J］. Cognition and Emotion, 2003, 17 (2): 297 – 314.

［201］Leungk, Bond M H. On the Empirical Identification of Dimensions for Cross – Cultural Comparisona ［J］. Journal of Cross – Cultural Psychology, 1989, 20 (2): 133 – 151.

［202］Lewis, J. D. & Weigert, A. Trust as a social reality ［J］. Social Forces, 1985. 63 (4): 967 – 985. 吉登斯. 现代性的后果 ［M］. 南京: 译林出版社, 2002: 30.

274

[203] Lin N. Social Capital. A Network Theory of Social Capital [C]. D Castiglione, J Van Deth, G Wolleb, eds. The Handbook of Social Capital. Oxford: Oxford University Press, 2008.

[204] Luhmann N. Familiarity, confidence, trust: Problems and alternatives [J]. Trust: Making and breaking cooperative relations, 2000, 6 (1): 94 -107.

[205] Luhmann, N. Trust and Power [M]. Chichester: John Wiley & Sons Ltd. 1979.

[206] Mark Granovetter. The Strength of Weak Ties [J]. American Journal of Sociology, Vol. 78 (6), 1973: 1360 -1380.

[207] Newman M. E. J, Watts D. J. Renormalization Group Analysis of the Small – World Network Model [J]. Physics Letters A, 1999, 263 (4 – 6): 341 -346.

[208] Payne, G. T. , C. B. Moore, S. E. Griffis & C. W. Autry 2011, "Multilevel Challenges and Opportunities in Social Capital Research. " Journal of Management, 2011, 37.

[209] Portes, A. Social Capital: Its Origins and Applications in Modern Sociology [J]. Annual Review of sociology, 1998 (24): 1 -24.

[210] Putnam R D. Bowling Alone: America's Declining Social Capital [J]. Journal of Democracy, 1995, 6 (1): 65 -78.

[211] Putnam. Tuning In. Tuning Out: The Strange Disappearance of Social Capital in America. Ps Political Science & Politics. 1995, 28 (4): 664 -683.

[212] Robert D. Putnam, Turing In, Turning out: The Strange Disappearance of Social Capital in American, Political Science and Politics, Vol. 28 (4), 1995: 664 -683.

[213] Robert D. Putnam, Bowling Alone: The Collapse and Revival of American Community [M]. New York: Simon & Schuster, 2000: 191.

[214] Ronald S. Burt, Toward a Structural Theory of Action, Orlando, FL: Academic Press, 1982.

[215] Van Bastelaer T. Imperfect information, social capital and the poor's access to credit [R]. Center for Institutional Reform and the Informal

Sector Working Paper, 1999.

[216] Watts D. J, Strogatz S. H. Collective Dynamics of Small – World Networks [J]. Nature. 1998, 393 (6684): 440.

[217] Yamagishit, Cook K, Watabe M. Uncertainty, Trust, and Commitment Formation in the United States and Japan [J]. Amwrican Journal of Sociology, 1998, 104 (1): 165 – 195.

[218] Yamagishit, Yamagishim. Trust and Commitment in the United States and Japan [J]. Motivation and Emotion, 1994, 18 (2): 129 – 166.

[219] Yang K S. Chinese Social Orientation: An Integrative Analysis [M]. LINTY, TSENG W S, YEHYK. Chinese Societies and Mental Health. Hong Kong: Oxford University Press, 1993.

[220] Zhang Y, Zhang Z. Guanxi and Organizational Dynamics in China: A Link between Individual and Organizational Levels [J]. Journal of Business Ethics, 2006, 67 (4): 375 – 392.

[221] Zucker, L. G. Production of trust: Institutional sources of economic structure. 1840 – 1920. Research in Organozational Behavior [M]. Greenwich, CT: JAI Press, 1986: 53 – 111.